*Á*NGELES
GUARDIANES
*G*UÍAS y
ESPIRITUALES

Julio 8, 1913, St. Louis, Missouri

"Yo viví muchas lunas atrás. Regresé nuevamente. Mi nombre es Patience Worth".

Las dos mujeres, Pearl Curran, de 21 años de edad, y su amiga Emily Hutchings, se asombraron y se miraron fijamente. La tabla de escritura espiritista comenzó a moverse de nuevo y deletreó:

"Espera, yo hablaré con ustedes. Si ustedes tienen que vivir entonces yo lo haré. Yo hago mi pan con sus corazones. Amigas, déjennos ser felices; el tiempo de trabajar ya pasó; dejen que se adormezca el tigre y observen vuestra sabiduría dentro de las llamas".

Dentro de la luz

En esta obra, Richard Webster nos transporta de nuevo a través del tiempo, explorando la historia y las creencias detrás de estas misteriosas apariciones. El borra muchos de los miedos y de las concepciones erróneas relacionadas con el mundo de los espíritus, y nos enseña cómo hacer contacto con nuestros propios guías.

Aquí se transcribe la fascinación que el autor ha tenido durante toda su vida por los guías espirituales y los ángeles guardianes. Todo esto está basado en sus propias experiencias y acontecimientos de personas que consultan a diario sus guías.

El Autor

Richard Webster nació en Nueva Zelanda en 1946, lugar donde aún reside. Viaja frecuentemente alrededor del mundo, dando conferencias y conduciendo talleres sobre temas psíquicos. Ha escrito muchos libros sobre estos temas y además escribe columnas en revistas.

Richard está casado y tiene tres hijos; su familia apoya su profesión, pero su hijo mayor, después de observar la carrera de su padre, decidió convertirse en contador.

Correspondencia al Autor

Para contactar o escribir al autor, o si desea más información sobre este libro, envíe su correspondencia a Llewellyn Worldwide para ser remitida al mismo. La casa editora y el autor agradecen su interés y comentarios en la lectura de este libro y sus beneficios obtenidos. Llewellyn Worldwide no garantiza que todas las cartas enviadas serán contestadas, pero sí le aseguramos que serán remitidas al autor.

Favor escribir a:

Richard Webster
℅ Llewellyn Worldwide
P.O. Box 64383, Dept. 1-56718-786-2
St. Paul, MN 55164-0383, U.S.A.

Incluya un sobre estampillado con su dirección y $US 1.00 para cubrir costos de correo. Fuera de los Estados Unidos incluya el cupón de correo internacional.

Contacte su
Ayuda
Invisible

ÁNGELES
GUARDIANES
y
GUÍAS
ESPIRITUALES

Richard Webster

Traducido al idioma Español por:
Edgar Rojas y Germán Guzmán

2000
Llewellyn Español
St. Paul, Minnesota 55164-0383

Edición y coordinación general: Edgar Rojas
Diseño interior: Amy Rost
Fotografía de la portada: Tom Rosenthal; Superstock©
Diseño de portada: Anne–Marie Garrison
Título original: *Spirit Guides & Angel Guardians*
Traducción al Español: Edgar Rojas, Germán Guzmán

PRIMERA EDICIÓN
Segunda Impresión, 2000

Librería del Congreso. Información sobre esta publicación.
Library of Congress Cataloging-in-Publication Data

Webster, Richard, 1946-
  [Spirit guides & angel guardians. Spanish]
  Angeles guardianes y guías espirituales / Richard Webster ; traducido al idioma español
por Edgar Rojas y Germán Guzmán.
    p. cm.
  ISBN 1-56718-786-2
  1. Guides (Spiritualism) 2. Guardian angels. I. Title.

BF1275.G85 W3418 2000
133.9--dc21

00-030649

Llewellyn Español
Una división de Llewellyn Worldwide, Ltd.
P.O. Box 64383, Dept. 1-56718-786-2
St. Paul, MN 55164-0383, U.S.A.
www.llewellynespanol.com

Impreso en los Estados Unidos de América

DEDICATORIA

Para Penny,
el ángel guardián de mi familia.

CONTENIDO

Primera Parte
Ángeles Guardianes

Segunda Parte
Guías Espirituales

$\mathcal{P}$REFACIO

$\mathcal{H}$e encontrado que la ayuda de los ángeles guardianes y de los guías espirituales ha sido invaluable en mi propia vida. Durante años, he tenido la oportunidad de ayudar a personas que han hecho contacto con sus guías o ángeles y todas se han beneficiado de esto. Mi propósito al escribir este libro es el de informar a más gente acerca del mundo de los espíritus, cosa que me sería muy difícil si lo hiciera en forma individual.

Existe una gran confusión acerca de los guías espirituales y de los ángeles guardianes. Algunas personas dicen que son la misma cosa.

Esto no es sorprendente, ya que los guías espirituales algunas veces pueden aparecer en forma de ángeles. Sin embargo, hay una diferencia considerable entre los dos, y quiero que este libro aclare esa distinción.

Encontrará que su crecimiento espiritual y personal dará un gran salto tan pronto le de la bienvenida a los ángeles guardianes y guías espirituales a su vida. Yo he sido privilegiado al ver que esto le sucede a muchas personas y los cambios que suceden son dignos de admirar.

Experimentará más diversión, felicidad y realización en todos los aspectos de la vida. Los demás notarán la diferencia, ya que se volverá más calmado, más relajado y mucho más afectuoso que antes. Aumentará el amor a sí mismo, por su familia, sus amigos y por la humanidad en general, mejorando así toda su vida. Todos tenemos problemas, pero sin importar que tan difícil sean, pronto encontrará un progreso cuando permita que sus guías espirituales y ángeles guardianes le ayuden.

Su Potencial Ilimitado

¿Cómo sería su vida si pudiera alcanzar todo lo que se propone? Si esto fuera así, absolutamente nada le haría retroceder y sería capaz de progresar rápido alcanzado riqueza, felicidad, amor y todo lo que desee a lo largo del camino. Por supuesto, la vida no es así, es un proceso de aprendizaje, y todos experimentamos las buenas y las malas a medida que pasamos por ella. Nosotros tendemos a culpar a los demás por las cosas malas que ocurren, pero en realidad, atraemos inconscientemente todo lo que nos sucede.

En otras palabras, usualmente son nuestros propios pensamientos los que nos inmovilizan.

Cuando pensamos positivamente, atraemos lo positivo a nuestras vidas, y esto nos trae buenas cosas. Igualmente cuando pensamos en pobreza, pérdida y aspectos negativos, atraemos todo eso hacia nosotros. Básicamente, somos imanes que ejercemos atracción sobre cualquier cosa que pensamos. ¿No es triste pensar que llevamos vidas estropeadas, agobiadas con la negatividad cuando podríamos estar llevando vidas de abundancia y felicidad?

¿No sería maravilloso tener alguien cerca todo el tiempo y que nos pudiera ayudar a atraer esas bendiciones a nuestras vidas; alguien inteligente y astuto que siempre trabaje para nuestros mejores intereses; alguien que esté preocupado sólo en nuestro bienestar; alguien que quiera ayudarnos a vivir una vida de riqueza, éxito y felicidad?

La buena noticia es que tenemos tales guías, y a pesar que la mayoría elija ignorar este hecho, podemos tener vidas llenas de positivismo, riqueza y realización, porque estamos en contacto con Dios a través de sus ángeles y guías espirituales. Este conocimiento nos puede permitir manejar cualquier crisis o catástrofe, porque tenemos la certeza que Dios nos está viendo y que siempre tiene nuestro bienestar en su corazón.

Estos ángeles y guías espirituales regularmente nos aconsejan y algunas veces los seguimos, pero casi siempre los ignoramos. Cuando era niño me enseñaron que los ángeles nos protegían; escuché acerca de los ángeles en las oraciones y en himnos, y como un niño, simplemente acepté su realidad. Cuando crecí y empecé a cuestionar las cosas, encontré que aun dentro de la iglesia establecida, los ángeles eran considerados casi como un estorbo. En consecuencia, los deseché como una reliquia del pasado. Tuvo que suceder un gran desastre en mi vida para darme cuenta que los ángeles sí existen y que están para protegernos. Cuando estaba en mis veinte, mi negocio quebró; yo estaba casado y mi esposa estaba esperando nuestro primer hijo, lo cual no pudo haber sucedido en un peor momento. Tuvimos que vender el automóvil y la casa y mudarnos a un pequeño apartamento alquilado. Durante un corto tiempo trabajé en una bodega para poder pagar nuestros gastos.

Este trabajo no era muy agobiante y tuve mucho tiempo para pensar acerca de lo que había ocurrido. Me tomó bastante tiempo darme cuenta que mucho de lo que me había sucedido, lo había ocasionado yo mismo. Si yo hubiera tomado decisiones diferentes, el resultado hubiera sido bien diferente y yo todavía estaría atendiendo mi propio negocio en lugar de estar trabajando para otra persona.

Una vez acepté esto, también me di cuenta que había estado siendo aconsejado por alguien, pero siempre lo ignoraba.

La voz inmóvil y silenciosa que escuchamos todo el día, todos los días, constantemente me había aconsejado pero yo no la había seguido. En ese tiempo yo no sabía de donde provenía tal voz. Probablemente creí que era mi conciencia o mi mente interior, pero en efecto, era mi ángel guardián.

Así como yo, probablemente usted algunas veces ha prestado atención a esta voz interna y otras veces la ha ignorado. Ahora yo la escucho, ya que sé que mi ángel guardián tiene mis mejores intereses en el corazón. Cuando sigo su consejo, siempre hago las cosas correctas y tomo los mejores caminos. Todos nosotros hacemos cosas que más tarde lamentamos, pero ahora esto pasa con menos frecuencia ya que le presto atención a mi ángel guardián.

¿Por qué comunicarse a través de ángeles y guías?

Quizás se pregunte ¿por qué nos comunicamos con Dios a través de sus intermediarios, en lugar de hacerlo directamente? En efecto, a través de la Biblia, Dios le habla a la gente más por medio de mensajeros que por contacto directo. Aquí hay algunos ejemplos:

En el Antiguo Testamento, Lot habló con dos ángeles (Gen. 19:1–3); un ángel del Señor salvó a Elías de morir hambriento (1 Reyes 19:5–8); y Abraham escuchó a Dios en un sueño (Gen. 20:6). En el Nuevo Testamento, el ángel Gabriel vino hasta Zacarías y le dijo que él e Isabel tendrían un hijo (Lucas 1:26–31); en el bautismo de Jesús "él vio el espíritu de Dios descendiendo como una paloma que alumbraba sobre su ser" (Mateo. 3:16); y un ángel le dijo a María Magdalena que Jesús había resucitado (Mateo 28:5–7).

En otras religiones se cumple lo mismo: fue Gabriel quien se comunicó con Mahoma. La religión del Islam se estableció como resultado de este encuentro.

A través de la historia, los hombres y las mujeres le han rezado a la virgen María, a Jesús y a los santos, así como a Dios esperando una respuesta. De hecho, cada vez que rezamos, estamos realizando un contacto espiritual. En consecuencia, cuando nos comunicamos con nuestros guías espirituales o ángeles, le estamos enviando un mensaje directamente a Dios.

Si somos capaces de comunicarnos de esta manera con el arquitecto del universo, y recibir soluciones a nuestros problemas y dificultades, ¿no deberíamos entonces ser capaces de alcanzar cualquier cosa que queramos? La respuesta es sí. ¡Todos nosotros deberíamos estar viviendo vidas de abundancia!

Afortunadamente, contactando nuestros guías y ángeles, estamos más cerca de la inteligencia creativa que hay detrás del universo, de lo que lo están las personas totalmente materialistas. Nosotros podemos recibir ayuda instantáneamente. El libro de Isaías dice: "Antes que ellos llamen, yo responderé; y mientras ellos estén hablando todavía, yo escucharé" (capítulo 65, versículo 24).

Todos tenemos un verdadero ejército de seres espirituales que están trabajando todo el tiempo para ayudarnos a alcanzar nuestros objetivos y hacernos exitosos. Reconociendo esto, comunicándonos con ellos, y dándoles la bienvenida, podemos hacer nuestras vidas más plenas y ricas en todos los aspectos. Trabajando en sintonía con el mundo de los espíritus, literalmente podemos alcanzar cualquier cosa. Este conocimiento, puede hacer maravillas en nuestra confianza y autoestima. La Biblia dice: "Yo puedo hacer todas las cosas a través de Cristo quien me fortalece" (Filp. 4:13).

Si todavía no han hecho contacto con sus guías espirituales y ángeles guardianes, comience por practicar todos los días hasta que lo logre. Los maestros y protectores están esperando pacientemente para entrar definitivamente en su vida.

Los beneficios de trabajar con guías

Al desarrollarnos espiritualmente, nos convertimos en personas más equilibradas. Creemos que estamos hechos de componentes físicos, mentales, emocionales y espirituales, pero rara vez encontramos a alguien con las cuatro áreas igualmente balanceadas. Es común por ejemplo, encontrar personas que se pasan la vida en un gimnasio, tonificando sus cuerpos y alcanzando la cima de la adecuación física, pero no gastan ni un cuarto de su tiempo o de su energía en los otros tres aspectos.

Cuando desarrollamos el lado espiritual, también ayudamos a las otras tres áreas. Las personas que escogen embarcarse en un modelo de vida espiritual de crecimiento interior y aprendizaje, ayudan así al aspecto mental de su vida. También se vuelven más sintonizados con el entorno y encuentran que las cosas que lo preocupaban en el pasado, ya no lo hacen. Como consecuencia, también se están desarrollando emocionalmente. Cuando las personas hacen esto, muchas tienden a ver sus cuerpos como dignos de ser admirados y como resultado, le prestan más atención a la adecuación física.

Vigile todas las cuatro áreas en su propia vida y se encontrará gradualmente transformado. Los demás harán comentarios acerca de su serenidad y resplandor interior. Ellos no se darán cuenta de lo que usted está haciendo exactamente, pero serán conscientes de sus cambios. Se sentirá mejor en todos los aspectos y podrá realizar todo lo que tenga en mente.

Aunque es verdad que puede lograr lo que desee, su progreso será más rápido y efectivo si involucra sus guías espirituales en cada paso. Cuando miro hacia atrás en mi propia vida, me doy cuenta de muchos, si no todos, los errores que he cometido pudieron haber sido evitados si hubiera consultado con mis guías antes de actuar.

Establezca el hábito diario, unos diez minutos, de comunicarse con sus guías. Yo trato de hacerlo dos veces al día. Este ejercicio me relaja y me da la claridad y ayuda que necesito.

Todos recibimos corazonadas o intuiciones a cada momento. Algunas veces actuamos con base en ellas, pero generalmente las ignoramos y las olvidamos. Estas corazonadas llegan como una casualidad. Confíe en sus guías espirituales. Déjelos que le ayuden a convertirse en todo lo que pueda. Verdaderamente, usted tiene un potencial ilimitado, y con la ayuda de sus ángeles guardianes y guías espirituales puede lograr lo que quiera.

Primera Parte

ÁNGELES
GUARDIANES

1

ÁNGELES

¿Qué es un ángel? Los diccionarios dicen que los ángeles son seres espirituales que atienden a Dios, y también que son sus mensajeros. Martín Luther escribió que "un ángel es una criatura espiritual sin cuerpo, que fue creada por Dios para el servicio de la cristiandad y de la iglesia" (1).

Estas definiciones parecen indicar que los ángeles son vistos solamente por las personas espirituales pero eso no es así. Hay personas de todas las religiones y otras que no tienen religión, las cuales han visto ángeles.

La definición está algo errada debido a que los ángeles pueden aparecer en diferentes formas y a diferentes personas. Algunas son capaces de verlos, mientras que otras son simplemente conscientes de su existencia. La mayoría de las personas se vuelven conscientes de ellos cuando escuchan la pequeña voz interior que se conoce usualmente como conciencia.

Aun las personas que los ven, lo hacen en diferentes formas. Un amigo mío quien tuvo una experiencia vivencial cuando vio un ángel, se sintió aterrorizado al principio. "Era inmenso, medía por lo menos diez pies, y lucía como una persona, excepto por sus alas centelleantes".

Una semana más tarde, una dama se me acercó después de una conferencia y me dijo que cuando vio un ángel éste era "un pequeño cupido al que yo quería cargar y abrazar". Los ángeles pueden cambiar de forma cuando lo desean. Naturalmente, también pueden cambiar de apariencia dependiendo de la parte del mundo donde estén trabajando. Por ejemplo en Africa, los ángeles aparecen como africanos, y en el Lejano Oriente, ellos son asiáticos. Un amigo quien vivió en Japón por muchos años me dijo que un ángel que vio en su oficina, lucía como un japonés y llevaba puesto un kimono.

Si ve un ángel puede no estar vestido de la manera tradicional, es decir, traje blanco, halo dorado y cargando una espada brillante o tocando un arpa. Un ángel puede aparecer como una persona común y corriente. Existen muchos ejemplos de esto.

Ángeles

Un ejemplo interesante es la experiencia de una amiga que se levantó una mañana y encontró que había nevado toda la noche y que su vehículo no arrancaba. Como ella tenía que llevar a sus dos hijos a la escuela, llamó a un taxi. Cuando éste llegó, su hijo menor le insistió que fuera con ellos. Ella dejó los niños en la escuela y pidió al taxi que la llevara al centro comercial. Fue entonces cuando se dio cuenta de que no tenía suficiente dinero. Ella era una madre soltera y un viaje en taxi era un lujo. Afortunadamente, tenía suficiente dinero para pagarle al taxista, pero no suficiente para regresar a casa de nuevo.

Se sentó en un banco en el centro comercial durante media hora para pensar qué hacer. Eventualmente, ella llamó a diferentes compañías de taxis para ver si podía negociar un precio especial para regresar a su casa. Ninguna estuvo interesada. Ella pensó en irse a pie y salió. Inmediatamente, un taxi se detuvo junto a ella y el taxista la llamó por su nombre.

"Yo soy su conductor señora" dijo el taxista. El leyó en un pedazo de papel la dirección de la dama. "¿Allí es a donde usted va?" Sorprendida y desconcertada, ella subió en el taxi y fue llevada a su casa. Cuando llegó, abrió su cartera y preguntó cuánto costaba el viaje.

El taxista dijo: "El viaje es a nombre mío". "Gracias" dijo ella, sintiéndose más confundida que antes. Ella salió del carro y miró la puerta de su casa; repentinamente sintió que su breve "gracias" era muy poco y se dió vuelta para agradecer otra vez al taxista. El taxi había ya desaparecido. Aparte de los autos estacionados, la calle estaba vacía".

Un ejemplo menos dramático le ocurrió a una conocida quien se encontraba tarde en la noche en el centro de Los Angeles y sin dinero ni vehículo. Ella había salido rápidamente de su oficina dejando allí su cartera. Mientras reflexionaba que hacer, rezó y pidió ayuda. Cuando aún estaba rezando, un hombre que nunca había visto antes, llegó a la entrada principal del edificio donde ella trabajaba y abrió las puertas, se saludaron y ella corrió hasta su oficina, cuando regresó, el hombre se había ido. Al día siguiente, hizo averiguaciones intensivas a todas las personas del edificio, ya que quería agradecerle a aquel señor. Nadie sabía nada acerca de ese hombre, y ella no lo ha vuelto a ver. Ahora piensa sin sorprenderse que fue un ángel quien acudió en respuesta a sus oraciones.

Estos son buenos ejemplos de las maneras cómo los ángeles pueden venir en nuestra ayuda cuando menos lo esperamos. Ellos generalmente aparecen cuando necesitamos ayuda y luego simplemente desaparecen una vez se ha realizado el trabajo.

La historia de los ángeles

Los ángeles han aparecido en incontables tradiciones religiosas. El acontecimiento más reciente data de los tiempos de los antiguos asirios y babilonios (2). Los babilonios creían que todos nosotros teníamos nuestro propio ángel guardián. Consideraban que estos ángeles eran seres sobrenaturales quienes cuidaban nuestros intereses; que permanecían con nosotros cuando éramos buenos; y temporalmente nos dejaban cuando actuábamos mal. También llevaban las peticiones que Dios recibía y enviaba.

Los israelitas fueron más lejos. Creían en un Dios, pero que era ayudado por una gran cantidad de ángeles quienes actuaban como mediadores. La creencia en los ángeles jugó un papel importante en el pensamiento judío y en la literatura, particularmente en escritos no bíblicos (3). Entonces el Cristianismo acogió a los ángeles, pero la creencia en el espíritu santo colocó límites sobre que tan lejos podía llegar la angeología. En efecto, en la Biblia hay una advertencia para no adorar los ángeles (Col. 2:18) (4).

La tradición angelical puede encontrarse virtualmente en la mayoría, sino en todas, las principales religiones, pero se hizo más popular en el Cristianismo, el Judaísmo y el Islamismo. Esto no es sorprendente cuando se considera que el Judaísmo y el Cristianismo comparten el antiguo testamento, y que el Islam también estuvo ampliamente influenciado por el antiguo testamento. La Diáspora Judía también estuvo influenciada fuertemente por la cosmología de ángeles de Zoroastro, la cual data de por lo menos siete siglos antes de Cristo.

En la Biblia los ángeles son mencionados unas 300 veces (5). Un buen ejemplo fue cuando Dios envió un ángel para que ayudara a Daniel cuando estaba en la cueva de los leones. El ángel vino y cerró las bocas de los leones hambrientos (Dan. 16:32). Otro ejemplo es cuando Dios le envió a San Pablo un ángel para que le dijera que él sobreviviría a un naufragio (Hechos 27:21–26).

En el libro de Job (38:7) hay indicios de que los ángeles disfrutaron de la vida antes de la creación del mundo material. Una vez se creó el mundo, a los ángeles se les dio la tarea de velar y proteger a las personas. En los Salmos (91:11–12) se dice:

> *Por él, los ángeles están sobre tí, para estar contigo en todos tus caminos. Ellos deben llevarte en sus manos, para que no tropieces contra una piedra.*

Un ejemplo mucho más vívido ocurrió en el jardín de Getsemaní cuando Jesús rezó (Lucas 22:42–43), sabiendo que delante de él estaba la crucifixión:

> *Padre, si tú lo deseas, remueve esta pena: No obstante no es mi voluntad sino la tuya la que debe hacerse. Y allí apareció ante él un ángel del cielo, fortaleciéndolo.*

Los ángeles también tienen la importante función de ser mensajeros de Dios. Obviamente, ellos tienen una relación importante con Dios, pero nunca son capaces de dar fe de la gloria de él. Con sólo una excepción conocida, los ángeles nunca han sido humanos. (El profeta Enoch, autor del libro de Enoch, fue llevado al cielo por el Arcángel Miguel y Dios lo convirtió en un ángel). Los ángeles pueden disfrazarse y aparecer en forma humana cuando lo deseen, pero no son el alma de personas que han muerto. Ellos son inmortales, sin edad, sin sexo (Mateo 22:30) y tienen la capacidad de hacerse visibles o invisibles. Nadie sabe cuántos ángeles hay. En la iglesia católica se cree que cuando alguien nace se le da por lo menos un ángel guardián. Las enseñanzas de los judíos antiguos dicen que cada judío tiene once mil ángeles guardianes (6).

El 7 siempre ha sido considerado como un número que tiene significado espiritual especial. Los antiguos Essenes eran una secta judía que data por lo menos de cuatro mil años. Una de sus creencias era "en un árbol de la vida con siete ramas que alcanzaban el cielo y siete raíces que lo mantenían sólidamente arraigado a la tierra". Estas ramas y raíces se relacionaban con las siete mañanas y noches de la semana y con los siete ángeles. Los siete arcángeles del Cristianismo se derivan de ahí. Sin embargo, la mayoría de la información sobre los ángeles no proviene de la Biblia sino de Pseudo–Dionisio, cuya jerarquía de los ángeles discutiremos en el siguiente capítulo.

Los ángeles también han sido reconocidos por miles de años en la India, y la literatura Sánscrita menciona ampliamente los ángeles (7). El Bhagavad Gita aconseja a la gente para que le den ofrecimientos diarios a los ángeles (8). Aun hoy, los hindúes ortodoxos llevan a cabo diferentes ritos y ceremonias para los ángeles, ya que ellos creen que su bienestar y prosperidad depende de qué tan bien observados los tienen los ángeles.

El arcángel Rafael se le apareció a Mahoma y esto originó la creación del Islamismo. Igualmente, la aparición del ángel Moroni ante Joseph Smith el 21 de septiembre de 1823, dio pie a la creación de la iglesia de Los Mormones.

Juana de Arco fue una joven campesina quien se convirtió en el líder del ejército francés que forzó a los ingleses a salir de su país durante la guerra de los cien años después de escuchar las voces de los ángeles. Aparentemente, ella vio los ángeles muchas veces en una semana. Juana de Arco dijo: "Yo los vi (a los ángeles) con mis propios ojos, tan claramente como los veo a ustedes. Y cuando partieron, lloré y deseé que me llevaran con ellos" (9).

Juana de Arco también estaba dotada con habilidades telepáticas, clarividentes y pre–cognitivas. Por ejemplo, ella era capaz de decirle al rey las palabras de una oración que él había compuesto en su cabeza. Podía "ver" clarividentemente una espada que había sido escondida detrás del altar de una iglesia. También le mostró a la gente el lugar de su cuerpo donde iba a ser herida por una flecha en la inminente batalla de Orleans. Un diplomático flamenco escribió su premonición antes de la batalla y probó que fue detalladamente exacta. (10).

El concepto de un ángel guardián personal tomó mucho auge alrededor del año 150 d. C. cuando Hermas escribió sus experiencias con su ángel pastor. Su libro *Shepherd of Hermas*, se hizo extremadamente popular, ya que animaba a la gente a considerar a los ángeles como los pastores personales de Dios (11).

En el Siglo XIII, Tomás de Aquino (1225–1274), conocido como el "Doctor Angelical" debido a su asombroso nivel intelectual, escribió dieciocho libros largos, creando virtualmente una enciclopedia del pensamiento religioso. Su libro más famoso *Summa Theologiae*, contiene quince de sus conferencias sobre ángeles, las cuales presentó originalmente en sólo una semana. Muchas de las ideas de Aquino no fueron aceptadas en ese tiempo, pero los reformadores católicos romanos en el consejo de Trento (1545–1563) utilizaron sus trabajos en la elaboración de sus decretos, dándole a Aquino una prominencia en la iglesia católica romana que ha durado hasta hoy. En 1879, el Papa declaró que la teología de Aquino era "eternamente válida".

Por unos doscientos años la gente consideraba que los ángeles eran parte de una cosmología obsoleta y anticuada. Sin embargo, hoy están retrocediendo. Los psicólogos toman esto seriamente. Carl Jung creía implícitamente en los ángeles y los describía como "seres sin alma que no representan sino los pensamientos e intuiciones de su señor" (12). Además, muchos cientos de miles, si no millones de personas alrededor del mundo puede dar testimonio de haber visto ángeles. En la mayoría de los casos, esta experiencia se convierte en uno de los recuerdos más valiosos de toda la vida.

El trabajo del ángel

Los ángeles usualmente actúan como mensajeros entre el cielo y la tierra, aunque también son considerados como guías, protectores y educadores. En efecto, la palabra ángel proviene de la palabra Griega angelos, la cual se deriva de la palabra hebrea *mal´akh*, que significa "mensajero".

Los ángeles trabajan normalmente con nosotros en relación uno a uno, y estos son usualmente nuestros ángeles guardianes. Sin embargo, también se recuerdan momentos donde se han visto gran cantidad de ángeles. Probablemente el ejemplo más famoso de esto es cuando un ángel del señor se aparece a los pastores para decirles lo referente al nacimiento de Jesús. Después de haber dado su mensaje, el ángel fue rodeado suavemente por una multitud de ángeles (Lucas 2:13). Un ejemplo moderno es la aparición de una "compañía completa de ángeles" a Lee Abbey en una villa del norte de Devon en 1952 (13).

Hay muchos relatos sobre grupos de ángeles que asistieron a las fuerzas británicas durante la primera guerra mundial. La primera aparición de ángeles fue en 1915, y continuaron hasta el final de la guerra. Estos son conocidos usualmente como "Los Angeles de Mons" porque allí fue donde se les vio por primera vez.

En Julio de 1918, las fuerzas alemanas vieron una brigada de caballería que se les aproximaba. Los hombres no vestían prendas militares si no uniformes blancos y andaban en caballos blancos. Los alemanes les dispararon, pero los soldados continuaron moviéndose hacia ellos sin dar muestra de heridas. Aun las modernas armas no los impresionaron. El líder de la brigada cabalgaba un poco delante de los demás. Su cabello lucía como hilos dorados y parecía casi como un aura alrededor de su cabeza. A su lado tenía una gran espada, pero sus manos descansaban ligeramente sobre las riendas de su caballo. Repentinamente, los soldados alemanes se dieron vuelta y corrieron aterrorizados con esa extraña caballería blanca (14).

Estos ejemplos muestran que hoy los ángeles todavía están activos. Sin embargo, muchas personas niegan este hecho, considerando a los ángeles como producto de los mitos y de los cuentos de hadas. Tal vez por esto es por lo que la gente ha visto a los ángeles usualmente silenciosos acerca de esto. Aun si no ha visto un ángel, estoy seguro de que alguien que usted conoce lo ha hecho. Sin embargo, esta persona puede que tenga esto en secreto, porque no quiere correr el riesgo de ser ridiculizada.

En los siglos pasados, las personas discutían libremente sobre ángeles. En nuestros días, aun los miembros del clero a menudo son reacios a discutir sobre el tema. Esto es sorprendente cuando uno considera que la iglesia católica celebra el día de San Miguel y de todos los ángeles el 29 de septiembre de todos los años. La iglesia católica Romana es aun más específica y celebra la fiesta de San Miguel, San Rafael y San Gabriel y de todos los arcángeles en ese mismo día.

Los ángeles pueden aparecer a cualquier momento y en cualquier lugar. En la epístola a los Hebreos (13:2), San Pablo dice: "No te olvides de hospedar a los extraños; porque de este modo has hospedado inconscientemente a los ángeles". Los ángeles existen probablemente como imágenes y necesitan de nuestra ayuda para ser traídos a la vida. Carl Jung creía en las imágenes universales que fueron comunes para todos. Los ángeles guardianes ciertamente son imágenes universales para toda la humanidad. El aceptar su existencia nos permite abrir nuestras almas y les permite entrar en nuestras vidas.

La creencia en guías espirituales y en ángeles nos deja entrar en contacto con nuestro yo superior, el cual libera nuestra intuición y creatividad y hace que el ángel sea real. G. Don Gilmore, un ministro y escritor en Spokane,

Washington, describe a los ángeles como "formas, imágenes o expresiones a través de los cuales la esencia y la energía de Dios se puede transmitir" (15). En el pasado, los ángeles se le manifestaban a grupos de personas, pero esto es muy raro ahora (16). Sin embargo, es posible hacer esto de una manera individual, y lo haremos más adelante en este libro para darle la capacidad de poder localizar su propio ángel guardián personal.

La jerarquía celestial

Existe una jerarquía celestial u orden divino de los ángeles, el cual fue escrito en primer lugar por Pseudo–Dionisio, el areopagita, en el Siglo V (17). Pseudo–Dionisio estudió el libro de Enoch y muchos otros escritos Judíos y Cristianos, en un intento por clarificar los diferentes rangos de los ángeles. Finalmente, dijo que existían nueve coros de ángeles, que estaban organizados dentro de tres grupos o triadas.

Primera Tríada	Segunda Tríada
1. Serafines.	4. Dominios.
2. Querubines.	5. Virtudes.
3. Tronos.	6. Poderes.

Tercera Tríada
7. Soberanías.
8. Arcángeles.
9. Ángeles (18)

Los coros en la primera tríada son los ángeles que siempre están en presencia de Dios. Son conocidos como "Los ángeles fieles a Dios". De acuerdo con Santo Tomás, los ángeles de la primera tríada nunca bajan a la tierra.

Los Serafines son los ángeles más cercanos a Dios y su principal tarea es la de rodear el trono de Dios mientras dicen el Kadosh, una famosa oración Hebrea que todavía se utiliza ("Santo, santo, santo"). De acuerdo con Enoch, hay cuatro serafines "correspondientes a los cuatro vientos del mundo".

Los serafines son seres perfectos de luz quienes brillan tanto, que pocos humanos podrían verlos. Los pocos profetas que los han visto, los describen como "Angeles encendidos". Pseudo–Dionisio dijo que la palabra Serafín significa "aquellos que calientan" y "aquellos que queman". Ellos son los ángeles del amor, pero también los ángeles de luz y de fuego.

Los Querubines son los guardianes de las estrellas y son modelo para el Arbol de la Vida. La palabra Querubín significa "aquellos que oran", "aquellos que interceden" y "plenitud de conocimiento".

Ellos están dispuestos a proporcionarnos protección y conocimiento cuando estamos listos para recibirlos. El profeta Ezequiel, una de las pocas personas que ha visto un querubín, los describió como seres que tenían cuatro caras y cuatro alas (Ezeq. 1:6). Muchas personas los ven como mitad humanos y mitad bestias. Esto puede ser porque Ezequiel describió la cabeza de un ángel querubín como que tenía la cara de un hombre al frente, un león a la derecha, un buey a la izquierda y un águila en la espalda (Ezeq. 1:10). Los querubines son los primeros ángeles mencionados en el antiguo testamento (Gen. 3:22).

Los tronos o ruedas (algunas veces conocidos como Ophanim) actúan como el medio de transporte de Dios. Su tarea es la transferencia de la energía positiva. Ellos focalizan esta energía para revelar las injusticias y enviar energía curativa a la gente que lo necesita. Algo interesante es que se cree que ellos no envían su energía directamente a nosotros, sino usualmente a través de nuestros ángeles guardianes personales (19).

Los ángeles de la segunda tríada son los ángeles de organización y de ministerio. Ellos tienen que ver más con el universo que con los individuos, pero se ha sabido que ayudan en la tierra cuando se les requiere.

Los Dominios se aseguran que cada ángel está siendo utilizado totalmente. Ellos llevan consigo las órdenes dadas por los ángeles de la primera tríada y llevan círculos concéntricos como símbolos de su autoridad. Las virtudes suministran fortaleza, ánimo y motivación. Proporcionan energía espiritual a la gente capaz y necesitada, para alcanzar mucho más de lo que ellos piensan que pueden lograr. Los poderes protegen el cielo y se consideran como ángeles guerreros. También nos ayudan a decidir entre lo correcto y lo incorrecto, y se aseguran que las leyes del universo permanezcan en operación.

Los ángeles de la tercera tríada son los que están más involucrados con la vida en la tierra.

Los principados tienen la misión de velar por los continentes, naciones, ciudades y otros grandes grupos. Ellos transfieren constantemente información desde y hacia el cielo. También tienen la función de asegurar que nuestros líderes mundiales reciban buenos consejos y actúen sabiamente.

Los arcángeles son los mensajeros más importantes de Dios. En el Islamismo se reconocen cuatro arcángeles, pero la tradición Cristiana considera siete ángeles como arcángeles. Cada arcángel tiene un nombre y obligaciones especiales para desarrollar.

Los ángeles son asignados a los individuos y a menudo son referidos como ángeles guardianes. Ellos están presentes en nuestro nacimiento, permanecen con nosotros toda la vida y nos ayudan en el final de esta encarnación. Los ángeles guardianes trabajan con todos los otros ángeles en los nueve coros. Cuando necesitamos ayuda, nuestros ángeles guardianes pueden obtenerla de otro ángel o de Dios.

En el Siglo XVII, John Milton ayudó al saber popular sobre ángeles con su poema épico de doce volúmenes, *Paradise Lost*. Cien años más tarde, Emanuel Swedenborg un gran científico, entraba en trance, que algunas veces duraban días. En estos trances visitó el mundo de los espíritus, los cuales recordó con gran detalle (20).

Los Arcángeles

Cualquiera que haya ido a la escuela cuando era niño, sabe los nombres de algunos de los arcángeles. En el Siglo II a. de C., Enoch describió su visita a los cielos. Esta fue la primera vez que se nombraron todos los siete arcángeles. El Antiguo Testamento nombra a Miguel y a Gabriel. Sin embargo, el único ángel que es llamado específicamente como arcángel en la Biblia es Miguel (Jud. 9). Los siete ángeles en frente de Dios en el libro de la revelación son considerados como los siete arcángeles (Rev. 15–17). Los nombres de estos siete ángeles son: Miguel, Gabriel, Rafael, Uriel, Raguel, Sariel y Remiel. Los cuatro primeros (conocidos como los "cuatro ángeles de la presencia"), también son los arcángeles del Islamismo. Se puede notar que el nombre de cada arcángel termina en "el". Esto quiere decir "seres que resplandecen".

Los ángeles no son ni masculinos ni femeninos. En consecuencia, si el ángel Miguel lo visita, no necesariamente será un ángel con apariencia masculina. Miguel podría aparecer en cualquier forma, dependiendo de la situación y de las circunstancias.

Miguel

Miguel es el más conocido de los arcángeles. En la Iglesia Católica Romana también es referido como San Miguel. Los católicos le rezan a San Miguel el arcángel para que los proteja del mal. El también es visto como el protector de la iglesia católica. El nombre Miguel significa "El que es como Dios". Se cree que Miguel es el arcángel más cercano a Dios. Siempre ha sido considerado como el amigo especial y defensor del pueblo Judío. Se piensa que Miguel aparecerá cuando el mundo esté en gran peligro.

Rudolf Steiner (1861–1925), el filosofo austríaco que fundó la sociedad Antroposófica, creía que Miguel había sido ascendido a arcángel y con extensa experiencia se le permitió colocar todos sus esfuerzos en ayudar a la humanidad como un todo (21).

A Miguel se le acredita haber detenido a Abraham cuando iba a sacrificar a su hijo Isaac (Gen. 22:10). El también se le apareció a Moisés en el bosque incandescente (Exod. 3:2) y rescató a Daniel de la cueva de los leones (Dan. 6:22). También se cree que fue visto por Juana de Arco.

El día de San Miguel data del Siglo V; y se hace extremadamente importante durante los tiempos medievales porque Miguel es el santo patrón de los caballeros. Hoy, los Anglicanos y los Católicos celebran el día de San Miguel el 29 de septiembre. El es honrado el 8 de noviembre en las iglesias griegas, armenias, rusas y cópticas.

Representa:	el amor
Elemento:	el fuego
Dirección:	el sur
Estación:	otoño
Color:	rojo
Signos zodiacales:	Aries, Leo y Sagitario

Gabriel

Gabriel se sienta al lado izquierdo de Dios y es el segundo arcángel más importante. Aunque se considera que los arcángeles no son ni masculinos ni femeninos, Gabriel es pintado como femenino, aunque se ha aparecido en forma masculina en diferentes ocasiones. El nombre Gabriel significa "Dios es mi fortaleza". Gabriel ha sido considerado tradicionalmente como el enviado de Dios a la humanidad.

Gabriel tiene una fuerte conexión con el embarazo y el nacimiento por un número de razones: Gabriel fue quien visitó a Zacarías y le dijo que Isabel, su esposa, tendría a Juan el Bautista (Lucas 1: 11–20). Gabriel también visitó a María y le dijo que daría a luz a Jesús (Lucas 1:26–35). En la iglesia Católica el "Ave María" es considerado como el saludo que utilizó Gabriel cuando visitó a María (22). En la tradición Católica, Gabriel también le dijo a los pastores acerca del nacimiento de Jesús (23). La iglesia Católica celebra el día de San Gabriel el 24 de marzo. Gabriel anunció también la venida del Mesías (Dan. 9:21–27).

Gabriel fue al Monte Lira y le dijo a Mahoma que él era un profeta, un Dios. El Islamismo comenzó en ese momento. Dentro de los Musulmanes, Gabriel es conocido como Gibrail, y creen que él fue quien dictó el Corán (24).

En 1862, en Nueva Zelanda, Gabriel se apareció ante el profeta Maorí Te Ua Haumene y le dio la fortaleza necesaria para que se liberara por sí mismo de las cadenas que habían sido utilizadas para retenerlo. Te Ua más tarde dijo que Gabriel, Miguel y "Una innumerable cantidad de espíritus" se le habían aparecido (25).

Como todos los ángeles, Gabriel puede aparecerse en cualquier forma. Cuando se le apareció a Mahoma, su cuerpo oscureció la mitad del cielo, el cual resonó con el sonido de sus alas. Sin embargo, el Sufí Ruzbehan Bagli, lo vio de una manera muy diferente:

> *En la primera hilera vi a Gabriel, como una doncella, o como la luna en medio de las estrellas. Su cabello era como el de una mujer, porque caía en largas trenzas. Llevaba un traje rojo intercalado con verde... El es el más bello de los ángeles... Su cara es como una rosa roja (26).*

Representa: vencer las dudas y temores

Elemento: el agua

Dirección: el oeste

Estación: invierno

Color: esmeralda

Signos zodiacales: Cáncer, Escorpión y Piscis

Rafael

Es el tercer arcángel más importante. Rafael quiere decir "Iluminando al que cura". Rafael no se menciona en la Biblia pero aparece en el apócrifo Libro del antiguo testamento de Tobit. Se cree que cura las heridas de los mártires y que protege a los viajeros. La iglesia católica utilizó el 24 de octubre para celebrar el día de San Rafael, pero con el ordenamiento del calendario litúrgico, ahora se celebra usualmente el 29 de septiembre, el cual es llamado "el día de San Miguel y todos los ángeles".

Representa:	curación
Elemento:	el aire
Dirección:	el este
Estación:	primavera
Color:	azul
Signos zodiacales:	Géminis, Libra y Acuario

Uriel

Es el último de los cuatro ángeles de la presencia. El nombre Uriel significa "Fuego de Dios". A menudo se conoce como el ángel del arrepentimiento y recibe las almas de los pecadores cuando llegan al cielo. Uriel es muy versátil. También es el ángel de la música y se piensa que fue enviado por Dios para advertirle a Noé sobre el inminente diluvio. En la tradición Judía, se cree que él fue el que le entregó la Kabbalah a los Judíos.

Representa:	el pensamiento claro
Elemento:	la tierra
Dirección:	el norte
Estación:	verano
Color:	blanco
Signos zodiacales:	Tauro, Virgo y Escorpión

Raguel

El nombre Raguel quiere decir "Amigo de Dios". Raguel es el ángel que llevó a Enoch al cielo. Enoch dijo que él se asegura que los otros ángeles mantengan el buen comportamiento.

Sariel

Sabemos acerca de Sariel gracias al libro de Enoch. El es el ángel responsable de disciplinar a los ángeles que se portan mal. En algunas tradiciones se cree que fue el ángel que le enseñó a Moisés.

Remiel

Es conocido como el ángel de la esperanza. Su significado es "Dios se eleva", lo cual da un indicio de su principal tarea: llevar las almas al cielo.

Metatron

En la Kabbalah el ángel más importante es Metatron, cuyo nombre significa "El más cercano al trono". Metatron no es un arcángel, pero a menudo es referido como el rey de los ángeles. El tiene ese título por ser el más alto y el más imponente de todos los ángeles. Se describe como un ser de entre ocho y trece pies de alto, con treinta y seis alas y numerosos ojos que le permiten vigilar el mundo entero.

Metatron es el único ser humano que se convirtió en ángel. Enoch fue llevado al cielo, donde Miguel lo ungió con aceite, lo convirtió en ángel y lo rebautizó como Metatron.

El ángel del Señor

Hay alguna evidencia que indica que Jesucristo visitó la tierra como un ángel antes de su encarnación. El libro Génesis cuenta la manera como Hagar huyó de Sarai, su amante, después de que ella quedó embarazada. El ángel del señor la encontró en una fuente de agua del monte. El ángel le dijo: "contempla tu arte con los niños, y deberás llevar un hijo y deberás llamarlo Ismael (Gen. 16:11)". En el versículo 13 "Ella dijo el nombre del señor que le habló, Tu Dios me observa". Obviamente, en este relato, el ángel del señor y Dios son uno solo.

La misma situación ocurrió en el libro Exodo cuando un ángel se le apareció a Moisés en el bosque incandescente. El capítulo 3 en los versículos 2 a 4 se lee:

"Y el ángel del señor se apareció ante él en una llama de fuego en la mitad del bosque; y él miró, y contempló que el bosque se quema con el fuego, y el bosque no se consumía.

Y Moisés dijo, ahora voltea y mira esta gran vista, ¿por qué no se quema el bosque?

Y cuando el señor vio que él giró para mirar, lo llamó a la mitad del bosque y le dijo: Moisés, Moisés y el contestó: Aquí estoy".

De nuevo el ángel del señor y Dios son uno solo. Por lo tanto, parece que el ángel del señor, por lo menos en el Antiguo Testamento es una aparición visible de Jesucristo.

La reina de los ángeles

En la mañana del 18 de julio de 1830, Catherine Laboure, un miembro de las Hermanas de la Caridad, se despertó observando un bello ángel. El ángel le dijo: "Ve rápido a la capilla". Catherine se apresuró a obedecer y se encontró en presencia de la Virgen María, quien le dijo que ella era la madre de todos los niños y que era conocida como la reina de los ángeles.Durante muchos meses después de la visita, Catherine dedicó su tiempo a la contemplación y a la oración. Luego regresó a la capilla todas las mañanas esperando ver de nuevo a la reina de los ángeles.

Una mañana la reina apareció parada sobre una esfera rodeada de una luz pura e iluminada por el sol. Ella abrió sus manos y salieron de los anillos muchos rayos, los cuales encendieron la esfera. La reina le dijo a Catherine que la esfera representaba la tierra y que los rayos simbolizaban la ayuda que ella era capaz de dar a los niños que la pedían. Tristemente, los anillos que no emitieron rayos de luz simbolizaban los niños que olvidaron pedir ayuda. La reina de los ángeles le dijo entonces a Catherine que la voluntad de Dios era que se hiciera una medalla que representara esa escena para mostrar el amor incondicional de Dios y para entregar protección al que la llevara.

Se han elaborado millones de copias desde la visión de Catherine. Esta se conoce como la "medalla milagrosa" (27). Catherine más tarde fue beatificada y canonizada como Santa Catherine Laboure.

La Reina de los Angeles se convirtió en el otro nombre de la virgen María. También es referida como la Reina de la Paz. Han habido numerosas apariciones de María durante los últimos 2000 años y es interesante notar que éstas han aumentado en los Siglos XIX y XX.

Probablemente la más trascendental de estas visitas ocurrió en Lourdes, Francia. Desde el 11 al 16 de febrero de 1858, la virgen María se le apareció numerosas veces a Bernadette Soubirous, una joven campesina de 14 años, en la gruta de Massabielle. Esta gruta rocosa al lado izquierdo del arroyo, se convirtió rápidamente en un sepulcro santo y hoy unos tres millones de personas visitan Lourdes cada año. Encima de la gruta se construyó una basílica en 1876, pero no podía acomodar al número cada día mayor de peregrinos. En 1958 se construyó una inmensa iglesia subterránea que puede albergar a 20.000 personas sentadas (28).

En Nápoles se llevó a cabo una interesante prueba a las aguas curativas de Lourdes. Las muestras del agua de Lourdes y del agua de grifo, se contaminaron con gérmenes venenosos y se inyectaron en animales de laboratorio. Los animales que habían sido inyectados con el agua común, murieron, pero los que se inyectaron con agua de Lourdes no se vieron afectados (29).

La Reina de los Angeles también se hizo visible en Fátima, Portugal. El 13 de mayo de 1917, una dama que se identificaba ella misma como la dama del Rosario se apareció ante tres niños pastores, a Lucía dos Santos y sus primos Francisco y Jacinta Marto. Ella se apareció de nuevo hasta octubre. El 13 de octubre, una multitud de 70.000 personas fue testigo de un "milagroso fenómeno solar" inmediatamente después de que la dama del Rosario se le apareciera a los niños. El 13 de octubre de 1930, el obispo de Leiria aceptó finalmente que la visita fue de la virgen María y se les dio indulgencia papal a los peregrinos. Sin embargo, el primer peregrinaje nacional a Fátima tuvo lugar en 1927. El 13 de mayo de 1967, un millón de personas se reunió en Fátima para escuchar al Papa Pablo VI decir la misa en el aniversario número cincuenta de la primera visión. En Fátima se han registrado numerosas curaciones aunque generalmente no han sido publicitadas (30). Se puede llamar a la Reina de los Angeles cuando necesite ayuda para usted o sus hijos.

Los ángeles caídos

Ningún libro de ángeles sería completo si no tuviera por lo menos una referencia a los ángeles caídos.

Cuando Dios creó los ángeles, el más bello de todos fue Lucifer, el portador de la luz. Desafortunadamente, el arcángel Lucifer se rebeló contra la autoridad de Dios. El libro del profeta Ezequiel dice: "Tu fuiste perfecto en todos los aspectos desde el día en que fuiste creado, hasta que encontraste la iniquidad" (Eze. 28:15). El libro de Isaías describe los pecados que cometió Lucifer:

"Tu has dicho en tu corazón: yo ascenderé al cielo, exal-
taré mi trono por encima de las estrellas de Dios: yo tam-
bién me sentaré en el monte de la congregación, en el
lado norte; y ascenderé por encima de la altura de la
nubes; seré como el más alto (Isa 14:13–14)".

Sin ninguna sorpresa, Lucifer fue despedido del cielo y
tirado al infierno. Muchos otros ángeles fueron con él. En
Paradise Lost, Milton entrega un relato vívido en la caída:

El poder del omnipotente
Lanzará impetuosamente del cielo etéreo,
Con la ruina y el fuego
Hacia el fondo de la perdición; allí habitará
En cadenas adamantinas y fuego penal,
Quien se atreva a desafiar al omnipotente (31).

Esta "caída" ha sido un tema popular para escritores y
artistas, pero mantiene un misterio no resuelto. ¿Por qué un
Dios misericordioso y amoroso permite que su enemigo
llene su creación, el mundo, con odio, sufrimiento y mal?

Existe una tradición precristiana que lanza una luz sobre
esto. En estos antiguos escritos orientales, Lucifer es referido como uno de los siete ángeles del sistema solar. El era
el guardián de Venus, que era considerado el más santo de
todos los planetas.

Un día, Dios le preguntó a sus principales ángeles quién
quería ser voluntario para bajar a la tierra y ayudar a la
humanidad. La tarea era hacer caer en tentación a la gente
para fortalecer su fe y su espiritualidad. Lucifer fue el voluntario y durante un período de tiempo, se hizo ver como el

demonio. Se crearon muchas historias acerca de él y los historiadores olvidaron gradualmente que Lucifer fue enviado por Dios para probar la humanidad. En cambio se le transformó en una fuerza maligna.

Lucifer representa el lado oscuro de la vida y es necesario, porque sin oscuridad no habría luz. Sin el mal no existiría el bien. Estos opuestos, como el yin y el yang, crean un todo perfecto (32).

2

SU ÁNGEL GUARDIÁN

Ya sea que esté consciente o no, cada uno tiene su propio ángel guardián. Este hecho ha causado controversia entre los teólogos a través de la historia. Si cada uno de nosotros tuviera un ángel guardián, obviamente la población del cielo debería ser mucho mayor que la de la tierra. En la Biblia se registró que un millar de millares le servían a Dios y que diez mil veces diez mil estaban ante él (Dan 7:10). La población del mundo está creciendo constantemente, pero el número de ángeles es fijo y no aumenta ni disminuye.

En los salmos se registró que "El encargará a sus ángeles de tí, para cuidarte en todos tus caminos" (Salmos 91:11). Este es un claro mensaje de que a cada uno de nosotros nos ha sido entregado un ángel especial para protegernos.

Jesús también se refirió a los ángeles guardianes de los niños cuando dijo que sus ángeles siempre contemplan la cara de su padre (Mat. 18:10).

En el año 379 San Basilio escribió que todo el que cree en Dios tiene un ángel guardián. El teólogo medieval, Tomás de Aquino, dijo que a todos se les entrega un ángel "continuamente ilumina, guarda, rige y guía" (1).

Hay muchas historias acerca de San Patricio, el santo patrón de Irlanda y su ángel guardián Victoricus, quien se le aparecía frecuentemente en visiones y sueños. San Patricio provenía de una familia adinerada, pero fue secuestrado y convertido en un esclavo en Irlanda. Su primera experiencia con ángeles ocurrió cuando él escuchó una voz angelical que le dio planes detallados sobre cómo escaparse al sur de Irlanda donde un barco estaba esperándolo para llevárselo (2). Este debe haber sido su ángel guardián.

En Francia era común este saludo cuando se encontraban dos campesinos: "buen día para tí y para tu acompañante". El acompañante sería el ángel guardián del campesino.

Por cientos de años a los niños católicos se les ha enseñado una oración que reafirme la creencia en los ángeles guardianes:

Su Ángel Guardián

Angel de mi guarda mi dulce compañía,
No me desampares ni de noche ni de día,
Hasta que me pongas en paz y alegría,
Con todos los santos, Jesús y María.
Amén.

El padre Pío fue un sacerdote católico que experimentó la Stigmata. Esto quiere decir que en sus manos y pies aparecieron los signos de la crucifixión de Jesús. El dedicó toda su vida a tener contacto con su ángel guardián. Afortunadamente, él escribió muchas de sus experiencias con los ángeles, y algunas de ellas fueron empleadas por el padre Alessio Parente cuando escribió *Send Me Your Guardian Angel, Padre Pio.* En esta biografía el padre Parente escribió: "La guía espiritual del padre Pio fue hecha casi toda a través de la ayuda y dirección de su ángel guardián" (3). El ángel guardián del Padre Pio también fue capaz de traducir las innumerables cartas que éste recibía de todo el mundo, y le permitía responderles a los escritores de las cartas en sus propios idiomas. La iglesia católica Romana está considerando la beatificación del padre Pio.

El Papa Pius XI (1857–1939) afirmaba que él rezaba a su ángel guardián todas las mañanas y todas las noches. Si él iba a hablar con alguien que estuviera en desacuerdo con sus puntos de vista, él le pedía a su ángel guardián para que hablara con el ángel guardián de la otra persona primero. Los dos ángeles guardianes se ponían de acuerdo rápidamente permitiendo el contacto entre el Papa y su visitante (4). Otro Papa, Juan XXIII (1881–1963), también fue un fuerte creyente en los ángeles guardianes y los mencionaba frecuentemente en sus apariciones en la radio. Regularmente, éstas animaban a los padres a enseñar a sus hijos que no estaban solos, si no que su ángel guardián velaba por ellos (5).

En 1968 el Papa Pablo VI (1987–1978) sancionó el establecimiento del Opus Sanctorum Angelorum ("El trabajo de los Santos Ángeles"). Esta organización conocida como "Opus" tiene un número de objetivos que incluyen la motivación en la creencia en un ángel guardián. Los iniciados en esta organización tienen tres etapas:

La primera etapa tiene un año. Durante este tiempo los iniciados le prometen a Dios que amarán a sus ángeles guardianes y que actuarán según sus deseos. También aprenden los nombres de sus propios ángeles guardianes personales. Durante la segunda etapa, los iniciados toman parte de una ceremonia con velas y prometen convertirse como ángeles y venerarlos. La etapa final incluye una ceremonia de consagración a toda la jerarquía angelical. La idea de un espíritu sabio y protector que vela por nuestro bienestar, ha sido un pensamiento extremadamente confortante para las personas de todas las creencias, por miles de años.

Origen (185–253), uno de los principales padres de la iglesia católica, creía que cada uno de nosotros tenía dos ángeles guardianes, uno malo y otro bueno. Esto está relacionado con la antigua creencia griega en los demonios, quienes actuaban como intermediarios entre el cielo y la tierra. El buen demonio animaba a permanecer en el modelo correcto, mientras que el malo tentaba a cometer maldades.

Algunas autoridades dicen que nuestros ángeles guardianes son asignados a nosotros ya sea en la concepción o en el nacimiento. De todos modos, esto no me detiene para preferir la antigua tradición que dice que el ángel aparece cuando el bebé se ríe por primera vez.

Experiencias con ángeles

Una vez ha arribado el ángel guardián, permanece con nosotros a través de toda la vida y nos ayuda en la transición en la muerte. Muchas experiencias cercanas a la muerte en todo el mundo, confirman esta hipótesis.

Un amigo tuvo una experiencia cercana a la muerte mientras estaba siendo operado para que le removieran sus amígdalas:

"Me encontré flotando sobre la mesa de operaciones, mirando hacia abajo a las personas que estaban trabajando en mi cuerpo. Eso fue extraño, ya que no experimenté emociones, pero estaba consciente absolutamente de todo.

Al mismo tiempo, presencié una luz increíble, la cual comenzaba débilmente, pero rápidamente crecía hasta que yo me encontraba envuelto completamente en ella, y se sintió fantástico. No puedo empezar a describir el poder o intensidad de esa luz. Eso fue lo más bello que jamás he visto. Dicha luz debió haberme deslumbrado, pero no lo hizo, aunque era intensa, porque era muy pura. Y se llenó de amor, yo me sentí totalmente rodeado de amor. Eso no fue solamente una luz, era un ser, un ser de luz.

Sabía que me estaba muriendo, pero era feliz y no quería regresar. Yo tengo una buena vida, pero este sentimiento fue tan perfecto que quería permanecer allí por siempre. Yo sentía, más que escuchar, una voz que me decía "todavía no, todavía no", y fui regresado repentinamente a mi cuerpo. Sin embargo, debo decir que desde ese momento ya no le tengo miedo a la muerte".

La experiencia de mi amigo con esta luz es similar a muchas otras (6). Muchas de estas personas se han referido a esa luz como su ángel guardián. Algunas las han reconocido como experiencias de la infancia y han lamentado el largo período de tiempo en el que habían ignorado la ayuda y la protección que su ángel guardián les ofrecía.

Muchos niños también son conscientes de sus ángeles guardianes. A menudo llaman a estos amigos invisibles por sus nombres, y los llevan con ellos a todas partes.

Un pequeño niño estuvo atrapado bajo las ruinas de un terremoto en Taormina, Sicilia, durante varios días. Las personas que lo rescataron no podían creer que hubiera sobrevivido tanto tiempo, pero el chico declaró que una dama "que vestía prendas blancas" le había traído comida todos los días (7).

Tristemente, estos amigos imaginarios salen de nosotros. Algunos son encontrados más adelante. Paola Giovetti relata una experiencia cuando una anciana dijo repentinamente: "El ha regresado de nuevo". Cuando se le pidió que explicara, dijo que cuando había sido una niña "él" estaba siempre junto a ella, pero luego ella lo olvidó por completo.

Esta dama murió al día siguiente, feliz al saber que "él" estaría esperándola (8).

El ángel guardián sabe todo lo relacionado con usted y desea ayudarlo de cualquier forma en todo lo que le conviene para que su vida sea tan rica y plena como sea posible. Usted no puede tener secretos con su ángel guardián. Si siente envidia de alguien, su ángel guardián lo sabrá. Si es tentado a ser deshonesto también lo sabrá. Puede escuchar una pequeña voz interior que le hable y le dice que no lo haga. Puede llamarlo como su conciencia. Yo he aprendido a llamarlo mi ángel guardián.

Hace unos años di una serie de conferencias en una prisión de máxima seguridad. Yo estaba interesado en escuchar de muchos de los reclusos, que en sólo unos pocos segundos han hecho la diferencia entre estar encarcelados y estar disfrutando de su libertad. Todos ellos habían tenido unos pocos segundos cuando una pequeña voz le dijo que no hicieran lo que estaban planeando hacer. Si ellos hubieran escuchado a su voz interior, todavía estarían disfrutando de su vida en las calles. Sin embargo, ellos escogieron ignorar el consejo de su ángel guardián y ahora tienen mucho tiempo para reflexionar sobre la diferencia que puede marcar unos pocos segundos. En muchas formas ellos me recordaron el dicho "El demonio me hizo hacerlo".

Casualmente, uno de los reclusos vino a conocer a su ángel guardián después de haber sido encarcelado. El había golpeado fuertemente y casi matado a un vecino después de una disputa doméstica.

"Yo tuve una vida de violencia", me dijo. "Mi padre me golpeaba todo el tiempo, por lo tanto, yo golpeaba a otros niños más pequeños. Cuando crecí, me uní a una pandilla y estuve en peleas todo el tiempo. Cuando me casé, traté de dejar todo atrás. Cuando tenía pensamientos violentos, los controlaba. Un día, simplemente exploté". El movió su cabeza y volvió a recordar: "Fue terrible el estar totalmente fuera de control, y que me costara tan caro". En el momento que hablé con él, su esposa estaba haciendo los trámites para el divorcio. Luego continuó. Dos días después de llegar aquí, me levanté en la mañana y estaba ese inmenso ángel parado al lado de mi cama. Yo quería gritar; estaba aterrorizado. Estaba vestido de blanco y todo parecía destellar. El blanco no era un blanco ordinario, era algo puro y perfecto, y una vez que lo comprendí todo, mi corazón paró de correr.

"¿Qué quieres?" le pregunté, y el ángel no dijo nada, solamente me miraba. La compasión y entendimiento en su mirada me hicieron llorar. Me sentí muy avergonzado de mí mismo y de lo que había hecho. Mientras estaba llorando, él coloco su mano en mi hombro y sentí un hormigueo en todo mi cuerpo. Eso fue como un pequeño choque eléctrico, pero fue muy agradable. Enseguida me sentí más feliz de lo que había estado en meses, incluso en años. Luego sencillamente desapareció.

Mi compañero de celda durmió durante todo el acontecimiento, y yo no le dije nada. No se lo dije a nadie, pero esperaba y esperaba su regreso. No me importaba esperar porque tenía todo el tiempo.

Su regreso fue bastante tiempo después, tal vez tres meses.

De todos modos, me desperté una mañana y estaba allí otra vez. Le pregunté dónde había estado y él dijo que estaba esperando mi llamado. ¿Por qué te llamaría? Le pregunte. El dijo "tu puedes llamarme cuando lo necesites", y luego se fue.

"Yo le grité "regresa", y luego escuché esa voz dentro de mí que decía: "quédate en paz que yo estoy contigo todo el tiempo", y lo está, yo sé que está aquí. Rara vez lo veo pero definitivamente aquí está".

Este hombre violento ahora es un prisionero modelo. Yo confío en que con la ayuda de su ángel guardián él será un buen ciudadano cuando sea dejado en libertad. El ahora sabe que tiene que escuchar una voz suave y silenciosa en su interior.

Este hombre conoció su ángel guardián cuando estaba en el punto más bajo de toda su vida. Los ángeles guardianes aparecen frecuentemente cuando todo parece desesperanzador.

Debra, una mujer que conocí después de una de mis conferencias, me dijo que su ángel guardián se le apareció cuando su hijo se suicidó. Ella me dijo: "sin mi ángel guardián, yo me hubiera suicidado también". "La vida parece no valer nada en esos momentos. Por supuesto que me llevó tiempo, pero con la ayuda de mi ángel guardián, volví a mi vida de nuevo y soy muy feliz".

El prisionero con el que yo hablé estuvo aterrorizado cuando vio por primera vez a su ángel. Esto ocurre frecuentemente. De hecho, en la Biblia, cuando casi todas las apariciones angelicales comienzan, el ángel dice: "¡No temas!".

Los niños a menudo son capaces de ver sus ángeles guardianes, pero tristemente tienden a perder esa habilidad cuando crecen, debido a las acciones de los adultos quienes se burlan de esos "amigos imaginarios".

Yo tuve una experiencia interesante hace algunos años con un chico que tenía un ángel guardián extremadamente protector. Su madre me lo trajo para un trabajo de hipnoterapia porque él había decidido enmudecerse. Esto quiere decir que era capaz de hablar, pero eligió no hacerlo, al menos que estuviera con personas con las que se sintiera totalmente seguro. Naturalmente, esta situación estaba causando gran dolor y preocupación a sus padres. Tony (este no es su verdadero nombre) había comenzado su vida como un niño normal, pero había decidido no volver a hablar a los cinco años. El nunca había hablado con sus profesores o con otros niños en la escuela, y no tenía amigos. Sorprendentemente, era muy bueno en los deportes de conjunto, aún cuando nunca pronunciaba una palabra mientras jugaba. Además, también era un buen estudiante.

Tony era un buen sujeto para hipnotizar y en su primera sesión le sugerí que sería confortable hablar conmigo. Cuando abrió sus ojos comenzó a hablar y no paró por veinte minutos. Su madre, sentada afuera en la sala de espera, no podía creer lo que escuchaba a través de la puerta. Ella me había dicho que él siempre era así cuando regresaba de la escuela.

En la segunda visita traté de regresarlo a la situación que pudo causarle su mudez. No lo logré en ese momento, pero en el transcurso de la sesión él dijo repentinamente: "Mi ángel está conmigo".

"Eso está bien", le dije. "¿Tu ángel tiene algún nombre?"

"Por supuesto" respondió. "Su nombre es Dana", "¿El te ayuda?".

"Claro, porque es mi amigo".

Cuando abrió sus ojos le pedí que me hablara de su ángel. Obviamente, Tony se sintió seguro de mi compañía y me habló detalladamente de Dana.

Dana era un ángel alto con unas hermosas alas blancas. Usualmente llevaba puesto un traje blanco que brillaba, pero algunas veces llevaba un conjunto rojo que parecía una piyama. Tony y Dana hablaron todo el tiempo pero no necesitaron hacerlo en voz alta. Dana le ayudaba en clase a responder las preguntas que Tony no sabía. Dana también le ayudaba a jugar en los partidos, diciéndole lo que debía hacer. Dana le había salvado la vida cuando lo levantó en el momento en que Tony tropezó y cayó en el pavimento cuando pasaba un camión.

Tony me dijo esto en un tono muy convincente. Después de varios minutos me preguntó: "¿Me crees?".

"Por supuesto" le respondí. "Todos tenemos un ángel guardián". Tony se sorprendió: "¿Todos? ¿Hasta mi papá y mi mamá?".

"Todos"

"Entonces ¿por qué las personas no hablan de ellos?".

"Algunas personas lo hacen" le dije, "Tu me has hablado de Dana". "Pero tú eres la primera persona a la que se lo he dicho".

Le respondí: "A Dana no le importa que tú hables con otras personas". "Tú puedes hablar mentalmente con Dana cuando quieras. El siempre estará ahí para ayudarte. Pero estoy seguro de que no quiere que hables sólo con él. ¿Por qué no le preguntas si le molesta que tú hables con otras personas?".

Tony inclinó su cabeza y estuvo en silencio por un momento.

"El dice que puedo hablar con otras personas, pero que no debo decirles acerca de él, porque quiere permanecer en secreto".

"Eso es una buena idea" le dije.

Tres días más tarde la mamá de Tony me llamó para decirme que su hijo había comenzado a hablar en la escuela. En efecto, él estaba hablando sin parar, y todos sus compañeros hacían fila para tener una conversación con él.

Tony siempre había sido consciente de la existencia de su ángel guardián. Muchas personas encuentran su ángel más tarde.

Elizabeth, una tímida estudiante de colegio, encontró difícil contar su historia, ya que nunca se la había dicho a nadie.

"Estaba jugando baloncesto en los campeonatos del colegio y yo era la lanzadora. Me sentía nerviosa y estaba fallando hasta los lanzamientos más sencillos. Fue tal el susto que hice que mi equipo se fuera abajo. Yo no soy Cristiana pero dije: "Dios, por favor ayúdame". Enseguida observé y había un pequeño ángel sentado en la cancha. No lo podía creer. Yo no me asusté porque el ángel lucía perfecto y astuto. Definitivamente era un ángel femenino.

Yo quería alzarla y abrazarla. Tampoco podía creer que nadie más lo viera. De todas maneras, en la siguiente vez que lancé, mi ángel me ayudó a acertar y lo hizo una y otra vez. Mi equipo ganó y yo fui la heroína del día".

"Desde entonces mi ángel guardián siempre ha estado cerca para ayudarme cuando lo necesito. Por supuesto, yo sé que ella estuvo aquí antes, pero nunca me había dado cuenta". Elizabeth se sonrió y movió su cabeza: "Todos esos años perdidos".

Bob conoció su ángel guardián el día de su boda:

"Terry (mi mejor amigo) y yo arribamos muy temprano a la iglesia. Yo no quería llegar tan pronto, por lo tanto estacionamos el auto y caminamos alrededor del cementerio que hay detrás de la iglesia. Era un hermoso día, el comienzo de la primavera, y los árboles se veían resplandecientes y los pájaros cantaban. ¡Un día mágico!

"Que gran día para casarme", le expresé a Terry. El sonrió. Justo al lado derecho de mi amigo había un ángel. Yo lo señalé y dije: "¡Mira eso!" Pero Terry no podía verlo. El se burló de mí y yo le hice prometer que no le diría nada a nadie. Pero el ángel entró a la iglesia con nosotros y se estuvo a mi derecha durante toda la ceremonia.

"Ese fue el mejor día de mi vida. ¡Contraje matrimonio y conocí a mi ángel guardián el mismo día! Mi esposa nunca lo ha visto, pero cree incondicionalmente en él, porque siempre acude cuando yo lo necesito".

Todas estas son apariciones de los ángeles guardianes. Ninguna de ellas fueron anticipadas o esperadas, y como en la mayoría de los ejemplos que he escuchado en toda mi vida, las personas sienten terror al empezar.

Hay muchos más relatos de personas que sabían que sus ángeles guardianes estaban presentes aunque fueran invisibles.

Un ejemplo muy famoso le sucedió al explorador británico Sir Ernest Shackleton. Cuando él y dos compañeros estaban realizando una ardua travesía en las montañas del sur de Georgia, siempre estuvieron conscientes de que "alguien más" estaba viajando con ellos (9).

En 1916, durante la primera guerra mundial, el comandante Stoker y dos compañeros se escaparon de una prisión de Turquía. Ellos tuvieron que caminar tres mil millas por el Mediterráneo para lograr la libertad. Durante todo el trayecto el comandante Stoker estuvo seguro de que eran acompañados por una persona más. Los hombres no discutieron esto entre ellos hasta que se encontraron a salvo. Luego descubrieron que todos habían tenido la misma experiencia (10).

El escalador de montañas Sir Francis Smythe es otro ejemplo. En las instancias finales del ascenso al monte Everest en 1933, su compañero fue obligado a devolverse, y Smythe continuó solo. El tenía el sentimiento constante de que un compañero silencioso, amigable e invisible estaba trepando junto con él. El montañista declaró: "Con esa compañía no me podía sentir solo ni pensar que algo malo me podía ocurrir" (11).

En su libro, *Adventures of a Mountaineer*, Smythe escribió:

Todo el tiempo que estuve ascendiendo solo, tuve la sensación de que había alguien conmigo. También sentí que si llegara a resbalar, sería sostenido y soportado como si un amigo estuviera encima de mí con una cuerda. Cuando alcancé la cima sentí que debía comer algo con el fin de mantenerme fuerte. Todo lo que llevaba conmigo era un pedazo de torta, entonces la saqué de mi bolsillo, y dividiendo cuidadosamente en dos mitades, le ofrecía una a mi "acompañante" (12)

Sin embargo, también es posible pedirles a los ángeles guardianes que se revelen. Existen varias maneras de hacerlo.

En los tiempos antiguos cuando los nativos americanos alcanzaban la pubertad, eran enviados desnudos a encontrar sus espíritus guardianes (13). Esta técnica utilizaba el estrés, la privación y la dureza para motivar la creación de visiones. Afortunadamente, no necesitamos hacer algo similar para encontrar nuestros ángeles guardianes. Ellos aparecerán tan pronto cuando lo invite a entrar en su vida.

Aquí están los caminos más efectivos para animar a su ángel guardián:

Invocando los arcángeles

Se pueden preguntar por qué hablé acerca de los arcángeles en el capítulo anterior. Los arcángeles tienen muchas funciones, pero una de ellas es la de ayudarnos a alcanzar nuestros objetivos. Si una de las metas es la de hacer contacto con su ángel guardián, los arcángeles pueden ayudar.

Con la práctica, será capaz de invocar los arcángeles cuando los necesite. En un principio asegúrese que esté solo y que no será molestado cuando lo intente. Ubíquese en un sitio de temperatura confortable, desconecte el teléfono; coloque algo de música suave o de meditación, si así lo prefiere colóquese una ropa cómoda. Agite sus brazos y manos vigorosamente para liberar cualquier tensión. Yo usualmente giro mis hombros también. El estrés y la tensión del día se sitúan en la parte superior de la espalda y en los hombros, y es una buena idea liberarlos de este pesado equipaje antes de emprender cualquier trabajo espiritual. Siéntese en una silla confortable, cierre sus ojos y respire profundamente tres veces. Cuando exhale repítase a sí mismo "Relájate, relájate profundamente".

Concéntrese en la respiración hasta que sienta que ha empezado a relajarse. Luego deje que sus energías se concentren en diferentes partes del cuerpo, diciéndoles que se relajen. Yo empiezo con mi cabeza y mi cara y bajo por mi nuca y hombros, brazos y dedos, abdomen, luego las piernas, hasta que las puntas de mis pies están relajadas. Algunas personas prefieren comenzar por relajar sus pies y luego dirigirse hacia arriba. No interesa el método que utilice, el objetivo es estar tan relajado como sea posible.

Puede encontrarse con que se duerme haciendo este ejercicio, particularmente si lo está haciendo en la noche después de un día muy agitado. No se preocupe si esto ocurre, pues su cuerpo obviamente necesita el descanso, por lo tanto disfrute del sueño e inténtelo más adelante.

Una vez sienta que todo su cuerpo está relajado, está listo para invocar los arcángeles. "Invocar" quiere decir "llamarlos", usualmente para pedir ayuda o inspiración.

Afortunadamente, es muy fácil invocar a los arcángeles, simplemente necesita aceptar el hecho de que están presentes y deseosos de ayudarlo.

Comience por visualizar el arcángel Miguel parado a la derecha. Puede visualizarlo de cualquier forma que desee. Si tiene una imagen mental de él desde la infancia, utilícela, ya que le será fácil la visualización. Si no tiene concepciones religiosas simplemente imagínese un hermoso ángel que representa el amor.

Yo veo a los arcángeles como seres de unos ocho pies de alto, con hermosos rostros que parecen esculturas de mármol, que visten trajes blancos y brillantes y con grandes alas. Este cuadro data de mi infancia y para mí es extremadamente fácil imaginármelo. Otras personas con las que he hablado, han visto los arcángeles con apariencia muy diferente. Uno de mis vecinos los ve como bolas de energía y de luz pura. En su caso, los arcángeles no tenían parecido a los dibujos tradicionales de ángeles, pero su visualización trabaja bien para él. Una dama que conozco, y que ha trabajado bastante sobre las tradiciones de los nativos americanos, ve a los arcángeles como espíritus animales.

Como puede ver, tiene una gran flexibilidad para escoger la manera de como ver a sus ángeles. De hecho, esto es bueno si no tiene ideas preconcebidas acerca de cómo deberían lucir. De esta manera, los arcángeles se presentarán en la forma que ellos deseen.

Puede pasar muchos minutos antes de que sienta que el arcángel Miguel está parado realmente a su lado. No se preocupe por esto, porque con la práctica descubrirá que puede invocarlo, cuando lo desee y en cuestión de segundos.

Una vez que se de cuenta que el arcángel Miguel está parado a la derecha, invoque al arcángel Gabriel, quien se situará a la izquierda. Gabriel es el ángel que le ayuda a vencer las dudas y temores, e incrementa su autoestima y su confianza. Con Gabriel a la izquierda puede sobreponerse a sus miedos y alcanzar lo que quiera. Yo puedo sentir que mi confianza aumenta siempre que visualizo a Gabriel al lado mío.

Ahora deberá sentirse con mucho vigor, pues a la derecha tiene a Miguel, el ángel del amor y a la izquierda, a Gabriel, el ángel que le da confianza.

Ahora es tiempo de invocar al arcángel Uriel. Visualice a Uriel parado directamente enfrente. Con Uriel en esta posición sus pensamientos se volverán más claros; su concentración y sus poderes de observación aumentarán, y reconocerá y entenderá las motivaciones y las acciones de otra de una manera más clara que antes.

Finalmente, invoque al arcángel Rafael, el ángel de la curación, el cual se para exactamente detrás. Será capaz de sentir las fuertes energías curativas tan pronto como llega Rafael.

Con todos los cuatro arcángeles en posición está rodeado con un círculo de protección y poder. Es un sentimiento maravilloso, intenso, y glorioso, que querrá recapturarlo a menudo. Y debería hacerlo, ya que es extremadamente beneficioso. Este ritual proporciona amor, confianza, claridad mental, salud y total protección.

Pero asombrosamente, esto todavía no ha terminado. Con los cuatro arcángeles rodeándolo, visualice una corriente de luz pura, clara y divina que baja de los cielos y entra en su cuerpo a través de la cabeza, revitalizando cada nervio, órgano, músculo y fibra de todo su cuerpo, sintiendo que un inmenso túnel de luz le rodea.

En la tradición Judía, esta luz se llama Shekinah, el principio femenino de Dios, y que es parte del espíritu de la vida que está dentro de todos nosotros (14).

La mayoría de las veces será suficiente invocar estos cuatro arcángeles. Tal ritual le dará confianza cuando sienta que la necesita, haciéndole sentir la increíble protección que le rodea; restaurando su salud y vitalidad; y entregando la habilidad de ver y entender todo con un nuevo sentido de claridad.

Sin embargo, los arcángeles también actuarán sobre sus deseos, los cuales deben ser puros y que no le causen daño a nadie. Yo estoy asumiendo que la primera vez que los invoque le pedirá que lo ayuden a contactar a su ángel guardián.

Puede ser que la primera vez que los invoque no tenga un éxito completo. También puede ser que visualice perfectamente uno o dos arcángeles pero los otros no. Además es posible que se quede dormido. No se preocupe si no tiene éxito por cualquiera de esas razones. Deje atrás todas las fallas y comience de nuevo para mejorar y adquirir práctica. Deberá sentirse confortable con los cuatro arcángeles rodeándolo y con la luz Shekinah envolviéndolo en amor puro. Una vez que sea experto en alcanzar este estado, podrá abrir sus ojos y mirar alrededor. Yo no recomiendo que haga esto hasta que haya llevado a cabo el ritual muchas veces. Esto es porque la luz de los arcángeles, la cual es bella, serena, pura y brillante, y casi enceguecedora, puede hacer que se asuste y que regrese al mundo cotidiano. El sentimiento de pérdida que acompaña esta sensación es indescriptible. Yo sé por mi propia experiencia que el sentimiento de enfermedad y de tristeza en el estómago dura varias horas. No abra los ojos en ningún momento durante este ritual hasta que esté completamente familiarizado con él. Hay algo increíble para cuando alcance este estado.

Ya es tiempo de agradecerle a los cuatro arcángeles por venir y por el amor, la guía y la protección. A mí me gusta hacerlo con cada uno individualmente. Si la situación lo permite, yo digo lo siguiente en voz alta, si no, como por ejemplo cuando estoy en la estación del metro, lo hago mentalmente:

"Gracias Miguel. Yo sé que estás ocupado y estoy muy agradecido contigo por venir en mi ayuda hoy. Tu regalo de amor me ayudará a hacerme más generoso y cariñoso en mi vida y por eso estoy muy complacido. Gracias".

Yo espero la respuesta. Ocasionalmente escucho palabras, pero usualmente simplemente me siento envuelto en un abrazo de amor gentil pero fuerte.

Después de unos momentos digo: "Gracias Gabriel, estoy agradecido contigo por venir ante mi llamado. A menudo estoy temeroso, pero se que con tu ayuda y protección puedo hacer lo que quiera. Gracias por darme confianza y fortaleza".

Espero de nuevo. Gabriel usualmente responde permitiéndome sentir que realmente puedo lograrlo todo. Yo visualizo a Gabriel como un ser femenino, pero en las pocas ocasiones en que me ha dirigido palabras, estas han sido con una voz resonante y profunda.

"Gracias Uriel por darme la claridad mental. Tú también estás ocupado, y aprecio que vengas en mi ayuda. Yo trabajo mejor cuando mi mente está clara y abierta. Gracias por tu ayuda".

Uriel habitualmente me responde con un sentimiento de calor, particularmente en mis párpados, el cual dura solo unos pocos segundos, pero es extremadamente reconfortable.

"Gracias Rafael por tus poderes curativos. Tú restauras cada parte de mi cuerpo y me permites ayudar a restaurar otros también. Estoy muy agradecido. Gracias por venir en mi ayuda hoy".

Rafael responde dándome una fuerte sensación de bienestar físico. Yo me siento menos cansado y lleno de una energía sin límite después de haber hablado con Rafael.

Continúo diciendo: "Gracias a todos. Hoy necesito su ayuda en diferentes maneras". En ese momento le pido a los ángeles lo que quiero. La primera vez que haga esto, probablemente querrá contactar a su ángel guardián. En consecuencia, puede decir algo como esto: "Todavía no he conocido o tenido contacto con mi ángel guardián. Por favor ayúdame. Yo sé que tengo un ángel guardián, y aunque algunas veces siento la protección a mi alrededor, quiero conocerlo más. Por favor ayúdame a conocer a mí ángel guardián".

Una vez que ha hecho la petición, haga una pausa y tome conciencia de usted y de los arcángeles. Visualice la luz Shekinah que le circunda. En el momento justo, y esto puede ser sólo unos segundos después o a veces varios minutos diga: "Gracias". Preferiblemente en voz alta y abra los ojos. Tenga confianza que su petición será atendida.

Descubrirá que mira el mundo completamente diferente durante varias horas después de realizar el ritual. Todo lucirá mejor y verá con una nueva claridad. Las relaciones con los demás serán más cordiales, los niveles de estrés disminuirán y experimentará una sensación de total confianza. Si hace el ritual un poco antes de irse a la cama, disfrutará del mejor sueño que haya tenido en años.

Puede que tenga que realizar este ritual varias veces antes de que llegue su ángel guardián, aunque por supuesto él está con usted todo el tiempo. Sin embargo, como la mayoría de la gente, puede no haber tenido conciencia de ello.

Experimentando su ángel guardián

Muchas personas esperan que los ángeles guardianes aparezcan ante ellos con trajes blancos, rodeados por una luz y cargando un arpa. Esto podría pasar pero es remoto.

Conocimiento

Gradualmente puede experimentar una creciente sensación de que su ángel guardián lo está protegiendo.

Eso le ocurrió a una amiga. Antes de quedar viuda a temprana edad ella se refugió gradualmente en su pequeño apartamento. Después de unos años, este se convirtió en su prisión y estaba temerosa de salir. Una vez que tomó conciencia de su ángel guardián, comenzó a salir de nuevo. Ella todavía es más tímida que la mayoría de las personas, pero por lo menos ahora lleva una vida normal, y su confianza está creciendo más y más, gracias a la ayuda de su ángel guardián.

Sueños

Es posible percibir al ángel guardián en los sueños. Esto es muy común porque después de todo, nuestros sueños nos ayudan a evaluar lo que está pasando en nuestras vidas, por lo tanto podemos reflexionar sobre lo que está pasando y obrar adecuadamente. Si descubre que su ángel guardián se aparece en esa forma, tome notas de todo lo que recuerde tan pronto se levante. Como sabe, nuestros sueños tienden a desaparecer y a ser olvidados en el momento en que iniciamos la rutina diaria.

Es una buena idea tener un diario de sueños, ya que permite darle valor a los discernimientos sobre los cuales su subconsciente está trabajando. Los sueños también pueden proporcionar vestigios sobre el futuro, lo que permite tomar las acciones correctas en el momento justo y convertir la vida en lo más exitosa posible.

Pensamientos y sentimientos

Los pensamientos y sentimientos son otros medios mediante los cuales los ángeles guardianes nos hablan. Los escépticos pueden decir que todos tenemos pensamientos y sentimientos todo el tiempo, y es verdad. Obviamente, todos los pensamientos o sentimientos no provienen de nuestro ángel guardián. Sin embargo, cuando ocurre un pensamiento o sentimiento, sabemos instintivamente que vienen de otra fuente y no de la mente subconsciente.

Muchas personas creativas experimentan regularmente estos sentimientos. Un exitoso hombre de negocios me dijo que siente un calor especial cuando tales pensamientos o sentimientos llegan a él. "Entonces yo sé que voy por buen camino", dijo, "si sigo el sentimiento, habré tomado la decisión correcta. Si lo ignoro, siempre lo lamento más tarde"

Intuición

La intuición está estrechamente relacionada con los sentimientos. Todos experimentamos cierta clase de intuición de vez en cuando. ¿Dichos mensajes son de nuestro ángel guardián? Yo tendría que decir que "sí".

Es interesante pensar que algunas veces podemos recibir estos presentimientos y no ser conscientes de ello. Hace muchos años, William E. Cox, un parapsicólogo, condujo un experimento estadístico utilizando los pasajeros que viajaban en ciertos trenes. El quería comparar el número de personas en los trenes, las cuales habían estado envueltas en accidentes, con el número de personas en los trenes quienes llegaban sanas y salvas a sus destinos. El recopiló información sobre el número de pasajeros que viajaron en cierta ruta, en los siete, quince y veintiún días antes de que el mismo tren se viera involucrado en el accidente. Los resultados que obtuvo a partir de esta información mostraron que los pasajeros hicieron algo para lograr evitar tomar los trenes que se accidentaron. Ellos no evitaron dichos trenes de una manera deliberada, sin embargo, en los días en que ocurrió el accidente, ellos dormían, decidieron darse el día libre, o simplemente perdieron el tren. En once accidentes de trenes, siete llevaban menos pasajeros de los que habían transportado el día anterior, seis llevaban menos de los que había el mismo día una semana antes; y cuatro transportaban menos personas ese día que en el día anterior.

Sus estadísticas acerca de los accidentes de los pasajeros en los asientos reservados fueron aun más interesantes: Cox asumió que estas personas tenían reservadas sus sillas con anticipación. Sin embargo, los estudios mostraron que en diecisiete accidentes de trenes que involucraban dichos pasajeros, diez de ellos llevaban menos pasajeros que el mismo día de la semana anterior. Además, cinco de los trenes tenían menos pasajeros el día del accidente de los que tuvieron cualquier día de la semana anterior.

Cox extendió su investigación para examinar treinta y cinco accidentes y encontró que los resultados coincidieron con el ochenta y cinco por ciento de los accidentes (15).

¿Por qué esas personas perdieron el tren el día del accidente? Las evidencias son muy grandes como para catalogarlas de simples coincidencias. ¿Es posible que los pasajeros que no tomaron el tren fueron prevenidos o protegidos por sus ángeles guardianes?

Oración

La oración es otra forma de hacer contacto con su ángel guardián. Por supuesto, la Biblia advierte acerca de la adoración a los ángeles (Col. 2:18 y Rev. 19:10). Sin embargo, nosotros no vamos a hacer eso. Simplemente rece de manera normal y en el curso de la oración pida ayuda para contactar su ángel guardián. Como lo mencioné anteriormente, el Papa Pío XI, acostumbraba rezarle a su ángel guardián todas las mañanas y en las noches. Además rezaba durante el día a su ángel guardián cuando lo creía necesario.

Escritura de cartas

Una forma particularmente poderosa de hacer contacto con su ángel guardián es el escribir una carta. Comenzar con "querido ángel guardián", y luego simplemente escribir todo lo que quieras decir. Puede escribir algo sencillo como lo siguiente:

Querido ángel guardián,

Yo soy consciente de que estas conmigo, protegiéndome y guiándome todos los días de mi vida, pero ahora quiero conocerte mejor. Por favor contáctate conmigo para que podamos estar más cerca. Gracias.

Con amor, (su nombre)

Algunas personas que conozco, le escriben cartas regularmente a sus ángeles, las cuales pueden ser de muchas páginas. Puede hacer las cartas para su ángel guardián tan personales como quiera, ya que nadie las verá, solamente usted y su ángel.

Una vez ha escrito la carta, colóquela en un sobre dirigido a "Mi ángel guardián". Séllela, y luego quémela. Haga de esto una ceremonia, creyendo que la está quemando para enviarla directamente a su ángel. Recoja las cenizas y espárzalas fuera de la casa. Yo prefiero hacer todo el proceso afuera, hasta tengo mi propio "árbol oráculo" y me siento debajo de él para escribir las cartas de mi ángel guardián. Luego quemo el papel bajo el árbol y dejo que las cenizas se las lleve la brisa.

Igual que con los otros métodos, mantenga la confianza de que su ángel guardián recibirá la carta y que se contactará con usted.

Dibujar su ángel guardián

Todas las formas de creatividad se pueden mejorar cuando le pide ayuda a su ángel guardián. Sin embargo, también puede utilizar la creatividad para encontrarlo.

Experimente dibujando y coloreando ángeles. No importa cual sea la calidad de su trabajo. Cuando se concentra en dibujar ángeles, atraerá a su ángel guardián. Descubrirá que su ángel guardián influenciará gradualmente los movimientos del lápiz y se encontrará creando algo bello.

Ser tolerante y consciente

Una forma muy efectiva de contactar su ángel guardián es ser tolerante y consciente. Dese cuenta que su ángel guardián está allí y que quiere ayudarle. En efecto, uno de los caminos más rápidos de entrar en comunicación con su ángel es simplemente decir: "¡Ayuda!". Naturalmente, no debería hacer esto excepto cuando sea absolutamente necesario.

Hable con su ángel guardián; pídale cualquier cosa que necesite; haga sus peticiones lo más claro posible. Si no está seguro de lo que quiere no será capaz de pedirlo correctamente. Tener el hábito de pedir de una manera clara y concisa es algo muy bueno. Saber lo que se quiere es una parte esencial del proceso. Si no sabe lo que quiere, ¿cómo sabrá que ya lo ha conseguido? Pídale que le conceda cualquier cosa que necesite. Manténgase calmado, positivo y confiado de que él hará lo que sea necesario para obtener todo para usted.

Puede ser muy útil tener conversaciones regulares con su ángel guardián. Pídale las cosas que necesite pero también dígale lo que está pasando en su vida. Háblele acerca de sus éxitos y logros y también de sus amores.

Dígale cuando está feliz, estresado, solo o aburrido. Una comunicación regular como esa, hace mucho más fácil que su ángel guardián se convierta en una parte vital para usted. No espere resultados rápidos, aunque esto podría suceder. Tenga paciencia y continúe hablando.

Agradézcale al ángel todas las noches por velar por usted y por ayudarlo, es un buen hábito. Nosotros debemos ser agradecidos y con los ángeles no podemos hacer una excepción.

Creando el ángel guardián

Este método es muy práctico y produce excelentes resultados, y lo pondremos en práctica en el siguiente capítulo.

El nombre de su ángel guardián

Una vez que ha entrado en contacto con su ángel guardián, pregúntele su nombre. Esto es muy importante, porque conociendo el nombre de alguien, se está más cerca de esa persona. Esto proporciona una armonía que es esencial para profundizar en la comunicación. Conocer el nombre del ángel guardián, le permite un acceso instantáneo, ya que sólo necesita pronunciar su nombre para que esté en su conciencia.

Puede encontrar que el nombre llega espontáneamente en el primer contacto. No se preocupe si toma unos instantes, simplemente medite, o haga una relajación progresiva y pregúntele. El nombre aparecerá en su mente.

3

CREANDO SU
ÁNGEL GUARDIÁN

$\mathcal{H}$e descubierto que este método es particularmente útil para las personas que han tenido dificultades en contactar su ángel guardián de otras
maneras. No obstante, usted disfrutará creando a
su ángel guardián de este modo, aún si ha tenido
éxito con los métodos del capítulo 2.

Nosotros creamos nuestra propia realidad, y
usualmente este no es un proceso consciente, aunque los psicólogos han demostrado que tenemos el
poder de cambiar nuestras vidas, al cambiar nuestros pensamientos.

Así como creamos esta realidad, también podemos fabricar lo que necesitamos para hacer que nuestras vidas sean tan plenas y significativas como sea posible.

Sus pensamientos tienen el increíble poder de manifestar todo lo que pasa en su vida. ¿Ha entrado alguna vez a un lugar donde alguien estaba entusiasta y lleno de vida? Estoy seguro de que se contagió de la felicidad de esa persona. También tengo la certeza de que ha vivido una situación donde alguna persona estaba enojada. ¿Respondió a los sentimientos y pensamientos de ella?

La telepatía ocurre cuando alguien capta lo que otro está pensando. La persona que transmite ese pensamiento le ha dado energía y fuerza, para permitir que sea recibido por alguien más. Han habido muchos ejemplos registrados de sueños compartidos: el sueño de alguien es recibido por otra persona que también está soñando (1). Obviamente que la persona que tiene primero el sueño, está transmitiendo energías que son captadas por el segundo soñador. Si podemos enviar energías, desde nuestro sueño aún sin saberlo, también somos capaces de enviar energía de nuestros pensamientos de una manera consciente. Si lo desea, puede llamarlo como "soñar despierto".

Carl Jung describió los ángeles como "nada más que los pensamientos e intuiciones de su Señor" (2). Esto indica que Jung creía que Dios creaba los ángeles por medio de la intuición y del pensamiento. Esto es lo que estará haciendo si sigue los ejercicios de este capítulo. Tomás de Aquino parecía creer que los ángeles eran formas del pensamiento cuando escribió:

"Los ángeles están compuestos por el aire del ambiente del lugar donde aparecen, el cual es arreglado y condensado de una manera apropiada" (3). En su libro *A Dictionary of Angels*, Gustav Davidson escribió: "Estoy preparado para decir que si muchos de nosotros creemos en los ángeles, los ángeles existen" (4).

Una oración es un buen ejemplo de que alguien envía deliberadamente pensamientos y sentimientos. La gente no se preocuparía de rezar, si no creyera que sus oraciones serían escuchadas. La persona que reza está creando lo que los teosofistas llaman una forma del pensamiento.

Las formas del pensamiento son pequeñas parcelas de energía concentrada. Nosotros tenemos cincuenta o sesenta mil pensamientos al día, y podría imaginárselas como miles de pequeñas parcelas atadas a un pedazo largo de cuerda. Sin embargo, la mayoría de las veces no tenemos control sobre nuestros pensamientos. Nosotros pensamos en algo, lo cual nos hace pensar en algo más, lo que a su vez nos recuerda algo que hicimos ayer, etc.

Por ejemplo, si estamos comiendo una barra de chocolate, podemos recordar repentinamente cuando comimos el mismo tipo de dulce con un amigo cercano. Luego nuestros pensamientos pueden cambiar rápidamente al momento en que teníamos cinco años y contemplamos un bello adorno con chocolatinas tentadoras en un supermercado. De allí, podríamos dirigirnos a una ocasión en donde comimos muchos chocolates y terminamos enfermos, etc.

En nuestros pensamientos hay una lógica interna, pero la mayoría de ellos serían extremadamente aburridos si una persona sintonizara todo lo que usualmente pensamos. Esto es imposible porque sólo captamos aquellos pensamientos que llevan consigo energía o emoción. Las oraciones, por ejemplo, a menudo se realizan cuando una persona necesita ayuda o consuelo de una forma desesperada. Obviamente que está involucrada una energía considerable y esto crea una poderosa forma de pensamiento.

Generalmente las formas del pensamiento no son viables, pero en muchas instancias registradas lo han sido. En el libro *Psychic Self–Defence*, Dion Fortune discute una situación en la cual personas enfermas mentalmente declaran haber sido atacadas por seres invisibles. Los médicos y psicólogos consideraron esto como una prueba más de la enfermedad de los pacientes, pero los psíquicos fueron capaces de ver a esos seres que atacaban. "¿Esto quiere decir que los psíquicos están errados al pensar que perciben una entidad astral?". Fortune escribió: "En mi opinión, los psíquicos y los psicólogos tiene razón, y sus descubrimientos son mutuamente explicativos. Lo que el psicólogo ve es el complejo disociado extraído del aura como una forma del pensamiento" (5).

Los personajes de Charles Dicken fueron creados tan poderosamente en su mente, que se convirtieron en formas del pensamiento que lo seguían a donde quiera que iba. James T. Fields dijo: "El (Charles Dickens) me dijo que cuando estaba escribiendo *The Old Curiosity Shop*, las criaturas de su imaginación lo persiguieron tanto que no lo dejaban ni comer ni dormir en paz" (6).

Construyendo una forma de pensamiento

Existen bases fundamentales para crear una poderosa forma del pensamiento.

Emoción

Somos seres emocionales y tenemos la tendencia a unir sentimientos a nuestros pensamientos. De hecho, si no hay emoción atada al pensamiento, este es descargado rápidamente. Esto lo puede probar pensando deliberadamente en una experiencia negativa que tuvo en la niñez. A medida que lo piensa, encontrará que vuelven todas las emociones que tuvo, aunque la experiencia la haya tenido muchos años atrás. Ahora, piense en algo sin importancia que le sucedió ayer. Como no fue importante, probablemente será difícil hacerlo. Este hecho lo olvidamos debido a que no hubo emociones ligadas a él.

Esto es parte del sistema de protección natural del cuerpo. Si permanecemos conscientes de absolutamente todo lo que nos ocurre todo el tiempo, nos sobrecargaríamos rápidamente y no funcionaríamos. Como consecuencia, todas las cosas sin importancia frecuentemente no alcanzan nuestra conciencia.

Para crear una forma de pensamiento, necesitamos colocarle emoción a éste para hacerlo vívido y memorable. De hecho, entre más emoción pongamos, el efecto será mayor.

Piense en algo realmente excitante y memorable en su vida. Tal vez cuando conoció a alguien especial, o cuando recibió honores por algo. Debido a que la emoción está unida a esos recuerdos, ellas cargan mucha energía e intensidad y estos sentimientos permanecen con usted por el resto de la vida.

La imaginación mental

Debemos tener la capacidad de dibujar claramente la forma de pensamiento que estamos creando. Si no tenemos ni idea de lo que vamos a crear, no sabremos cuando lo hemos logrado. Cualquier duda, confusión o vacilación destruye la forma del pensamiento aún antes de ser creada.

Estoy seguro que ha conocido personas que nunca pueden expresar exactamente lo que quieren decir. Asumiendo que ellas no tienen ningún impedimento para hablar, esto será debido a que no han pensado en la manera apropiada de comenzar a hacerlo. Si sus pensamientos están bien definidos y puede representarlos claramente en la mente, será capaz de focalizarse y concentrarse en ellos.

La relajación

Necesitamos estar calmados y relajados para construir conscientemente una forma del pensamiento. Si está preocupado por algo, necesita resolver esa situación o dejarla a un lado antes de iniciar.

También necesitamos un ambiente calmado, placentero y relajante para trabajar. Es muy difícil concentrarse en construir una forma del pensamiento si hay personas discutiendo en el cuarto de al lado o si el sitio donde está es muy frío o muy caliente. Escoja un momento adecuado, cuando la situación sea lo más perfecta posible, para trabajar en estos ejercicios.

La ley de la atracción

Debemos permanecer conscientes que nuestros pensamientos atraen lo que nosotros pensamos. Si tenemos pensamientos negativos la mayoría del tiempo, atraemos la negatividad a nuestras vidas. Si pensamos pobremente, ¿imagínese lo que sucedería? Desarrollamos una conciencia de pobreza y nos convertimos en un imán para atraerla. Si deliberadamente pensamos en la abundancia, así serán nuestras vidas. Cuando tenemos pensamientos felices y positivos, atraemos con la mente, a las personas felices y positivas.

Esto lo podemos hacer conscientemente, analizando nuestros pensamientos y cambiando los indeseados tan pronto como nos demos cuenta. Usted puede cambiar literalmente su vida haciendo esto. Si sus pensamientos generalmente son negativos, notará una increíble diferencia tan pronto como comience a cambiarlos conscientemente en positivos. En lugar de atraer restricciones y limitaciones, repentinamente comenzará a atraer abundancia y bienestar. Esto tendrá un efecto positivo muy poderoso en todas las áreas de su vida. Necesitamos tener cuidado cuando creamos conscientemente las formas del pensamiento, con el fin de tener solamente pensamientos y emociones buenas y positivas.

Creando su Ángel Guardián

Ya es tiempo de crear su ángel guardián:

1. Asegúrese que el lugar está a una temperatura confortable y que no será molestado. Descuelgue el teléfono y cierre las cortinas.

2. Si quiere puede quemar un poco de incienso y/o cuatro velas blancas. Si utiliza velas, coloque una en cada una de las cuatro direcciones y siéntese en la mitad. Si para usted es más cómodo, coloque algo de música para meditar. No es buena idea colocar canciones conocidas o un álbum de uno de sus cantantes favoritos porque es probable que se distraiga. Sin embargo, la música de relajación, o para reducir el estrés, puede ser útil en este caso.

3. Colóquese ropa agradable, porque tiene que sentirse tan relajado como sea posible, por lo tanto póngase algo confortable que no lo incomode.

4. Siéntese o recuéstese en una silla cómoda. Una silla reclinable resulta perfecta en este caso. Usualmente no es buena idea utilizar la cama, ya que no querrá quedarse dormido durante este ejercicio. Yo lo he hecho muchas veces y ahora siempre realizo esta actividad sentado en una posición relajada, más que tendido completamente.

5. Una vez que esté lo más cómodo posible, cierre los ojos. Esto se hace por muchas razones: porque eliminando uno de los sentidos, exalta los demás; además, es mucho más fácil visualizar algo con los ojos cerrados; también para descartar cualquier distracción que podría originarse si sus ojos notan repentinamente algo en el cuarto.

6. Deje que sus músculos se relajen todo lo posible. Normalmente empleo la técnica de relajación progresiva descrita en el siguiente capítulo, pero por cualquier otro método puede lograrlo.

   Un buen método es el de tensionar los músculos de un brazo y luego dejarlos que se relajen. Continúe con el otro brazo y con cada pierna, y luego dígale a su tronco, nuca y cabeza que se relajen.

   Otro método consiste en extender sus brazos al frente, tomar una respiración profunda y contar de 5 a 1 a medida que exhale. Cuando llegue al "uno", deje que sus brazos caigan y diga "relájese". Con un poco de práctica logrará relajarse en cuestión de segundos.

7. Tome conciencia de la quietud y de la tranquilidad a su alrededor. Mire a través de todo su cuerpo mentalmente, para ver si está completamente relajado. Si alguna parte no está tan relajada como debería estarlo, enfoque su energía allí y ordénele que se relaje.

8. Una vez que esté completamente relajado, dibuje con su imaginación la parte trasera de su mano derecha, (si es zurdo, entonces dibuje la de su mano izquierda). Mírela tanto como sea posible. Gire mentalmente la mano y verá realmente la palma con el ojo de su mente. Dibuje las líneas principales y las formas de las pequeñas arrugas en la piel. Observe lo maravillosa y milagrosa que es su mano.

Gire la mano y enfóquese en el pulgar y gradualmente concéntrese en la uña del pulgar. Deje que la uña se observe completamente en su mente. Esta uña será la pantalla sobre la cual proyectará su forma del pensamiento.

9. Dibuje en su mente a su ángel guardián. Esto puede ser difícil al principio y es probable que encuentre que su mente está dibujando en todos los sentidos. Cuando esto suceda, simplemente vuelva a visualizar la uña del pulgar, y luego dibuje su ángel guardián. Es importante que permanezca relajado. Nuestras mentes están inclinadas a pasear, por lo tanto no hay necesidad de que se regañe cuando esto pase. Simplemente vuelva y visualice de nuevo la uña de su pulgar.

10. Todos tenemos una imagen diferente del ángel guardián. Usted puede imaginarse un pequeño querubín, o tal vez un ángel vestido con trajes hermosos. Su ángel guardián puede ser simplemente una

luz brillante que expresa un amor inmenso. El ángel puede o no, tener alas. De hecho, puede ser solamente una impresión, o la conciencia de que su ángel esta ahí. Utilice su imaginación y deje que su mente interior cree la imagen para usted.

Ninguno puede escaparse a su pasado y su educación. Si proviene de una familia religiosa, es probable que la imagen de su ángel guardián sea muy tradicional: un blanco esplendoroso, con grandes alas y bellos trajes. Si no tiene tradición espiritual, su imagen podría ser totalmente diferente. Eso no interesa, simplemente visualícelo tan pleno como pueda.

11. Una vez que tenga una impresión de su ángel guardián en la mente, es tiempo de convertir esa imagen en una forma del pensamiento. Deje que la representación de su ángel guardián desaparezca y reemplácela por una imagen de la uña del pulgar. Cuando pueda ver claramente la uña, regrese tan pronto como sea posible a la imagen de su ángel guardián. Haga esto varias veces; descubrirá que se vuelve más rápido y fácil cada vez que lo hace.

12. En esta etapa comience a investigar con emoción la imagen de su ángel guardián. Piense en un momento feliz de su vida, en el que se sintió rodeado de seguridad y de amor. Si nunca ha experimentado estos sentimientos, imagine que debe ser muy bello. Permita que estas sensaciones te envuelvan

completamente, de tal manera que todo su ser esté cubierto con la energía del amor puro.

Con estas emociones fuertes ocurriendo en su ser, visualice su ángel guardián. Esto debería ser muy fácil de hacer, debido a la práctica que ha adquirido en el paso anterior.

Nuevamente, realice esto varias veces. Deje que la imagen de su ángel guardián desaparezca y cámbiela por los sentimientos de amor perfecto. Cuando esté completamente rodeado por ellos, regrese a la imagen de su ángel guardián. Lo que está haciendo aquí es imprimiéndole una emoción fuerte de amor perfecto a la imagen de su ángel guardián.

13. En este paso simplemente observe a su ángel guardián. Puede descubrir que el cuadro se vuelve mucho más claro en su mente. Puede sentir que su ángel le está devolviendo el amor. Su ángel puede empezar a cobrar vida por sí mismo y se sorprenderá con lo que hace. Todas estas cosas son positivas y se pueden facilitar por lo que ha logrado.

14. En esta última etapa deje libre al ángel guardián para que se vaya y regrese cuando se requiera. Su ángel guardián ha sido construido en esencia por su imaginación y visualización, pero usted le ha agregado la conciencia y el amor. Su creación es parte del universo y parte suya, pero también tiene una individualidad. En consecuencia, aunque el ángel

actúe todo el tiempo en lo que es mejor para usted, puede que él no siempre haga lo que usted quiera.

De nuevo tome conciencia de la uña del pulgar, y dilate gradualmente su panorama hasta que pueda ver claramente su mano. Gírela mentalmente, es decir que la palma está hacia arriba; visualice a su ángel guardián parado en la palma de su mano, así sea grande o pequeño.

Mentalmente agradézcale a su ángel guardián por estar allí. Rodéelo de amor y mire como es absorbido este sentimiento. Finalmente, y de nuevo en su mente, lleve lentamente su palma abierta hacia sus labios y sople suavemente. Observe cómo el ángel se levanta de su mano y vuela hacia arriba.

15. Dedique uno pocos minutos a una contemplación silenciosa antes de retornar al mundo cotidiano. Regrese lentamente contando de uno hasta cinco. Cuando llegue al cinco, abra los ojos, estírese y cuando esté listo, levántese.

Probablemente no podrá realizar este ejercicio completamente la primera vez, o ni aun en los primeros seis intentos. Pero no importa cuantos intentos tenga que hacer, porque cada vez que lo haga sentirá que ha llegado más lejos.

Pero, ¿es todo esto real?

Me gustaría saber cuántas veces me han hecho esa pregunta. Usualmente la respondo con otra pregunta: "¿Su ángel guardián luce real?".

La respuesta siempre es "sí".

"¿Su ángel guardián vela por sus intereses?".

Otra vez la respuesta es "sí".

"¿Siente el confort, calor y protección que debería experimentar de un ángel guardián?".

"Sí"

"En ese caso, ¿es importante que el ángel guardián que construye sea o no real?".

"No".

No obstante, personalmente creo que un ángel guardián construido es real. Creando una forma del pensamiento, hemos creado una parcela de energía vibrante, amorosa, curativa y enriquecedora. ¡Dicha forma del pensamiento es real! Tan real como la silla en la que estoy sentado.

Carl Jung dijo que los ángeles personifican "la entrada a la conciencia de algo nuevo que proviene de la profundidad de la inconsciencia". ¿No es exactamente eso lo que ha hecho al crear su propio ángel guardián?

Peter Lamborn Wilson escribió: "Cuando un hombre abre su corazón, aunque sea por un instante, la figura que percibe (o la intuición que recibe) es su ángel guardián" (7). Joel Goldsmith nos dijo: "No coloques tu fe en el mundo exterior, si no que siempre mira hacia adentro y conócete mejor con tu ángel guardián, el ángel del Señor... quien ha sido plantado en medio de nosotros desde el inicio de todos los tiempos" (8). Nosotros hacemos esas dos cosas en este experimento.

Usted puede crear formas del pensamiento para lo que quiera. En su libro *Magic and Mystery in Tibet*, Alexandra, David–Neel eligió crear "un personaje sin importancia: un monje tibetano, de baja estatura y obeso, pero alegre e inocente". Le tomó casi tres meses para crear la imagen, y luego él llegó a la vida por sí solo. Una vez, un pastor le trajo a ella un regalo y al ver al monje en su tienda, pensó que era un lama. Eventualmente, ese monje se volvió muy problemático y David–Neel tuvo que desaparecerlo (9). Su experiencia nos muestra que debe tener cuidado con lo que pida. Crear un ángel guardián es perfectamente seguro, pero yo tendría muchas precauciones antes de tratar de crear algo más.

Este es un ejercicio muy valioso para enviar formas del pensamiento de amor, curación y perdón. Las personas a las que le envía estas formas del pensamiento no tienen necesariamente que saber que fueron enviadas por usted, pero experimentarán y apreciarán los beneficios, y usted tendrá el placer y satisfacción de hacer algo bueno y que valga la pena.

4

TRABAJANDO CON LOS ARCÁNGELES

Ahora usted sabe algo acerca de los arcángeles y cómo invocarlos, lo cual le ayudará en todos los aspectos de su vida si lo hace de una manera regular.

Sin embargo, habrá momentos en los que sólo necesita un arcángel, y la manera más fácil de lograrlo es invocando al que corresponde a su signo zodiacal:

Miguel: Aries, Leo, Sagitario

Gabriel: Cáncer, Escorpión, Piscis

Rafael: Géminis, Libra, Acuario

Uriel: Tauro, Virgo, Capricornio

Esto no quiere decir que usted no puede contactar uno de los otros arcángeles cuando lo desee, no obstante, el que más concuerda con usted y con sus energías, será el correspondiente a su signo zodiacal.

Su ángel guardián está con usted todo el tiempo y lo protege. Entonces, ¿por qué necesitaría invocar uno de los arcángeles?

Usted puede tener un objetivo que necesite una ayuda o una fuerza extra. Puede ser algo que lo esté desafiando al extremo. Todos necesitamos salir de nuestras zonas confortables y luchar con algo que hasta podría aterrorizarnos. Haciendo esto, crecemos como personas.

Por lo tanto, si necesita una fuerza o protección extra, llame al arcángel correcto para que le ayude.

Cada arcángel tiene responsabilidades especiales:

Miguel proporciona protección y paciencia cuando más se necesita. También puede protegernos cuando somos atacados por alguien, desde una crítica verbal, hasta de asaltos físicos.

Gabriel da esperanza, amor, intuición y espiritualidad. Cuando deseemos esas cualidades, Gabriel puede entregárnoslas en abundancia.

Rafael suministra creatividad y curación. Este arcángel puede ayudarnos a restaurar nuestro cuerpo físico y a hacer nuestra vida más vibrante. También incrementa su creatividad, y si está pensando en hacer algo artístico o creativo, Rafael puede ayudarlo a lograr algo y a tomar decisiones

Uriel entrega claridad, discernimiento y visión. Si siente que no está viendo bien las cosas, o que está fallando en entender las motivaciones ocultas de las personas, llame a Uriel y él colaborará para que vea lo que está pasando.

Nosotros podemos llamar a un arcángel de diferentes formas. El primer método utiliza una técnica de relajación progresiva.

Primer Método

Si nunca ha hecho esto, encontrará una experiencia muy beneficiosa, ya que cada célula de su cuerpo podrá relajarse. Esto podría ocurrir de una manera natural cuando dormimos en la noche, pero a menudo no es así. Si siempre se ha levantado en las mañanas sintiendo que necesita unas horas extras de descanso, quiere decir que diferentes partes de su cuerpo han estado tensas, aún cuando estuviera dormido. Usted puede proporcionarles relajación a las células de su cuerpo para que este funcione correctamente a través de sesiones regulares de relajación progresiva.

Puede ser muy útil grabar los siguientes pasos con el fin que pueda simplemente cerrar los ojos y escuchar.

Empiece por asegurarse que no será molestado, esto quiere decir que debe desconectar temporalmente el teléfono. Asegúrese que el cuarto es caliente, o cúbrase con una sábana. Recuéstese o siéntese en una silla cómoda y concéntrese en la relajación. Aquí esta lo que debe grabar:

"Tome una respiración profunda y cierre los ojos lentamente a medida que exhala. Deje que fluya una placentera relajación a través de todo tu cuerpo. Ahora nada le preocupará ni le molestará ya que ha entrado en un mundo placentero de total descanso y relajación.

Cada respiración que toma lo deja más y más relajado. Puede sentir como desaparecen el estrés y las tensiones hasta sentirse flexible y suelto como un muñeco de trapo.

Tome otra respiración profunda, y mientras exhala, sienta como sale la tensión de cada parte de su cabeza y cara. Es una sensación maravillosa el relajarse de esa manera.

Respire otra vez profundamente y cuando exhale, sienta el estrés y la tensión saliendo de la nuca. Es muy confortable y se siente bien. Tome otra respiración, y esta vez, cuando exhale, sienta como desaparece la tensión de los hombros. Deje que salgan las tensiones de sus brazos, manos y dedos.

Cada respiración que tome de aquí en adelante, le permitirá sacar de todo su cuerpo el estrés, la tensión y la fatiga. Sienta como salen de su pecho y estómago. Se experimenta una sensación tan confortable que no deseará moverse, sólo disfrutar la sensación de esta relajación maravillosa que se esparce por todo el cuerpo, revitalizando cada célula del ser.

Ahora sienta sus piernas relajadas. Los músculos de los muslos se están distendiendo. Sus pies y hasta sus dedos se están relajando más y más.

Está totalmente relajado, pero puede ir más allá. Sienta un rayo de energía que va a través del cuerpo, comenzando en la cima de su cabeza y que termina abajo. Donde quiera que encuentre estrés, tensión o fatiga, se focalizará en ese lugar y lo hará relajarse. Sienta como el rayo examina y relaja cada parte de su cuerpo.

Ahora está relajado, y cada respiración que tome lo hace sentir aún más relajado, haciéndolo sentir ligero, suelto y totalmente receptivo a las palabras que va a escuchar ahora.

Para comenzar, imagine con el ojo de su mente la escalera más bella del mundo. Puede tener la fortuna de haber visto esta escalera en el pasado. Si es así, dibújela claramente en su mente. Si no tiene una imagen, simplemente piense en la escalera más bella.

Imagine que su mano descansa sobre la barandilla. Sienta la textura de la alfombra o del mármol bajo sus pies. Observe si la escalera es recta o curva. Dibuje en la mente el hermoso cuarto a la que ella llega. Ahora está a punto de bajar por la escalera, y una onda de excitación pasa a través de usted, ya que se da cuenta que pronto verá el arcángel Miguel (o al arcángel que quiera contactar).

Baje el primer escalón y duplique su relajación cuando lo hace, y haga lo mismo cada vez que baja un nuevo escalón.

Visualícese en la escalera y descendiendo para encontrarse con su arcángel.

Sienta cuando toca el piso. Haga una pausa y mire alrededor. Es el cuarto más magnífico que ha visto. Usted puede desear caminar alrededor y familiarizarse con este fabuloso lugar. Trate de sentarse en una silla confortable y note como se hunde en los cojines suaves. Sienta la calidad de los materiales, el brocado y mire todos los colores brillantes.

Usted se siente muy cómodo allí. En un extremo hay una puerta grande, la más maravillosa puerta que jamás ha visto. Hay un nombre tallado en la puerta (el nombre de su arcángel). Usted decide ir a golpear; la puerta se abre lentamente y aparece su arcángel".

(Verá a su arcángel en una forma que es perfecta para usted. Muchas personas ven una bola de luz pura y brillante. Algunos no pueden divisar la forma del arcángel debido al brillo que lo rodea. Tomás de Aquino creía que los ángeles eran pensamientos puros y que aún sus cuerpos eran creados a partir del pensamiento (1). Debido a esto, puede ver el arcángel como a un pensamiento, más que como a un ser, pero eso no tiene importancia. Usted sabe que eso está determinado por sus creencias y educación religiosa y que cualquier forma es perfecta).

"Salude al arcángel de la manera que crea más conveniente. Usted lo encuentra amigable, caluroso, disfruta de una placentera conversación y ahora hace las preguntas.

Mírese preguntándole y ahora mírese escuchando las respuestas. (Pausa).

El arcángel está listo para partir. Obsérvese dándole las gracias mientras la puerta se cierra lentamente. Ahora está solo una vez más en ese hermoso lugar.

Siéntese cómodamente en una de las sillas y déjese profundizar aún más por unos momentos. (Pausa).

Ya es tiempo de regresar al mundo cotidiano. A la cuenta de cinco abrirá sus ojos sintiéndose completamente energizado y revitalizado. Recordará absolutamente todo lo que pasó y estará listo para encarar el mundo con una gran confianza.

Uno. Ganando energía y sintiéndose maravilloso.

Dos. Sintiéndose en paz con usted y con el mundo.

Tres. Totalmente revitalizado y lleno de energía.

Cuatro. Consciente de sus talentos y habilidades.

Cinco. Abriendo los ojos y sintiéndose fantástico".

Yo encuentro muy útil escribir mis discernimientos inmediatamente después de una sesión mientras todo está claro en mi mente.

Usted descubrirá que después que ha hecho las relajaciones progresivas por algún tiempo, será capaz de acelerar las cosas para comenzar su relajación desde el tope de la escalera. Una vez que comience a recibir buenos resultados con esto, estará en capacidad de suprimir el cerrar los ojos, contar de 5 a 1 y encontrarse inmediatamente dentro de ese cuarto tan especial. No sienta afán por conseguir esto, porque aunque yo pueda entrar en mi cuarto especial en cuestiones de segundos, frecuentemente prefiero gastar tiempo en llegar allí, ya que eso me da la oportunidad de alejarme de todo lo que me ha ocurrido durante el día.

Segundo Método

Este método no es tan confiable como el primero, pero yo conozco muchas personas que tienen buenos resultados con él.

Nuevamente, siéntese en una silla agradable y cierre los ojos. Imagínese que el ángel que está invocando está parado justo enfrente suyo. Mire si puede pintarlo claramente en la mente. Puede tomar uno o dos minutos antes de que la imagen se haga clara. Una vez que lo logre, pinte todo con los mayores detalles. Mire de cerca la cara de su arcángel y sienta el amor y la ternura que revela. Mire el cabello y el vestido. Todo lo debe ver a color, notando todo lo radiante que hay alrededor del arcángel.

No todos pueden visualizar claramente, por lo tanto usted se encontrará con que necesita muchos intentos para lograrlo. Una vez que puede ver el arcángel con perfecta claridad, pídale lo que sea que necesite. Usualmente, después de que ha hecho sus peticiones, el arcángel desaparecerá gradualmente. Algunas veces puede sentir una pequeña presión en los hombros, ya que el arcángel le da unas pequeñas palmaditas antes de partir. Diga "Gracias", preferiblemente en voz alta, antes de que la visión desaparezca completamente.

Tómese unos pocos segundos para familiarizarse con su alrededor y luego abra los ojos.

Tercer Método

Muchos de mis estudiantes me dicen que disfrutan este método más que otros. Yo no tengo una preferencia personal pero siempre tengo buenos resultados con este método. Yo lo llamo "la meditación con el color del arcángel".

Cada uno de nosotros tiene un color que nos irradia. Si tiene un color favorito y recibe muchos beneficios cuando quiera que lo luce, es probable que ese sea el color correcto para este método.

Si no tiene un color que venga a su mente inmediatamente, puede encontrar el color correcto, haciendo uso de la numerología. Todo lo que tiene que hacer es convertir su fecha de nacimiento a un solo número para hallar el color correcto. Comience por sumar el mes, día y año completo de nacimiento. Aquí hay un ejemplo de alguien que nació el 28 de abril de 1980: esos números se reducen luego a un solo dígito: 5.

$$
\begin{array}{r}
4 \\
28 \\
+\ \underline{1980} \\
2012
\end{array}
$$

Desafortunadamente hay dos excepciones: si la suma total es 11 ó 22, deténgase y no lo reduzca a un solo dígito. Estos dos números se conocen en numerología como los números del camino de su vida (2). Aquí hay un ejemplo:

$$
\begin{array}{r}
2 \\
29 \\
+\ \underline{1944} \\
1975 \ and \ 1+9+7+5 = 22.
\end{array}
$$

Luego sumamos los números del año de su nacimiento para no perder ni el 11 ni el 22. Si adicionamos los números en una columna, perderemos el 22:

2 (mes) +2+9 (día) +1+9+4+4 (año) = 31, y 3+1 = 4.

Una vez que haya reducido su fecha de nacimiento a un solo dígito, habrá encontrado lo que se conoce en numerología como el "número del camino de su vida". Ahora puede determinar su color a partir de la siguiente lista:

1 = Rojo	*5 = Azul*	*9 = Bronce*
2 = Anaranjado	*6 = Indigo*	*11 = Plateado*
3 = Amarillo	*7 = Púrpura*	*22 = Dorado (3)*
4 = Verde	*8 = Rosado*	

Ahora que conoce su color, todo lo que necesita hacer es sentarse y relajarse totalmente. Puede resultar muy útil realizar el ejercicio de relajación progresiva del primer método. Una vez esté relajado puede hacer una elección: visualizarse rodeado e inmerso completamente en su color; o alternativamente, puede imaginarse caminando a través de un arco iris hasta que alcance su color.

De cualquier manera, termina rodeado totalmente por su color. Imagine que usted realmente es ese color. Visualícelo creciendo más y más hasta que llena el cuarto donde está. Luego visualícelo llenando el edificio, la calle, la cuadra, la ciudad, el estado, el país, el mundo y finalmente el universo.

Sienta al arcángel que quiera contactar. Puede elegir contactarlos a los cuatro al mismo tiempo, pero es mejor utilizar este método para contactar uno cada vez. Sentirá la presencia del arcángel que se acerca cada vez más a usted.

Mantenga sus ojos cerrados, pero visualice al arcángel tan claro como pueda, y luego simplemente empiece a hablar. Dígale al arcángel todo lo que está pasando en su vida, ya sea bueno o malo. Háblele acerca de sus esperanzas y planes. Será como hablar con su amigo más cercano. Usted puede o no recibir respuesta del arcángel, pero en esta experiencia ganará autoestima, confianza y amor.

Haga las preguntas que pueda tener. De nuevo, puede que reciba respuesta, pero también pueda que no lo haga. No se desconcierte si las respuestas no vienen inmediatamente, porque lo harán en unos pocos días, posiblemente en forma de sueño, o como un pensamiento repentino que proviene de algún lado. No obstante, usted sabrá que el pensamiento ha venido directamente del arcángel.

Si no sabe el nombre de su ángel guardián, este es un buen momento para pedirle al arcángel que se lo diga. Puede descubrir que su ángel guardián aparece a su lado cuando esté hablando con su arcángel. Esto es una buena señal. Su ángel guardián está allí todo el tiempo, por supuesto, pero siempre es placentero acordarse de eso.

Cuando su conversación ha terminado, agradézcale al arcángel. Podrá sentir que él desaparece y usted se sentirá totalmente bañado en su color. Visualice las energías curativas de ese color actuando sobre su universo. Siéntalo en cada poro de su piel. Cuando esté listo, agradézcale a la fuerza universal de la vida por darle la oportunidad de difundir la bondad a través del universo. Luego cuente lentamente hasta cinco y abra sus ojos. La mayoría de la gente experimenta un profundo sentimiento de bienestar después de esta meditación, la cual es una experiencia mística y espiritual que le permite descargar todos sus problemas, difundir las energías curativas y ver el mundo de una manera nueva.

Cuarto Método

Yo he tenido resultados mixtos con este método, pero lo incluyo de todos modos. Simplemente cierre los ojos por unos momentos y respire profundamente por tres veces. Cada vez que inhale, repita el nombre del arcángel que está invocando, y cuando exhale diga "venga a mí".

Después de decir esto tres veces, abra los ojos y encontrará a su arcángel parado frente a usted. Yo he descubierto que el éxito de este método depende en gran modo de su necesidad en ese momento. Si su necesidad es grande, puede estar seguro que el arcángel aparecerá. Sin embargo, si su necesidad no es urgente, es probable que no llegue.

Puede ser frustrante que algo que consideremos como importante, sea catalogado como frívolo por los arcángeles. Ellos poseen poderes y discernimientos que nosotros no tenemos, y son emocionalmente imparciales e impersonales.

Si su arcángel no aparece, piense de nuevo en su necesidad. Trate de dejar sus sentimientos y emociones a un lado y mire el asunto de una manera tan racional como sea posible. Si todavía siente que necesita consultar un arcángel después de hacer eso, haga una invocación utilizando uno de los otros métodos. Alternativamente, su ángel guardián puede ser suficiente para ayudarle a resolver el problema.

5

Ministerios de la Curación

Imagínese lo que es estar constantemente con una energía vibrante y con entusiasmo. Tendría una fuerte sensación de disfrutar cada momento de esta encarnación. ¿No sería hermosa la vida? Para muchas personas esto suena como un sueño imposible, pero usted puede hacer que esto ocurra en su vida con la ayuda de su ángel guardián. El puede ayudarlo a curar su mente, cuerpo y espíritu. A medida que esto pasa, también mejorará la vida de todos los que tocan la suya.

Usted también puede ayudar a curar a otras personas. Hay una vieja oración que dice:

Que los poderes curativos de Jesucristo desciendan sobre (el nombre de su amigo) y que los ángeles lo acompañen.

Esta oración activa a Rafael y a otros ángeles que curan para que vengan a ayudar a su amigo. Esto proporciona un soporte adicional para el ángel guardián de su amigo, y permite que se lleve a cabo una curación espiritual y angelical.

Lo interesante es que para realizar este trabajo, su amigo no necesita tener fe ni creencias. Yo prefiero dejar que la gente sepa cuando les estoy enviando ayuda de ese modo, pero han habido momentos en que ha sido imposible. Si por ejemplo su amigo está inconsciente, usted no puede esperar que le de permiso, sino que necesita actuar inmediatamente.

Si tiene tiempo, siéntese y lleve a cabo una relajación progresiva. Imagine a su amigo tendido en una cama frente a usted. Visualice los latidos de su corazón y observe la sangre fluyendo en cada parte del cuerpo. Sintonícese con las energías que circundan a su amigo e investigue las áreas enfermas. Puede encontrarlas sintiendo un bloqueo, una falta de armonía o tal vez una interrupción en el ritmo de las funciones del cuerpo. Envíe energías curativas a dicha área y una vez que lo haya hecho, llame a Rafael para que envíe ángeles que asistan a su amigo en su recuperación.

Luego mande un mensaje telepático a su amigo y pídale que se relaje y que se consciencie de las energías curativas que tiene a su alrededor. Solicítele que deje salir cualquier herida, agravios, envidia ú otras emociones que pudieron haber ayudado a causar la enfermedad. Dígale que tome consciencia de la armonía en el universo y que sienta la fuerza de la vida dentro de él. Su amigo puede llamar a esta fuerza con el nombre de Dios, pero el nombre no marca la diferencia. Cuando él deja ir el dolor y se percata de la fuerza universal de la vida, puede iniciar el proceso interno de curación.

Pídale a su ángel guardián para que lo proteja y lo ayude. Dele gracias al universo por permitirle ayudar a su amigo. Siéntalo cerca de usted, y luego cuando esté listo, cuente de uno a cinco y abra los ojos.

También puede enviarle energías curadoras a grupos enteros de personas. Los ministros frecuentemente oran por la enfermedad y el sufrimiento durante las misas. Usted también puede hacer lo mismo en su propia casa. Imagínese las salas de los hospitales llenas de ángeles de curación, haciendo lo mejor de sí para ayudar a los pacientes a recuperarse. Esto lo puede alcanzar por medio de sus propias oraciones.

No necesita arrodillarse ni cerrar los ojos para hacer esto. Si no tiene antecedentes religiosos, no sería apropiado que lo hiciera. Simplemente visualice los ángeles bajando para ayudar en el proceso de curación a donde usted lo desee.

Cuando pase cerca de un hospital, puede visualizar los ángeles que bajan y se sientan en el extremo de cada cama para ofrecer ayuda, comodidad y energías curativas.

Imagínese el bien tan grande que se haría si tan solo un puñado de personas hiciera esto todos los días.

Los ángeles han sido vistos muchas veces en lugares de curación. Charles Leadbeater registró un servicio de curación que él le dio a la iglesia católica liberal cuando un gran ángel se apareció y curó a todos los setenta y nueve pacientes. Su reporte en *The Theosophist* manifestó que los pacientes se sintieron mucho mejor y con algunos de ellos la mejoría parecía durar, mientras que para otros desaparecía lentamente. El hecho más sobresaliente fue la maravillosa efusión espiritual que sintieron" (1). En el mismo reporte, Leadbeater escribió que aquel ángel "trabajó incesantemente" en la iglesia pero también estuvo sanando en por lo menos otros treinta lugares al mismo tiempo.

En el libro de Tobit, uno de los libros de los apócrifos (2) se hizo referencia a un ministerio de los ángeles curativos. En este libro Tobit cuenta como Rafael suministró una fórmula para curar. La historia es fascinante: Tobit era un judío bueno, correcto, honesto y piadoso quien estuvo exiliado en Nineveh hace unos ochocientos años antes del nacimiento de Cristo. El pueblo judío había sido tomado cautivo en Nineveh y el rey Sennarcherib no les permitía enterrar a sus muertos. No obstante, Tobit y un pequeño grupo de personas valientes desafiaron al rey y enterraron secretamente los cuerpos.

Una noche, cuando Tobit tenía cincuenta años, él estaba sentado y listo para disfrutar de la cena cuando escuchó que era necesario enterrar otro cuerpo. El inmediatamente fue y lo sepultó. Como había sido contaminado al manipular el cuerpo, no se preocupó por regresar a su casa y se quedó dormido en un patio; desafortunadamente, dejó su cara descubierta.

Durante la noche, le cayeron en los ojos, los excrementos de los gorriones que estaban descansando por ahí cerca, y cuando se despertó estaba totalmente ciego. El hizo todo lo posible por recobrar su vista, pero ni los mejores médicos fueron capaces de ayudarlo. Su esposa se vio obligada a trabajar para que su familia pudiera sobrevivir.

Ocho años más tarde, Tobit llamó a Dios y le suplicó que lo dejara morir. Comenzó entonces a poner sus asuntos en orden y le pidió a Tobías, su hijo, para que viajara a Media a recolectar algo de dinero que un socio le debía allí. El le dijo a Tobías que buscara a alguien que viajara con él y que le pagaría a esa persona por su tiempo y trabajo.

Al mismo tiempo que esto pasaba en Nineveh, una mujer llamada Sarah también estaba sufriendo en Media. Ella había sido poseída por un demonio llamado Asmodeus (3), quien había matado a todos los siete hombres con los que ella se había casado. Sus padres estaban preocupados porque pensaban que nunca encontrarían un esposo para su hija. Su padre, Raguel, le rezó a Dios para que le ayudara.

Cuando Dios escuchó las oraciones de Tobit y Raguel, envió a Rafael para que le restaurara la vista a Tobit y exorcizara el demonio de Sarah.

Tobías encontró a alguien para que fuera con él a Media. Esta persona era Rafael en forma humana, quien le dijo a Tobías que su nombre era Azarías y que era pariente lejano de Tobit.

Tobías y Rafael salieron hacia Media. Cuando Tobías se lavó en el río Tigris la primera noche, apareció un pescado inmenso y parecía que se lo tragaría totalmente.

Rafael le dijo que lo tomara en sus manos, y Tobías lo hizo. Cuando lo tenían en la orilla, Rafael le dijo que le sacara el corazón, el hígado y la bilis. Luego cocinaron y se comieron el resto del pescado.

Cuando Tobías le preguntó a Azarias (Rafael), porqué habían dejado de comer el corazón, hígado y la bilis, él le dijo que el humo que salía del corazón y del hígado exorcizaría los malos espíritus, mientras que la bilis restauraría la vista de un hombre con una película blanca en sus ojos.

Los dos continuaron la jornada. Cuando estaban cerca de Media, Rafael le dijo a Tobías que deberían permanecer en la casa de Raguel y que él debería casarse con su hija Sarah. Lógicamente Tobías se quedó consternado cuando supo que los siete esposos anteriores habían muerto en la noche de bodas. Rafael lo tranquilizó diciéndole que en su noche de bodas él debería colocar un poco del corazón y del hígado del pescado en incienso para crear humo. El demonio saldría de Sarah tan pronto como oliera el humo y nunca regresaría. Todo ocurrió como Rafael lo había prometido. El demonio Asmadeus salió tan pronto como sintió el humo y fue "Expulsado hacia el Norte de Egipto", donde Rafael lo ató.

Las celebraciones de la boda duraron catorce días, y Tobías regresó con su esposa y con Rafael a su casa en Nineveh. Tobías ungió los ojos de su padre con la bilis del pescado, y la vista de Tobit se restauró milagrosamente. La familia estaba emocionada y le ofreció a Rafael la mitad del dinero que Tobías había traído de Media.

Entonces Rafael se reveló como el arcángel que realmente era. Tobías y Tobit se aterrorizaron, pero Rafael les dijo que no tuvieran miedo, que él era uno de los siete ángeles más cercanos a Dios, y que le había tomado las oraciones de Tobit directamente de Dios. Rafael animó a los dos hombres para que fueran buenos, llevaran vidas correctas, que le oraran a Dios y que escribieran todo lo que había acontecido. Rafael continúa con su ministerio de curación hasta hoy.

Curándose a sí mismo

Hay muchos tipos de curaciones y es una gran ventaja para nosotros poder pedirle a nuestro ángel guardián que nos ayude cuando lo necesitamos. Después de todo, su ángel guardián está ahí para ayudarlo, guiarlo y protegerlo en todos los asuntos de su vida. Parece necio no pedir ayuda cuando la necesita, pero todavía muchas personas son reacias a pedir. Ellos adoptan una actitud de "rigidez" y sufren innecesariamente.

Su ángel guardián puede ayudar cuando está enfermo físicamente, y también está complacido en colaborar cuando lo está mental, emocional o espiritualmente. Hay momentos en que todos necesitamos ser aliviados en estas diferentes áreas.

Muchos meses atrás un amigo experimentó una crisis mental. Su esposa me dijo que eso había estado creciendo desde hace años, pero cuando ocurrió, fue un golpe muy duro para la familia. Grant había estado trabajando extremadamente durante muchas horas, tratando de mantener a flote la división de la corporación para la que trabajaba. Había sido una batalla muy dura, ya que una tercera parte de su equipo de trabajo había sido despedido, y otros se fueron porque encontraron trabajos más seguros.

Una noche Grant no regresó del trabajo. Su hijo fue hasta la oficina y se dio cuenta que él había salido a la hora normal. Entonces llamaron a la policía y al otro día encontraron a Grant sentado en el banco de un parque, casi muerto de frío.

Su doctor dijo: "Alguien estuvo velando por él, porque si no, hubiera muerto congelado".

Durante los meses de recuperación, Grant vio repetidamente ángeles, quienes lo aterrorizaron al principio, pero que gradualmente se hicieron ver como ángeles sanadores. Por primera vez en su vida, Grant comenzó a pensar en los asuntos espirituales. El todavía no regresa al trabajo, pero su familia no puede creer el cambio que ha tenido.

Su esposa dijo: "El regresó a la raza humana. Es tolerante, comprensivo y amoroso. Ya no es impaciente con los niños, y ha descubierto lo verdaderamente importante en la vida".

También descubrió, y está en comunicación constante con su ángel guardián.

Una dama que conozco, experimentó una curación espiritual con la ayuda de su ángel guardián. La llamaré Carol, aunque no sea su nombre real, ya que todavía está avergonzada con lo que hizo.

Hace un tiempo, cuando Carol tenía treinta años, se enamoró de un hombre llamado Howard, quien era veinte años mayor. Todos los días, ella compraba el periódico en un kiosco camino al trabajo, y de una manera extraña, poco a poco se enamoró locamente de Howard, el dueño de la tienda.

Finalmente él la invitó a cenar. La relación progresó y ella pronto se mudó a su apartamento. Todo estuvo bien durante poco tiempo, pero Howard gradualmente se molestaba con las cosas que ella hacía para cambiarlo. Una noche tuvieron una discusión fuerte y ella se volvió a mudar.

Esto debería haber sido el fin de su relación y lo fue hasta que Howard recapacitó. Sin embargo, Carol guardaba la esperanza de que la relación no hubiera terminado. Ella comenzó a espiar a Howard para ver si tenía otra mujer. Lo vigilaba en el trabajo para ver si le prestaba más atención a las mujeres o a los hombres que iban a su negocio. Todo eso la llevó a convertirse en una mujer totalmente obesa.

Un día llamó al trabajo y dijo que estaba enferma, y se fue para el apartamento de Howard e irrumpió en él inesperadamente. Cuando todavía estaba allí, Howard regresó. Un vecino suyo lo llamó y le dijo que una mujer se había trepado por la ventana del baño. Howard no llamó la policía porque sabía quien podría ser. Carol se lanzó a sus brazos y le pidió que volvieran. Howard de la manera más cordial le dijo que eso era imposible.

En su camino a casa, Carol tuvo un accidente. Hasta este día ella no sabe si estaba tratando de suicidarse, pero el accidente fue totalmente culpa suya. Duró una semana en el hospital. Durante su recuperación le escribió varias cartas a Howard expresándole su amor por él.

Una mañana caminaba, hacia la oficina de correos con todos las cartas. Mientras lo hacía, escuchó una voz persistente:

"¿Por qué nunca me escuchas?". Ella miró a su alrededor y no vio nada. Carol dijo en voz alta: "¿Estás hablando conmigo?".

La voz le habló otra vez: "Regresa a casa que quiero hablar contigo". Ella dijo: "Primero enviaré estas cartas".

La voz habló desesperadamente: "¡No, no, no!" "¡Ve a casa ahora!".

La voz era muy fuerte e insistente y Carol obedeció. Regresó a casa, preparó café y se sentó afuera para ver lo que pasaría.

Estaba sentada tratando de comprender, cuando la voz regresó y ella se dio cuenta de que no estaba sola. No podía ver nada, pero sentía una reconfortante presencia con ella.

Luego dijo: "Era algo sobrenatural. Yo estaba interesada en las cosas psíquicas, y también leía mi horóscopo, pero ¿ángeles?". Movió su cabeza "¡Ni modo!, se sonrió cuando se acordó. "De todas maneras, algo me hacía sentir que era un ángel. Yo tenía vagos recuerdos de una amiga que me dijo acerca de su ángel guardián, pero yo no me interesé entonces, y no le presté mucha atención. Ahora ahí estaba, ¡con un ángel justo a mi lado!"

El ángel no tenía prisa de hablar, y le dio suficiente tiempo a Carol para que se familiarizara con la situación antes de iniciar. El ángel no habló en voz alta, pero permitió que las palabras fluyeran dentro de su mente.

"Yo pude ver repentinamente lo necia que me había vuelto. Me sentí avergonzada, pero mi ángel me dijo que lo olvidara y que simplemente lo dejara a un lado. Yo casi podía ver todas las heridas y el dolor que salían flotando. Sentí mucha paz, calor y amor fluyendo desde el ángel. Debo haberme quedado dormida, porque fue hasta el anochecer cuando me di cuenta donde estaba. Cuando fui a trabajar al otro día, nadie podía creer el cambio en mí. ¡Era obvio!"

El ángel guardián de Carol le permitió curarse emocionalmente. Le escribió una última carta a Howard, disculpándose y diciéndole que había decidido dejarlo ir. Muchos meses después, cuando se sintió con el valor suficiente para pasar por el kiosco otra vez, se sintió muy tranquila. Habló brevemente con él, y luego continuó con su rutina diaria. Ahora es más feliz que nunca, y está en contacto regular con su ángel guardián.

Carol me dio un consejo muy valioso. "Todo lo que necesitas hacer es abrir tu corazón y tu ángel guardián estará contigo".

Recuerde que no importa lo que pase en su vida, usted puede abrir el corazón y permitir que el ángel guardián lo envuelva con la energía curativa. Su ángel guardián está ahí para ayudarlo y protegerlo.

Harod B. Lee, el décimoprimer presidente de la Iglesia de los Mormones, no se sorprendió de la experiencia con su ángel guardián. El estaba volando hacia su casa en Estados Unidos, y tenía la úlcera deteriorada. En el avión sintió dos veces una mano curativa en su cabeza. Sin embargo, cuando miró, no había nada. Al poco tiempo de haber llegado a su casa, la úlcera comenzó a sangrar. Si eso hubiera ocurrido en el avión, él habría muerto (4).

La historia de San Bernadette Soubirous y Nuestra Señora de Lourdes, contada en el capítulo 1, es un ejemplo de la milagrosa sanación que se extendió a las multitudes. Durante la visión que tuvo Bernadette de la virgen, "ya la trataban y la veían como si fuera una santa" (5).

El 25 de febrero de 1858, Bernadette se arrastró hasta la parte de atrás de la gruta de Massalielle y sacó con una pala algo de agua barrosa. Ella dijo que la virgen María le había pedido que bebiera y se lavara con ese líquido. Casi inmediatamente, empezó a ocurrir una sanación milagrosa a las personas que se bañaban en el agua, y hoy, millones de personas visitan anualmente a Lourdes con la esperanza de aliviarse.

Bernadette había sido asmática cuando niña y más tarde murió de tuberculosis. Tristemente, nunca fue capaz de curarse a sí misma y estuvo postrada en la cama durante los últimos días de su corta vida. Ella murió en 1879 a los treinta y cinco años y fue declarada santa por la Iglesia Católica Romana en 1933.

6

ÁNGELES, CREATIVIDAD
Y LAS ARTES

A pesar de que frecuentemente conozco gente que se queja de no ser creativa, creo que todos lo somos en un alto grado. Cada vez que tenemos un pensamiento, creamos algo. Si usted arregla el jardín, está creando algo. Si prepara una comida, también lo está haciendo. El problema se hace grande porque muchas personas tienden a pensar que la creatividad tiene que ver solamente con lo artístico. Yo creo que todos nosotros también tenemos una parte creativa y artística en nuestros seres, pero a menudo es difícil descubrirla.

Un pariente (de avanzada edad), no descubrió que era bueno para la costura hasta que tuvo que confinarse en una cama durante varios meses. Es poco probable que hubiera encontrado ese talento si no se hubiera enfermado.

Un conocido encontró que tenía talento para tocar la sierra como instrumento musical. Dave nunca se habría dado cuenta si no hubiera pasado unas vacaciones cortando árboles. Una noche, un amigo le dijo que había visto a alguien tocando una sierra, y Dave decidió inmediatamente intentarlo en una de las sierras que había estado utilizando. Para su asombro, fue capaz de crear música con ella.

Un pariente sobrevivió a un momento particularmente difícil en su vida, escribiendo todas sus emociones reprimidas. Ahora está ganando dinero con sus historias.

Todas estas personas descubrieron sus talentos por accidente. Por supuesto que hay personas que desde que nacen, saben cuales son sus talentos especiales. Mozart es un ejemplo perfecto. A la edad de cuatro años ya estaba tocando el clavicordio y componiendo música.

La mayoría de nosotros no tenemos esa fortuna y muchos pasan toda su vida sin encontrar sus talentos. Pero no hay necesidad de que esto pase. Todo lo que necesitamos hacer es pedirle a nuestro ángel guardián que nos ayude a encontrar nuestros talentos. Una vez los hemos encontrado, nuestro ángel también puede ayudarnos a desarrollarlos.

Los poetas y los artistas de toda clase, regularmente incluyen ángeles en sus trabajos, y no es sorprendente, ya que los poetas y artistas tienen que ver con los sentimientos y las emociones en los niveles más profundos. Un famoso teólogo llamado Origen creía que los ángeles tuvieron que ver con la creación del lenguaje, por lo tanto, estaba involucrado con las palabras desde el inició de los tiempos (1).

William Blake (1757–1827) fue un rebelde visionario y místico, así como un romántico. El estuvo influenciado por los trabajos de Emanuel Swedenborg y a menudo incluía ángeles en sus poemas y pinturas. Cuando tenía nueve años, vio ángeles por primera vez durante una caminata solitaria en el campo. Regresó a casa y le dijo a sus padres que había visto "un árbol lleno de ángeles" (2). Obviamente, los ángeles estuvieron con él todo el tiempo en el que estaba creando. De hecho, en el prefacio de *A New Jerusalem*, dijo que el poema había sido dictado y que todo lo que él hizo fue escribirlo. El escribió: "No estoy avergonzado de decir que estoy bajo la dirección de los mensajeros del cielo día y noche" (3). En efecto, William Blake se sumergió tanto en su mundo visionario que su esposa dijo: "Yo gozo muy poco de la compañía del señor Blake, porque siempre está en el paraíso" (4).

Muchos poetas han visto ángeles, pero el ejemplo más sorprendente inspiró a Willian Cowper (1731–1800) a componer. "God moves in mysterious ways his wonders to perform". Cowper sufrió de depresión casi toda la vida, cuando tenía como veinte años, tardó dieciocho meses en salir de un asilo después de haber intentado suicidarse. En 1799, después de algunos años de desaparición, Cowper tomó una carreta y le pidió al conductor que lo llevara al río Tames, donde intentaró ahogarse. Era una tarde nublada y el conductor anduvo sin rumbo hasta que se perdió por completo. Le dijo a Cowper que no podría regresarlo a su casa. Cowper se bajó de la carreta y descubrió que estaba justo al frente de su casa. Cowper pensó que el conductor debió haber sido un ángel disfrazado.

Fra Angélico (1400–1455), el famoso artista renacentista, veía ángeles en su alcoba todas las mañanas al levantarse, y era capaz de incluirlos en sus pinturas.

La época dorada de los ángeles en el arte, terminó en el Siglo XV. En este período, los escritos de Pseudo–Dionysius, estaban siendo discutidos; dos Papas, cada uno reclamando infalibilidad estaban tratando de liderar sus respectivas congregaciones, y la peste negra había reducido la población de Europa a la mitad.

Los teólogos estaban argumentando que Jesús pudo levantarse por sí solo, sin la necesidad de los coros de los ángeles. Después de la plaga, la población en general tenía buenas razones para preguntarse por qué los ángeles no habían venido a asistirlos cuando más lo necesitaban. En consecuencia, los ángeles empezaron a perder importancia.

En los Siglos XVI y XVII, los ángeles sufrieron otro golpe cuando la ciencia descubrió las leyes y las fuerzas de la naturaleza, probando que los ángeles no eran los que movían las estrellas ni los que controlaban la gravedad.

Sin embargo, los ángeles no desaparecieron completamente, y permanecieron en el arte y la música popular. Se dice que aún ahora, una de cada diez canciones populares, menciona a los ángeles (5).

Los compositores también han estado influenciados por los ángeles a través de los años. Una gran cantidad de congregaciones canta himnos con palabras de alabanza a los ángeles. Se me vienen a la mente dos líneas: "Canten, coros de ángeles" y "oye el anunció de los ángeles".

George Friederic Hendel (1685–1759) compuso The Messiah, su más famosa oratoria, en sólo 24 días. Su servidor entró en el cuarto justo después que Hendel había completado el "coro de Aleluya" y lo encontró llorando con excitación. Cuando se le preguntó lo que sintió cuando compuso ese famoso coro, Hendel respondió: "Pensé que tenía el cielo ante mí, así como al mismo Dios" (6).

William Shakespeare (1564–1616) mencionaba frecuentemente a los ángeles en sus versos y sonetos. En *Hamlet* (1.IV.39), él escribió: "¡Los ángeles y los ministros de la gracia nos defienden!". En el siguiente acto (2.ii.303), el famoso discurso de *Hamlet* incluye las siguientes palabras:

> *¡Qué gran obra es un hombre! ¡Qué noble de razón!*
> *¡Qué infinito en facultades! ¡Qué admirable en expresión*
> *y en la forma de moverse! ¡En la acción, como un ángel!*
> *¡En comprensión, como un Dios! ¡La belleza del mundo!*
> *¡Los animales! Y todavía para mí, que es esta esencia de*
> *polvo? El hombre no me deleita, tampoco la mujer...*

Todas las personas que he mencionado aquí, y muchísimas más han evocado ángeles para mejorar su creatividad. La próxima vez que quiera escribir una carta, hacer una torta, plantar algo en el jardín, o hacer cualquier cosa que considere de alguna manera como creativa, llame a su ángel guardián para que lo asista. La asistencia se le dará de una manera voluntariosa y estará asombrado al descubrir que tan creativo es en realidad.

7

Su Diario Angelical

Cada petición que le he hecho a mi ángel guardián ha sido respondida, pero a menudo, no de la manera que lo esperaba. Ocasionalmente, he estado decepcionado con lo que yo llamo una inexplicable falta de éxito. No obstante, las investigaciones más profundas han mostrado que mis peticiones han sido respondidas de la mejor manera posible.

Por ejemplo, hace muchos años, consideré la posibilidad de mudarme a otro país. En ese tiempo parecía lógico, ya que me sentía sofocado donde estaba, y tenía muchas oportunidades en el exterior.

Naturalmente que mudarme significaba un duro golpe para mi familia, pero pensaba que los beneficios superaban ampliamente las dificultades. Yo le pedí orientación a mi ángel guardián y esperé, confiado de que sería motivado a irme.

Para mi sorpresa, la respuesta fue negativa y mi ángel guardián me dijo que mirara a mi alrededor. Este no era el consejo que yo esperaba, y le pedí de nuevo que me guiara, esta vez hice énfasis sobre todas las ventajas que podía tener al emigrar.

Mientras estaba esperando la respuesta, me ofrecieron una valiosa oportunidad a no más de cinco millas de mi casa. Luego llegaron más ofrecimientos, casi sin esforzarme, y pronto me encontré más ocupado de lo que nunca había estado.

Me tomó algo de tiempo reconocer que esto había sido trabajo de mi ángel guardián, quien se dio cuenta que yo me sentía cercado y restringido donde estaba, y que buscaba nuevas oportunidades en el extranjero, por lo tanto me llenó con más oportunidades de las que yo podía manejar.

Aun cuando nuestros ángeles guardianes algunas veces trabajan de manera muy misteriosa, ellos siempre tienen las mejores intensiones en su corazón. No tengo idea de lo que hubiera pasado si me hubiera separado de mi familia y me hubiera ido a otra parte del mundo. Tal vez habría funcionado bien, pero también podría haber sido un desastre. Mi ángel guardián resolvió la situación de la mejor manera para mí, aunque no era la respuesta que yo esperaba escuchar en ese momento.

Por muchos años he llevado un diario para recordar mis contactos con el reino angelical. Esto me permite ir hacia atrás y ver cómo han sido manejadas y solucionadas las diferentes situaciones. Usted encontrará que es muy útil hacer lo mismo. No se necesita que sea una publicación elaborada que tenga que realizar cada día. A veces pasa una semana o más sin que escriba algo en mi diario, pero cada vez que ocurre algo relacionado con los ángeles, tomo unas pequeñas notas.

Un diario angelical le suministrará pruebas absolutas de que su ángel guardián (y de hecho el reino angelical) está velando por usted y trabajando en sus mejores intereses. En cuestión de meses tendrá una fascinante serie de relatos sobre sus experiencias con los ángeles. Será capaz de ver como han sido manejadas sus peticiones personales, y habrá ganado total confianza en su ángel guardián.

Un registro del cambio

No hace mucho, estuve hablando con una mujer llamada Sharleen, quien recién había recibido su grado universitario.

Le pregunté: "¿Qué vas a hacer ahora?".

Ella me replicó "estoy planeando un viaje a la India. Me trasladaré allí durante dos años como voluntaria en una misión cristiana".

Eso no era lo que esperaba oír. Yo asumía que ella iba a entrar al mercado laboral o a seguir estudiando para califi-carse más. La historia que me contó fue fascinante.

Sharleen empezó a llevar un diario cuando tenía quince años. A los diecisiete abandonó el colegio y se escapó con su novio. La aventura fue desastrosa pero ella aprendió muchísimo. Ella y su novio tenían que trabajar muy duro y con malos salarios para poder pagar la renta y la comida. Ellos descubrieron que vivir sólo para subsistir no era divertido. Sharleen registró todo eso en su diario.

Empezó a tener sueños extraños: todas las noches se le aparecía un ángel diciéndole que volviera a la casa y reiniciara sus estudios. Ella trató de ignorar ese consejo. Intentó irse la cama más tarde pero su ángel todavía se aparecía en sus sueños. Ni siquiera el alcohol ni las drogas hicieron que el ángel desapareciera.

Sharleen dijo: "El fue muy bueno y paciente, y nunca se desesperó conmigo. Solamente seguía insistiendo en que contactara a mis padres y regresara a casa. En mis sueños yo renegaba y gritaba, pero él simplemente permanecía allí sereno y calmado".

El ángel le dijo a Sharleen que lo llamara "Zymar". Ella nunca estuvo segura si era masculino o femenino, y Zymar siempre ignoraba esas preguntas sin importancia.

"Yo lo nombro como masculino, porque es muy fuerte y autoritario, y tiene la cara más hermosa y un cabello largo. ¡Me gustaría lucir así!".

Después de un tiempo, Zymar empezó a aparecer en el día también. Sharleen dijo: "Yo estaba trabajando en un restaurante. Era hora del almuerzo y tenía una larga fila de personas para atender. Cuando miré la siguiente persona, era mi ángel quien me sonreía". Sharleen recordó: "¡Yo estallé! Ya era suficiente con tener que encontrármelo en mis sueños, pero yo no quería que además estuviera en mi trabajo. Le ordené que se fuera, y cuando lo hice, desapareció y yo me encontré gritando al siguiente cliente. Estuve a punto de perder mi trabajo ese día".

Zymar continó apareciendo. Una noche Sharleen estaba caminado hacia casa y lo sintió a su lado. No pudo verlo pero sabía que estaba allí.

Sharleen dijo: "Fue reconfortante, asustadizo pero reconfortante al mismo tiempo. Yo estaba complacida de que no fuera visible, ya que no quería que la gente me viera con un ángel a mi lado. Pero él se mantenía hablando, aunque no en voz alta. Las palabras solamente fluían en mi mente. Siempre insistiendo en el regreso a casa y en que continuara estudiando. Yo sabía que él tenía razón, siempre lo había sabido pero no quería escuchar eso.

Yo comencé a huir de él, pero siempre permanecía ahí. Cuando llegué a casa, cerré la puerta de un golpe y él parecía estar afuera. Malcolm no estaba, y por lo tanto escribí todo en mi diario y eso me hizo sentir mejor. Cuando terminé, retrocedí algunas páginas y me dí cuenta que casi todo tenía que ver con ese ángel. Yo no podía recordar haber escrito eso, pero estaba allí escrito con mi letra. Yo leí todo de nuevo.

Creo que para ese tiempo, Malcolm estaba trabajando en una fábrica de empaquetamiento moviendo cajas de cartón por todos lados. El siempre estaba cansado y malhumorado. Llegó a casa a eso de las nueve y yo no tenía la cena lista, y por eso tuvimos una discusión y él se acostó con hambre. Al día siguiente regresé a mi casa".

La vida en casa no fue muy fácil. Zymar seguía visitándola, incluso en clase. Un día él le preguntó a Sharleen lo que quería hacer con su vida.

"Yo no tenía ni idea. Sólo quería divertirme. ¡Tú deberías haber visto la cara de Zymar cuando le dije eso!".

Durante los meses siguientes Zymar continuó diciéndole a Sharleen que siguiera adelante con su educación. "No tenía idea de la frecuencia con que me motivaba a grabarme eso en la mente, hasta que miré mi diario. Era todos los días, y algunas veces dos o tres veces al día, ¡y fue así durante meses!

Sharleen trató de ignorar las sugerencias de Zymar.

"Eventualmente, empecé a sentirlo. Malcolm y yo habíamos intentado vivir con poco dinero, y yo no quería gastar el resto de mí vida haciendo eso. Empecé a prestarle más atención a la escuela. Mis amigos lo notaron y me lo dijeron, pero yo no le di importancia. Mi ángel siempre estaba allí para mantenerme motivada. Mis notas mejoraron y me gradué como la segunda de mi clase. Nadie, especialmente mis padres, podían creerlo.

Lo mismo ocurrió en la universidad. Con Zymar a mi lado no podía equivocarme, y además estaba motivada y trabajaba duro. Un día me di cuenta de que era más feliz de lo que nunca había sido en toda mi vida. Y todo fue gracias a mi ángel guardián. Si, en realidad me tomó mucho tiempo en darme cuenta quién era. El ha permanecido conmigo todo el tiempo. ¡Si no hubiera sido por Zymar, tal vez todavía estaría sirviendo hamburguesas!".

En la mitad del camino de su último año de universidad, su ángel guardián la condujo a una sección de la biblioteca donde ella nunca había estado.

"Estaban todos esos libros acerca de los niños de Africa y la India. Un libro pareció saltar hacia mí desde los estantes, por lo tanto, lo llevé a mi casa y lo leí. Luego regresé y leí todos los otros, y casi siempre Zymar se sentaba y los leía conmigo.

Yo estaba pensando en mi futuro, si empezar a trabajar o realizar mi doctorado. Zymar me sugirió que trabajara en la India por algún tiempo. Todos se impresionaron cuando les dije eso, pero pienso que es lo que tengo que hacer. Mi ángel también piensa así. La noche anterior estuve revisando mi diario y no podía creer cuántas referencias había de la India. Pienso que Zymar sabía de antemano que eso era lo que yo haría".

Le pregunté a Sharleen "¿que harás cuando regreses?". Ella respondió "todavía no lo sé, ¡pero estoy segura de que mi ángel guardián sí!".

Sharleen ha encontrado que su diario le ha sido valioso por muchas razones, particularmente porque le ha dado unas representaciones claras de su relación con el ángel guardián. También le permitió mirar hacia atrás y ver exactamente como ocurrieron, se desarrollaron y se resolvieron las diferentes situaciones. Ella se sorprendió constantemente por la forma en que las referencias llevaban meses, e incluso años atrás, antes de que se manifestaran en su propia vida.

Sharleen había empezado a llevar un diario, dos años antes de conocer a su ángel guardián, y disfrutaba escribiendo sus sentimientos y experiencias. Si a usted no le gusta la escritura, encontrará muy útil escribir rápidamente algunas palabras claves a partir de ahora. Probablemente descubrirá que sus artículos se harán más largos a medida que se desarrolla su relación con el ángel guardián.

Una de las cosas más importantes de llevar un diario es mantener un registro de sus peticiones y evaluar los resultados. Yo me encuentro con que a menudo me olvido de lo que pedí, y mi diario me permite echar un vistazo atrás y recordar fácilmente. Su diario también le permite registrar su crecimiento y discernimientos, y le ayudará a medir su progreso.

Una vez que comience un diario del ángel, se encontrará buscando cosas para plasmarlas en él. Esto ganará más importancia en su vida, y le dará gradualmente una sensación clara de que es lo que quiere y hacia donde va.

8

EL ALTAR PARA EL ÁNGEL

Un altar para el ángel crea un lugar especial en su casa donde constantemente puede sintonizarse con su ángel guardián. Yo descubrí eso de manera accidental. Había pasado un maravilloso día en los páramos de Yokshim en Inglaterra y había visitado la Abadía Fountains. Aunque la abadía está en ruinas actualmente, todavía es un lugar santo y espiritual. Esa noche le comenté a mi anfitrión que un gran número de los lugares en los que había estado, contenían tanta energía espiritual, que era imposible no sentirla.

Mi amigo estuvo de acuerdo y me dijo que al día siguiente yo visitaría un lugar donde la energía espiritual superaba cualquier cosa que yo hubiera experimentado. El no me dijo nada más, y me vi obligado a esperar hasta el otro día.

A la mañana siguiente, exploramos el sitio llamado Harrogate y visitamos algunas librerías. Me gustó la energía de esos lugares, pero no podía describirla como espiritual. En la noche fuimos a cenar con Sarah, una prima de mi amigo.

Tan pronto entré a su casa, pude sentir toda la energía a mi alrededor. Fue una sensación asombrosa y abrazadora, que además era reconfortable, consoladora y espiritual. Yo miré alrededor de la sala, para buscar de dónde venía esa energía. Cuando Sarah salió a darle un vistazo a la cena, yo me levanté y caminé por todos los lados. La energía parecía provenir de una pequeña mesa que estaba recostada contra una pared.

La energía definitivamente era espiritual; pero no parecía haber nada especial en la mesa; la cual estaba fabricada con caoba y obviamente era muy vieja. Encima había fotografías enmarcadas, incluyendo una del amigo con el que yo estaba.

Yo estaba todavía parado al frente de esa mesa cuando nuestra anfitriona regresó. Sarah se paró en la puerta con una sonrisa en su cara, y esperándome para que le dijera algo:

"Esta mesa, hay algo espiritual en ella. Pude sentirlo tan pronto entré. ¿Qué es?".

Sarah respondió: "Estoy contenta de que puedan sentirlo. Es el altar de mi ángel".

Durante la cena ella me habló acerca de su altar:

"Comenzó como un lugar donde podía llamar a mi ángel guardián, pero originalmente no era un altar. Yo sólo quería un lugar en la casa donde pudiera sentirme especialmente cerca de mi ángel guardián, y también quería un lugar para ella. El altar ha funcionado mejor de lo que yo pensaba".

Sarah empezó a colocar una Biblia sobre la mesa, pensando que la mesa se rodearía de espiritualidad.

"Pero eso no funcionó" nos dijo. "Sólo comenzó a trabajar cuando coloqué algunas de mis posesiones más valiosas sobre ella. Después de una o dos semanas, las cambié para ver qué pasaba. Entonces lo intenté con cristales, y finalmente puse mis más preciosas fotografías. Por alguna razón, mi altar transformó toda mi casa, la cual era casi siempre oscura y algo triste, pero ahora es vibrante y feliz. La casa parece haber pasado de un invierno permanente a un verano perpetuo".

Yo pregunté: " ¿Tú rezas en tu altar?".

"Creo que algunas veces. Yo tiendo a rezar todo el tiempo, de alguna manera, y mantengo una conversación interna a donde quiera que vaya, por lo tanto imagino que tú podrías decir que estoy rezando todo el tiempo".

" ¿A Dios?".

"Por supuesto. Tal vez yo no lo veo en la forma que tú lo haces, pero en mi mente tengo una imagen muy clara de él".

"¿Cómo contactas a tu ángel guardián en el altar?"

Sarah sonrió: "Es fácil. Ella viene cuando yo quiero, Pero yo siempre me siento muy cerca de ella cuando estoy en el altar. Yo me siento en aquella silla, inmediatamente empiezo a hablar y mi ángel me responde".

"¿Qué más haces con tu altar?".

"Todo lo que entra o sale de la casa se detiene en el altar por uno o dos segundos. Aún las comidas". Sarah levantó su copa de vino: "aun el vino que estamos bebiendo esta noche". Ella levantó una mano para evitar que hiciera una pregunta: "yo creo que al colocar las cosas sobre mi altar, éstas son bendecidas. Si tengo un regalo para alguien, siempre lo dejo por un momento sobre mi altar y después lo entrego. Esto le da al regalo más fuerza y energía. También hago lo mismo cuando alguien me regala alguna cosa. Siempre va directo al altar y queda cargada con la energía del ángel".

"¿Qué papel juegan las fotografías?".

"Pienso que como son fotografías de las personas que amo, esos sentimientos de amor se convierten en algo especial para mi ángel".

Mi amigo dijo: "Dile acerca de los libros de tu biblioteca".

"Sí, lo confieso. También coloco los libros sobre la mesa antes de leerlos. Creo que eso los hace buenos, y parece que se revitalizaran antes de empezar a leer". Ella movió su cabeza: "ahora tú pensarás que soy realmente sobrenatural"!

"Por supuesto que no" le dije. "Lo primero que haré cuando llegue a mi casa será armar un altar".

También usted puede beneficiarse al establecer su propio altar, el cual puede estar donde quiera, pero yo siento que los mejores resultados se obtienen si se coloca en un lugar que se utiliza todos los días. Y como no se necesita que parezca como el altar de una iglesia, puede colocarlo donde quiera ya que la gente no está interesada, y no lo notará. No importa que tan grande o pequeño sea. Sarah tenía una mesa especial, la cual es una buena idea. Si no puede hacer eso, utilice una repisa o una mesa con mantel.

Una vez que ha decidido la posición correcta, (su ángel lo aconsejará sobre eso si lo desea), debe determinar usar ese lugar sólo como altar. Nunca debe emplearlo como un sitio para depositar cosas. Este debe ser tratado con respeto. Experimente con diferentes objetos para ver cuáles crean la mejor energía. Yo tengo algunos cristales, así como fotografías en mi altar. También sería bueno intentar colocarle flores frescas. Alguien que yo conozco mantiene una pequeña caja de madera sobre el altar, y está llena de preciosos objetos de su infancia. Ninguno tiene valor, excepto para ella. Como ella los ama, éstos son perfectos en su altar.

Una amiga quien es una cristiana, tiene una Biblia, un libro de oraciones y un cuadro enmarcado de Jesús en su altar. Detrás de éste, ha colocado un grupo de pastores, porque encuentra que son muy útiles para ella.

De todas maneras su altar puede estar donde quiera. Puede preferir tenerlo afuera, particularmente si tiene un lugar favorito donde es poco probable que lo molesten, como por ejemplo al lado de un arroyo, bajo un árbol o en una pradera.

También puede descubrir que el lugar correcto para usted es el interior de una iglesia. Naturalmente que no podrá llevar cosas allí, y sólo puede visitarlo cuando esté abierta. La iglesia puede ser de cualquier clase, y no necesariamente la que usted visita con regularidad. Lo importante es que se sienta bien allí.

Si coloca el altar dentro de su casa, notará rápidamente un cambio en la energía del cuarto. Experimentará una sensación de calma y paz cuando pase cerca de ahí. También descubrirá que puede hablar fácil y libremente con su ángel guardián cuando está cerca del altar. Naturalmente, puede llamar a su ángel guardián cuando lo desee, pero descubrirá que el contacto es inmediato cuando utilice el altar.

El altar puede ser empleado para la curación. Puede descubrir que después que ha tenido su altar por algún tiempo y de haberlo usado regularmente, la cantidad y calidad de la energía sagrada que se produce aumentará. Esta energía espiritual y curativa la puede trasmitir mentalmente adonde quiera. Cuando escuche que alguien podría beneficiarse de dicha energía, puede enviarle mentalmente algo de ella. Puede ser tan generoso con ella como quiera, ya que se produce en tal cantidad, que nunca se termina.

Un amigo ha estado profundamente involucrado en el desarrollo espiritual, pero su esposa es atea. En consecuencia, su pasión nunca se discute en casa. En todo caso, él tiene un altar para el ángel en su sala, el cual utiliza todo el tiempo. Hace poco su esposa comentó acerca de las bellas sensaciones que recibía cuando estaba en la sala. Esto demuestra que las poderosas energías que emanan de un altar de ángel, pueden ser experimentadas por todos, aunque sean ateos.

El altar puede utilizarse para el propio desarrollo, para la curación y para esparcir amor, compasión y entendimiento. También puede emplearse para perdonar.

Todos nos sentimos heridos a veces con las cosas que otras personas dicen y hacen. Si alguien lo hiere, ya sea accidental o intencionalmente, practique enviarle perdón a esa persona desde el altar del ángel. Los resultados sobrepasarán sus expectativas. Hay un gran valor curativo al perdonar a otros. Se sentirá como un enorme peso que se ha quitado de encima. También se volverá más tolerante y aceptará a los otros. Porque nosotros tenemos que aceptar y amar a los demás tal y como son, y no como quisiéramos que fueran. Aceptando a los otros como son, la vida se hace más agradable, fácil y mucho más feliz.

Creando un altar de un ángel y usándolo regularmente, su relación con su ángel guardián, y con todo el reino angelical, se hará más estrecha que nunca. Usted probablemente sabe que se siente bien el tener un amigo especial con el cual se pueda discutir libremente cualquier cosa. Si emplea el altar, la relación con su ángel guardián será miles de veces mejor que eso.

El altar puede transformarle la vida.

9

LAS GEMAS Y SU
ÁNGEL GUARDIÁN

Una manera efectiva de llevar su ángel guardián

consigo donde quiera que vaya, es cargar un cristal o

gema con la energía del ángel guardián. Virtualmente

cualquier gema sirve, pero si tiene alguna que sea

importante para usted, úsela. Tal vez un amigo le

regaló esa gema o cristal que a usted le gusta, o sim-

plemente compró una porque le parecía especial. Esos

cristales o gemas son ideales.

Si todavía no tiene una gema que sea importante

o tal vez quiera una especialmente dedicada a su

ángel guardián, hay muchas formas de encontrarla.

Es posible que visitando una tienda de cristales o una librería de la nueva era, encuentre un cristal o una gema que le guste. Yo voy con frecuencia a las tiendas donde venden cristales sin la intención de comprar nada, pero me encuentro con que alguna gema me conquista. Cuando esto pasa, la compro, porque sé que siempre hay una razón para la atracción, aún si no es aparente en ese momento.

También puede encontrarse que una vez que piense comprar la gema, alguien repentinamente le regala una. Esto es simplemente un trabajo del universo. Yo me deleito cuando alguien hace que esto ocurra.

Hace años, cuando vivía en Londres, estaba buscando un libro que se había agotado. No pude encontrarlo en ningún lado y decidí colocar un aviso en una revista de coleccionistas de libros. Salía del subterráneo cuando me estrellé con un amigo en las escaleras. Mientras tomábamos una taza de café, él me habló entusiastamente acerca de un libro que había terminado de leer y se ofreció a prestármelo. ¡Era el mismo libro que yo estaba buscando!

Puede ser valioso decirle a sus amigos que está buscando una gema o un cristal adecuado. Uno de ellos querrá dársela como regalo adelantado de Navidad o de cumpleaños.

Si nada de lo anterior funciona, puede escoger una gema ya sea utilizando la astrología o la numerología. Recuerde el "número de la vida" que aprendió a determinar en el capítulo 4. Cada número se relaciona no sólo a un color, sino también a una variedad de piedras.

Números del camino de la vida

1   Onix, hematita, jaspe rojo, turquesa

2   Agata, esmeralda, perla

3   Zircón, topacio, turquesa

4   Berilo, coral, zafiro

5   Agata matizada, topacio, amatista

6   Agata, ámbar, esmeralda

7   Hematíes, granate rojo, obsidiana

8   Diamante, azabache, ónix

9   Ambar, coral, piedra lunar, perla

11 Amatista, hematíes, granate

22 Amatista, coral, diamante

Día del mes (según la fecha de nacimiento)

1, 10, 19, y 28:   Ambar, rubí, topacio

2, 11, 20 y 29:   Jade, piedra lunar, perla

3, 12, 21 y 30:   Amatista, turquesa

4, 13, 22 y 31:   Zafiro y topacio

5, 14 y 23:   Diamante, zafiro

6, 15 y 24:   Esmeralda y turquesa

7, 16 y 25: Ojo de gato, jade verde,
piedra lunar, perla

8, 17 y 26: Diamante y perla negra

9, 18 y 27: Hematíes, granate, rubí

Lla astrología le ofrece muchas más elecciones. Tómese su tiempo para escoger la piedra, aunque usualmente parece que la piedra es la que lo escoge su dueño.

Los signos del zodíaco

Aries: Jaspe rojo, diamante y hematita

Tauro: Coral rojo, zafiro azul, esmeralda

Géminis: Agata matizada

Cáncer: Ambar y perla

Leo: Ojo de gato, crisolita y rubí

Virgo: Berilo, peridotita, sardonix

Libra: Agata, malaquita, esmeralda, zafiro

Escorpión: Amatista, obsidiana, hematíes, ópalo

Sagitario: Zircón azul, topacio y turquesa

Capricornio: Azabache, ónix, turquesa

Acuario: Ambar, amatista, granate rojo sangre

Piscis: Coral, perla, piedra lunar, hematíes

Los planetas

Sol (Leo): Ambar, crisolita, topacio, circón

Luna (Cáncer): Piedra lunar, yeso, perla, cristal de cuarzo, berilo, madre perla

Mercurio (Géminis, Virgo): Opal, ágate, carnelian, sardonyx, serpentine

Venus (Tauro, Libra): Esmeralda, turquesa, berido, jade, malaquita

Marte (Aries, Escorpión): Gránate, jaspe, rubí, hematies, magnetita

Júpiter (Sagitario, Piscis): Amatista, turquesa, jaspe, lapis-lazuli, zafiro

Saturno (Capricornio, Aquario): Onix, azabache, obsidiana, antracita

Urano (Capricornio): Topacio

Neptuno (Piscis): Cristal de roca, amatista.

Plutón (Escorpión): diamante, topacio, ágata, musgosa, ópalo

Los elementos

Fuego (*Aries, Leo, Sagitario*): Opalo de fuego, rubí

Tierra (*Tauro, Virgo, Capricornio*): Agata musgosa, galena, ónix

Aire (*Géminis, Libra, Acuario*): Topacio, ópalo

Agua (*Cáncer, Escorpión, Piscis*): Aguamarina, coral, piedra lunar

Una vez que tenga su gema o cristal, necesita cargarla. Esto puede hacerlo, lavándola con agua de lluvia y deján-dola que se seque naturalmente.

Después que haya hecho esto, siéntese en un lugar silencioso con la mano en sus piernas y apuntando hacia arriba, una sobre la otra y con la gema sobre la mano supe-rior. Póngase tan cómodo como pueda, luego cierre los ojos y lleve a cabo un ejercicio de relajación progresiva. Sentarse al lado del altar del ángel o tal vez bajo el árbol oráculo, sería ideal para hacer este ejercicio.

Cuando esté totalmente relajado llame a su ángel guar-dián. Explíquele que usted quiere cargar su gema con ener-gía vital y pídale que le ayude.

En treinta segundos usted sentirá una respuesta de la gema diciéndole que ya está cargada. Cuando hago esto, yo siento una sensación de hormigueo en la palma que esta sos-teniendo la gema. Otras personas me dicen que ellos sienten repentinamente la gema más caliente, o que hace un pequeño movimiento. Una señora mayor que conozco no siente cambios físicos, pero inesperadamente se da cuenta en cada fibra de su ser, que la gema ha sido cargada. Entienda que la respuesta que puede obtener, puede no ser igual a las que he descrito aquí. Lo que sí podrá sentir igual, sin lugar a dudas, es el momento en que su gema está cargada.

Puede cargarla a donde quiera que vaya, y la energía construida por el ángel viajará con usted. Descubrirá que es útil sostener y tal vez mimar la gema en diferentes ocasiones. Si se siente cansado y necesita más energía, levante y sostenga la gema. Sosténgala cuando esté sufriendo de estrés o necesita confianza o fortaleza. Yo hasta le he prestado mi cristal a personas que necesitan ayuda adicional para superar una dificultad.

Un excelente actor que conozco, sentía un miedo terrible antes de cada presentación, aunque cuando estaba en el escenario se sentía bien. El ahora sostiene la gema del ángel antes de ir al escenario y encuentra paz y tranquilidad, en lugar del pánico y miedo que experimentaba usualmente.

La mayoría de nosotros podemos beneficiarnos del amor, la armonía y la tranquilidad que una gema del ángel suministra.

10

ENCUENTRE SU PROPÓSITO EN LA VIDA CON SU ÁNGEL GUARDIÁN

Todos estamos aquí por una razón o propósito, aún cuando no estemos totalmente conscientes de ello. En el capítulo 6 discutimos el empleo de los ángeles guardianes para ayudarnos a encontrar nuestros talentos. El propósito en la vida frecuentemente está relacionado con nuestros talentos, pero es mucho más importante que eso. Para la mayoría de la gente, es muy difícil responder la pregunta de para qué están en esta vida. ¿No sería más maravillosa la vida si lo supiéramos?

Estaríamos concentrados más claramente, tendríamos un objetivo real, y tendríamos un sentido de dirección. Necesitaríamos la motivación para alcanzarlo, pero no sería difícil después de conocer lo que queremos, y además tendríamos un plan para conseguirlo.

Muchas personas que han tenido experiencias cercanas a la muerte, hablan de un profundo desconsuelo cuando miraron hacia atrás en sus vidas desde el "otro lado" y ven que solamente han alcanzado una fracción de lo que habían podido hacer. Usualmente estas personas se han sentido extremadamente motivadas después de recuperarse, porque se habían dado cuenta de que podrían (y deberían) estar haciendo más con sus vidas de lo que habían realizado hasta ese momento.

Durante años yo leí la palma de la mano en centros comerciales, y algunas veces leía cien o más palmas en un día, y siempre les preguntaba que iban a hacer con sus vidas. Para mí era decepcionante darme cuenta que la mayoría de la gente vivía por vivir sin tener objetivos ni ambiciones reales. ¡Todo ese potencial estaba siendo desperdiciado!

Sin embargo, si aquellas personas supieran qué iban a hacer, entonces, ¿no lo harían? Por supuesto que algunos sí, pero otros no.

Hace muchos años conocí a una mujer que era una artista, cantante y escritora muy talentosa. También era muy atractiva y durante algún tiempo trabajó como modelo. Ella tenía la habilidad de dejar su huella en todos esos campos, pero no había logrado nada con su vida.

Hay muchas razones para eso, entre las cuales pudieron estar la falta de confianza y la inseguridad. Yo pienso que el miedo también pudo estar involucrado. No obstante, las causas principales de su fracaso fueron el alcohol y las drogas. Se había pasado la mayor parte de su vida de adulto en las tinieblas. Ella todavía habla de todas las cosas que va a lograr, pero a menos que cambie su estilo de vida de una manera drástica, terminará desperdiciando su existencia. Es muy triste cuando se piensa en todos los dones y las oportunidades que tenía.

En contraste está la historia de Helen Keller (1880–1968), quien vivió una vida de extraordinaria realización. A la edad de los diecinueve meses sufrió una enfermedad que la dejó sorda y ciega, y por lo tanto no podía comunicarse. Una excelente profesora le enseñó a Helen a leer y escribir en el sistema Braile. A los veinticuatro años se graduó con honores en la Universidad de Radcliffe. Luego ella procedió a dedicar su vida a ayudar a los sordos y ciegos. Aunque había aprendido a hablar, ella necesitaba un traductor porque no era fácil entenderle. Sin embargo, esto no la detuvo para viajar por todo el mundo dando conferencias y promocionando reformas sociales. Helen también escribió muchos libros acerca de su vida, sus creencias y sus causas.

Usted también puede alcanzar el propósito de su vida y dejar su marca en el mundo. Su propósito puede ser algo que siempre ha conocido, pero que por alguna razón lo ha ignorado y mantenido escondido en la mente.

Cuando niño yo quería ser un escritor. Tenía un pequeño periódico de vecindario que yo elaboraba y distribuía en las calles cercanas a mi casa. Cuando salí de la escuela fui a una editorial, pensando que sería un buen lugar para una carrera de escritor. Luego adquirí una librería, la cual me mantenía tan ocupado que no me quedaba tiempo para pensar en escribir. Después de eso mi esposa y yo compramos varios negocios, antes de convertirme en mago e hipnotista. Todo el tiempo que estuve haciendo esas cosas, pensé en escribir, y de vez en cuando me animo a hacerlo. No obstante, fue sólo hasta que llegaba a los cuarenta, cuando hice una pausa y pensé en lo que realmente quería hacer. Yo quería escribir. Por primera vez en mi vida estaba completamente enfocado y sabía adonde quería llegar. Desde que llegué a ese punto, he escrito muchos libros sobre una gran variedad de temas.

Lo extraño es que todos sabían lo que yo debería estar haciendo excepto yo. Hice toda clase de cosas porque lucían interesantes y ofrecían buenas perspectivas económicas. Pero ninguna de ellas era la que debía hacer para satisfacer el propósito de mi vida. Cuando lo descubrí, fue como una revelación que fue invisible para mí durante muchos años.

No es necesario esperar tanto como yo lo hice. Yo debí haberle pedido ayuda a mi ángel guardián en ese aspecto, pero me encontraba muy envuelto en las cosas que estaba haciendo, y nunca se me ocurrió.

Empiece por sentarse silenciosamente en cualquier lugar, o por ir a caminar, y piense en términos generales acerca de su vida. No cometa el error de pensar en las experiencias negativas. Piense en los tiempos positivos y en las acciones cuando sintió que estaba haciendo bien las cosas.

Examine esas ocasiones y mire si puede haber alguna forma en la que pudiera incorporar esas experiencias positivas a su vida. Quizás ya tenga una idea. Si trabaja todo el tiempo en un puesto de comidas rápidas y las experiencias más intensas en su vida fueron sus logros deportivos en la escuela, puede sentir que estos no pueden combinarse. Pero en realidad sí se puede hacer. Para lograr esos éxitos deportivos debe haber establecido objetivos y utilizar la persistencia y trabajar duro para ganar. Puede utilizar esas cualidades en cualquier empeño, y si siente que el trabajo de su vida está en las comidas rápidas, si utiliza dichas cualidades tendrá un progreso muy rápido.

Si este ejercicio no trae nada específico a su mente, pregúntele a su ángel guardián.

Medite y pídale a su ángel para que le haga ver lo que usted debería estar haciendo. Haga eso por lo menos una vez durante una semana, y luego espere paciente hasta que obtenga una respuesta. Puede ser que ésta no llegue de la forma que lo esperaba. Tal vez llegue directamente de su ángel guardián, pero también puede aparecer fácilmente como una repentina inspiración. De pronto un amigo le ponga una idea en su cabeza. Los ángeles no siempre trabajan de la manera que usted espera. En efecto, es probable que tenga un gran número de ideas.

Evalúelas cuidadosamente; tómese su tiempo. No se preocupe si se toma semanas o aún meses. Cualquier tiempo es necesario. Aun cuando no esté consciente de pensar en las ideas, su subconsciente estará trabajando en ellas.

Una vez que tenga la idea correcta, haga una pausa por un tiempo. En esta etapa no hay necesidad de precipitarse. A mí me gusta escribir la idea en un papel, y mantenerlo en mi bolsillo de tal manera que puedo mirarla de vez en cuando. Frecuentemente me llegará una idea y también la escribo. Gradualmente, me daré cuenta de que eso es algo que quiero hacer. En ese instante, hago planes y actúo sobre ellos.

Su ángel guardián no sólo le ayudará a encontrar su propósito de vida, sino que también le proporcionará la ayuda necesaria para llevarlo a cabo. Su ángel le guiará y dirigirá; le dará ánimo cuando sea necesario y le dará un apoyo continuo.

Mónica, una exitosa diseñadora de ropa, recibe una orientación constante de su ángel. Ella frecuentemente pide consejos y espera para escuchar. Ella le da el crédito de todos sus éxitos a su ángel guardián.

La clave de todo el proceso es pedirle ayuda a su ángel guardián y escuchar el consejo y actuar sobre él. El ángel guardián siempre tiene las mejores intensiones en el corazón. Debería escucharlo siempre y luego actuar. De este modo, usted y su ángel guardián se harán imbatibles y podrán alcanzar todo lo que tengan en mente.

Segunda Parte

GUÍAS ESPIRITUALES

11

GUÍAS ESPIRITUALES

Los guías espirituales son seres que han pasado a la siguiente vida. Ellos han alcanzado un alto nivel espiritual, pero todavía retienen un interés en lo que está pasando en el mundo. No son como ángeles guardianes que nos protegen, pero están ahí para guiarnos y ayudarnos cuando busquemos consejo.

Los guías espirituales están interesados en nuestro crecimiento espiritual. Sin embargo, como ellos quieren que seamos independientes y que tengamos los pies sobre la tierra, nos reprochan cuando le pedimos ayuda cada vez que tenemos un pequeño problema.

Ellos prefieren actuar como guías que ya aprendieron las lecciones que nosotros estamos tratando de entender. Comuníquese con sus guías, tan frecuentemente como lo desee, pero pídales ayuda sólo cuando sea realmente necesario.

Sus guías no le ofrecen ayuda a menos que se les pida. Esta es la razón por la cual algunas personas pasan su vida sin darse cuenta que tienen guías espirituales. No obstante, y aún en estos casos, sus guías espirituales harán todo lo que puedan para ayudarlas cuando pasa por la vida. De hecho, si una persona como ésta se encuentra desesperada y pide ayuda a Dios, recibirá inmediatamente auxilio de sus guías espirituales.

Los guías espirituales no tienen prejuicios. Aun si cometemos serios errores ignorando o actuando en contra de sus consejos, ellos estarán listos y voluntariosos para ayudar de nuevo la próxima vez. Ellos nunca dirán "yo te lo dije", porque reconocen que algunas veces tenemos que cometer errores para aprender lecciones importantes.

Sus guías espirituales se convertirán en sus mejores amigos si lo permite. Ellos son atentos, cuidadosos, amorosos y tienen las mejores intenciones en el corazón. Pero primero tiene que dejarlos entrar en su vida.

Todos nosotros tenemos guías espirituales quienes son usualmente, pero no siempre, parientes fallecidos. A menudo es alguien que estuvo cerca de nosotros mientras él o ella estaba viva (uno de nuestros padres u otro pariente cercano). Puede ser reconfortante saber que personas que han sido importantes para usted en el pasado, todavía están allí para guiarlo y ayudarlo cuando lo necesite.

Muchas personas son conscientes de la presencia continua de sus guías espirituales. Por ejemplo, Sophia Peabody, la esposa de Nathaniel Hawthorne, el célebre autor de *The Scarlet Letter*, "era consciente de la presencia de su madre en algunas ocasiones" (1).

La gente ha sabido acerca de los guías espirituales durante miles de años. A través de la historia, todos los chamanes del mundo han sido capaces de entrar en estado de trance para pedirle ayuda a los espíritus.

Tal vez el cuento histórico más famoso sobre un guía espiritual es el de Daimon de Sócrates, quien continuamente le daba consejos y le advertía el peligro. Jenofante citó a Sócrates en su *Apología*: "Yo he escuchado esa voz profética a través de mi vida. Ciertamente es más verdadera que los presagios. Yo le doy el nombre de Dios o de daimon. Le he dicho a mis amigos las advertencias que he recibido, y hasta ahora la voz no se ha equivocado" (2).

En la Santa Biblia leemos acerca del rey Saúl quien visitó a un médium para recibir una comunicación del espíritu del profeta Samuel. El primer libro de Samuel en el capítulo 28, versículo 7 dice: "Luego dijo Saúl a sus sirvientes que le buscaran una mujer que tuviera un espíritu familiar al cual pudiera preguntarle y sus servidores le dijeron que había una mujer que tenía un espíritu familiar, es Endor". Saúl se disfrazó y fue a ver a aquella mujer quien produjo el espíritu de Samuel. Desafortunadamente para el rey Saúl, el espíritu predijo su inminente muerte.

San Agustín escribió en *De Cura Pro Mortais*: "Los espíritus de la muerte pueden ser enviados a los vivos, y pueden descubrirles el futuro que ellos han aprendido de otros espíritus o de los ángeles, o por revelación divina" (3).

Los médiums espiritualistas a menudo tienen guías que han reencarnado muchas veces y desarrollado una gran sabiduría. Estos casi siempre son jefes nativos americanos, maestros chinos, sacerdotes egipcios y otras personas sabias de tiempos pasados.

Usted no está limitado sólo a un guía espiritual. Puede empezar con un guía y luego cambiarse a otro a medida que se desarrolla su espiritualidad. Aunque no se de cuenta, usted tiene un gran número de guías ayudándole todo el tiempo, y cada uno con sus propios talentos y habilidades especiales.

Los guías espirituales pueden ser cualquiera, pero usualmente son almas altamente evolucionadas que desean ayudar a las personas en esta encarnación. En consecuencia, aunque hay muchos espíritus malos, nunca encontrará que esos actúen como guías espirituales.

Los malos espíritus a menudo aparecen cuando las personas juegan con aparatos como el tablero de ouija sin saber mucho acerca de ellos. La ouija puede ser un instrumento útil cuando se usa con responsabilidad, pero desafortunadamente, ésta se promociona como un juego de salón y no es sorprendente que atraiga seres negativos cuando se emplean de esta manera.

Los espíritus negativos siempre han estado rondando y la solución a todas las dificultades que tenga con ellos, la puede encontrar en la Biblia. La primera epístola de Juan en el capítulo 4, versículo 1–3 dice:

"No creas en todos los espíritus, pero intenta que los espíritus sí sean de Dios; porque muchos falsos profetas han venido al mundo. De esta forma se conoce a los espíritus de Dios: todo espíritu que confiese que Jesucristo esta vivo, es de Dios; y todo espíritu que no confiese que Jesucristo esta vivo, no es de Dios; y este es el espíritu del anticristo, el cual está todavía en el mundo".

Cuando se conoce un nuevo espíritu, deberá tratarlo con precaución hasta que sepa exactamente qué clase de espíritu es. De todas maneras estoy seguro de que usted hace lo mismo cuando conoce por primera vez a una persona. Si tiene alguna duda, pregúntele al espíritu si es de Dios y mire qué respuesta obtiene.

Los guías espirituales usualmente son conectados por un médium o a través de una sesión espiritista. Es posible crear por sí mismo una pequeña sesión, pero usualmente se obtienen mejores resultados cuando un grupo de personas bien dispuestas, trabajan juntas.

El crecimiento del espiritualismo

Las sesiones espiritistas fueron muy populares en la segunda guerra mundial, y mucho de su éxito se debió al crecimiento del espiritualismo, el cual enseñaba que la vida después de la muerte se podía probar, y que era posible comunicarse con las personas que habían vivido alguna vez.

El espiritualismo comenzó el 31 de marzo de 1848 en Hydesville, una pequeña aldea de menos de cuarenta casas en el estado de Nueva York. Dos hermanas, Kate y Margaret Fox, empezaron a comunicarse con unos extraños sonidos que habían molestado a la familia durante algunos meses. Su padre había gastado mucho tiempo tratando de encontrar la fuente de esos ruidos, pero sin tener éxito, aunque los vecinos le decían que la casa era rondada por fantasmas. De hecho, se creía que estos habían ahuyentado a los antiguos inquilinos (4).

En la noche del 31 de marzo, los ruidos seguían presentándose, mientras Kate, la hermana menor estaba jugando un extraño juego: ella se detenía, chasqueaba sus dedos varias veces y decía: "Aquí señor Splitfoot, ¡haz lo que yo hago!". Y el espíritu enseguida devolvía el mismo número de chasquidos. Esto aterrorizó a la mamá de la niña quien estaba en aquel salón en esos momentos. Señor Splifoot era un nombre infantil que se le daba al demonio. Sin embargo, Kate no tenía miedo. Se sentía emocionada al ver que el número de chasquidos retornaban. La niña decía "mamá" ¡puedo ver y también escuchar!

La señora Fox cautelosamente le preguntó al espíritu que si podía contar hasta diez. Inmediatamente este respondió con diez golpes. Luego le preguntó el número de sus hijos vivos. Se escucharon cuatro golpes, lo cual era correcto. Luego la señora preguntó: "¿eres un hombre?". El espíritu permaneció en silencio. "¿Eres un espíritu que ha tomado posesión de mi querida hija?". Esta vez se escucharon muchos golpes fuertes.

La familia Fox estaba preocupada. Esa misma noche, los vecinos fueron invitados a escuchar los sonidos y a hacer preguntas. El espíritu fue capaz de responder la mayoría de ellas correctamente. En las noches siguientes por lo menos trescientas personas se amontonaron en esa pequeña casa para escuchar aquellos golpes.

Las hermanas desarrollaron un código para comunicarse de una manera más efectiva con el espíritu. Utilizando eso, el espíritu pudo decirles que él era el fantasma de Charles B. Rosma, un vendedor viajero que había sido asesinado en la casa y enterrado en el sótano.

Estas excitantes palabras viajaron rápidamente y la gente se reunió para ver a las hermanas Fox, para dar testimonio de aquellos sonidos. Unos meses después que los ruidos se convirtieron en algo público, apareció un panfleto de E. R. Lewis llamado *A Report on the Mysterius Noises Heard in the House of John D. Fox, Hydesville, Arcadia, Wayne Country*. Lewis escribió: "Los sábados y domingos se llenaban de gente que venía de lejos y también de los alrededores, llenando las calles con carruajes y vehículos".

La vida familiar cambió drásticamente para los Fox, y los padres decidieron enviar lejos a las niñas para que crecieran alejadas de todo eso. Kate fue enviada a la casa de su hermano en Auburn, y Margaret se fue a vivir con su hermana mayor, Leah, en Rochester. La popularidad superó todos los límites y las chicas crearon un enorme interés tanto en Auburn como en Rochester.

Mientras estuvo viviendo en Rochester, Margaret descubrió que podía comunicarse con los espíritus mediante la escritura automática. Este fue un inmenso avance dentro del laborioso proceso de codificar el número de golpes que se producían.

El 14 de noviembre de 1849, Leah Fox alquiló el salón Corinthian por tres noches y organizó las primeras reuniones públicas de Margaret. Cada noche el salón se llenó con personas que pagaron hasta veinticinco centavos para asistir. La audiencia estaba igualmente dividida entre los que creían en el fenómeno y los totalmente escépticos.

Después de la primera noche, se estableció un comité para investigar lo que había ocurrido y para reportarlo al siguiente día. El comité anunció que si había habido fraude, este no se detectó. Esto no dejó satisfecho a todo el mundo, y se organizó otro comité, el cual sacó la misma conclusión. Cuando un tercer comité regresó con el mismo veredicto, la audiencia se amotinó, y la policía tuvo que venir para garantizar la seguridad de Margaret y de Leah. La publicidad se incrementó, y se aseguró el futuro del espiritualismo. Las hermanas Fox se embarcaron en una gira por las principales ciudades, ganando adeptos donde quiera que iban. Otras personas también descubrieron que poseían talento como médiums y las sesiones espiritistas empezaron a ponerse de moda. Algunas de estas personas hicieron sus propias innovaciones, pero otras simplemente se copiaban de lo que los demás hacían.

David P. Abbott reportó: "Tan pronto como el primer médium pudo inducir a los espíritus a que retornaran a esta tierra y golpearan en mesas y muebles, la moda se expandió rápidamente y los médium se esparcieron por todo el país con exactamente los mismos poderes. La moda se mantiene hasta este día...Tan pronto como un médium impuso la moda de tener un indio guía, todos los médiums de todo el país empezaron a tener indios guías. Hasta la fecha esta costumbre sigue de moda" (5).

En 1854, 15.000 espiritualistas le enviaron una petición al congreso para que una comisión investigara el fenómeno. Un año más tarde, George Templeton Strong escribió: "¿Quién había podido predecirlo... que cientos de miles de personas, en este país se creerían capaces de comunicarse directamente con los espíritus de sus abuelos?" (6). Se cree que a los cinco años de nacido el espiritualismo, treinta mil médiums estaban ocupados conduciendo sesiones de espiritismo (7).

El propósito de estas sesiones era el de comunicarse con los muertos. Los médiums y los asistentes se sentaban alrededor de una mesa en la oscuridad, tomándose de las manos y cantando himnos. Después de un momento, ocurrían una gran variedad de cosas extrañas. Habrían varios ruidos, por supuesto, pero también podría ser que la mesa se inclinara o que llegaran "aportes" (regalos del mundo de los espíritus), o que fluyera el ectoplasma a partir del cuerpo de los médiums y hasta se podían hacer visibles los espíritus.

Muchas personas asistían a las sesiones por puro entretenimiento, sin embargo, muchas de ellas se volvían creyentes después de experimentar por primera vez. La fotografía estaba naciendo, y las fotos de espíritus que flotaban en el aire alrededor del médium, también incentivaron a la creencia de este fenómeno.

Personas famosas se vieron involucradas. La esposa de Abraham Lincoln, Marg, se interesó en el espiritualismo después de la muerte de su hijo Willie. Ella sostuvo sesiones en la casa blanca durante la guerra civil. Mary también duró muchos años asistiendo a sesiones en un intento por contactar a su esposo después de que muriera. Se cree que Abraham Lincoln estaba igualmente interesado en el espiritualismo. Ciertamente, él asistía a las sesiones de su esposa y se cree que estuvo en sesiones públicas en una visita a Nueva York. Un artículo acerca de su interés, apareció en el Cleaveland Plain Dealer antes de su muerte y Lincoln nunca lo desmintió (8).

El espiritualismo se expandió a Inglaterra y su crecimiento probó ser tan rápido como en Estados Unidos. Hasta la reina Victoria asistió a una sesión.

Desde un comienzo, muchos científicos fueron escépticos, pero otros asistieron a sesiones y se convencieron de su validez. Un buen ejemplo es el de Alfred Rassel Wallare, quien codescubrió el principio de la selección natural con Charles Darwin. El reportó en una sesión a la que asistió, que todos los asistentes vieron cómo la mesa se cubría de flores frescas y helechos. "Las flores aparecieron sobre la mesa como algo que se veía débilmente, antes de que encendiéramos la lámpara. Cuando hicimos eso, toda la superficie de la mesa circular de cuatro patas, estaba cubierta de flores y helechos, algo bello y maravilloso, que en el curso de mi tranquila vida no pude ver nada que me impresionara de una manera tan fuerte. Yo les rogué para que no se tocara nada hasta que no fuera cuidadosamente examinado. La primera cosa que nos dejó atónitos, fue la extrema frescura y belleza de las flores y los helechos. Al otro día estaban todas cubiertas con un delicado rocío, especialmente los helechos" (9). El interés científico culminó con la formación de la Sociedad para la Investigación Psíquica en 1882.

Algunos médiums siempre trabajaron a través de un sólo guía espiritual. Otros, sin embargo, utilizaron muchos. Uno de los más famosos de estos últimos fue Hélène Smith (10), una espiritualista francesa que tenía muchos guías quienes tomaban su cuerpo cuando ella entraba en trance. Uno de estos, fue el espíritu de un marciano. Cuando esto sucedía, ella podía hablar y escribir en marciano y hasta dibujar paisajes de Marte (11). En otras palabras, ella estuvo "canalizando" a su marciano unos ochenta años antes de que se hiciera popular la canalización.

Incidentalmente, la mamá de Hélène Smith también era psíquica y podía ver ángeles. En 1870, la hermana menor de Hélène estaba enferma, y su madre estuvo despierta toda la noche para atenderla. Ella vio un ángel brillante con los brazos extendidos y parado en la cama de su pequeña hija. La señora Smith despertó a su esposo, pero el ángel había desaparecido. Aunque el médico le había asegurado a la familia que la niña se recuperaría, ella murió al siguiente día (12).

El espiritualismo también ayudó enormemente al trabajo de Andrew Jackson Davis (1826–1910) conocido como Seer John Nevil Maskelyne, catalogado como el pionero del espiritualismo moderno porque sus escritos se convirtieron en el soporte y la base de ese movimiento.

Davis tenía habilidades clarividentes desde la infancia, pero sólo florecieron realmente después de que escuchara una conferencia sobre hipnotismo cuando tenía diecisiete años. El comenzó a experimentar con un amigo y descubrió que cuando entraba en trance, podía diagnosticar enfermedades, de la misma manera como lo hizo Edgar Cyce un siglo más tarde.

Cuando tenía dieciocho años. Davis fue visitado por los espíritus de Galen, el antiguo médico griego, y de Emanuel Swedenborg, el místico y filósofo suizo. Ambos le dijeron a Davis que él estaba en esa encarnación para desarrollar una importante misión.

Poco después de esta experiencia, el reverendo William Fishbough llevó a Davis a Nueva York y transcribió todo lo que Davis dijo mientras estaba en un estado de trance. Los primeros quince meses de estas sesiones dieron como resultado la obra *The Principles of Nature, Her Divine Revelations and a Voice to Mandkind*. Este inmenso libro de unas ochocientas páginas se convirtió en bestseller en 1847 y en los siguientes treinta años aparecieron treinta y cuatro ediciones de él. Davis solamente tenía veintiún años en ese momento.

En ese libro Davis decía que Jesús fue un gran profeta y maestro, pero no pudo decir que era divino. El vio el universo como un todo armonioso, en el cual cada alma individual está progresando y creciendo constantemente. Esta vida en la tierra, decía, era simplemente una pausa en el camino hacia la "tierra prometida".

Davis describió en detalle a la tierra prometida, la cual consiste en un magnífico jardín con árboles flores y pájaros, y situados en hermosos paisajes. Los habitantes disfrutan de la música, de grandes banquetes y muchas sociedades que se interesaban por las demás. Es un lugar de mucha felicidad.

Allí viven tres clases de espíritus. Los espíritus de las personas que han muerto recientemente van a la tierra prometida. En seguida están los "ángeles", que son espíritus altamente avanzados cuyo trabajo es el de ayudar a los vivos en la tierra. Finalmente, están los espíritus dañinos los cuales no son malos, simplemente están en un nivel más bajo de desarrollo que otros espíritus. Por último, cada espíritu encuentra en la tierra prometida su "compañero espiritual" o alma compañera.

Davis declaró que era una señal de gran sabiduría, pedirles consejo a los espíritus. Las personas que dudaban de la existencia de los espíritus todavía no estaban listas para progresar espiritualmente.

En su libro, Davis escribió: "Es verdad que los espíritus se comunican el uno al otro, mientras uno está en el cuerpo, y el otro está en las esferas más altas (y esto también sucede cuando la persona en el cuerpo no es consciente del influjo, y por lo tanto no puede convencerse del hecho); y esta verdad se hará presente por sí misma en forma de una demostración viva y el mundo aclamará con deleite el anunció de aquella era donde el mundo interior de los hombres se abrirá, y se establecerá la comunión espiritual tal y como lo disfrutan hoy los habitantes de Marte, Júpiter y Saturno" (13).

Desafortunadamente, este mundo ideal nunca llegó a darse, y el espiritualismo empezó a declinar, principalmente porque muchos médiums fueron descubiertos en fraude. Harry Haudini, el famoso mago, jugó una parte importante en eso. El estaba destrozado cuando su madre murió y trató por todos los medios de contactarla. Sin embargo, a donde quiera que él iba encontraba médiums fraudulentos. Eso lo enfureció tanto, que dedicó mucho tiempo del resto de su vida a denunciarlos.

Home y otros médiums

Incuestionablemente, el más famoso médium de todos fue Daniel Dunglas Home (1833–1886). Hereward Carrington escribió: "Aunque Home era más cuidado y más examinado que cualquier otro médium, nunca se detectó un fraude en ninguna de sus sesiones espiritistas, ni alguna vez se sospechó de él en ninguna ocasión" (14).

Home nació en Edimburgo, Escocia y fue adoptado por un tío que lo llevó a los Estados Unidos. El descubrió sus poderes psíquicos cuando era un niño, y a los trece años experimentó su primera visión cuando predijo la muerte de un amigo de la escuela. Más adelante Home se comunicó con el espíritu del muchacho. En 1850, por medio de la clarividencia supo con tres días de anticipación que su madre moriría en Escocia. Su tío se preocupó cuando escuchó los ruidos que se producían en el cuarto de Home porque creía que estaba poseído por un demonio, por lo que le pidió a tres personas que lo exorcizaran. Esto no cambió en nada la situación y su tío le pidió que se fuera de la casa.

Durante los cinco años siguientes Home viajó mucho, viviendo con personas que querían ayudarlo a desarrollar sus habilidades. En todos los casos, él era un hombre con un encanto excepcional y se convirtió en un huésped muy popular que traía riqueza a las casas. La gente disfrutaba de sus sesiones espiritistas donde ocurrían las usuales manifestaciones. Se escuchaban los sonidos extraños, las mesas se inclinaban, las campanas sonaban y los espíritus aparecían.

No obstante, aun a su temprana edad, Home contaba con un número de objetos exclusivos para hacer que las sesiones espiritistas fueran diferentes a todas las demás: Entre ellos se destacaba un acordeón que era tocado por los espíritus. Home colocaba el acordeón bajo la mesa y los espíritus interpretaban música en la oscuridad. En otras palabras, ese acordeón era capaz de flotar en el aire mientras interpretaba *Home Sweet Home* o *The Last Rose of Summer*.

Home aprendió de allí, el valor de tener algo diferente para ofrecer. Más tarde, demostraría cómo podía manejar carbones al rojo vivo utilizando la protección espiritual. El podía elongarse y conducir actos de levitación. Algunas veces los asistentes a la sesión estuvieron levitando, mientras estaban todavía en sus sillas y otras veces era Home el que lo hacía.

La levitación de Ashley Place fue la que le aseguró a Home un lugar en la historia del espiritualismo. En diciembre 13 ó 16 de 1868, Home estaba llevando a cabo una sesión de espiritismo para tres asistentes en Londres. Mientras estaba en trance, fue a la siguiente habitación y abrió la ventana. Luego levitó, salió por esa ventana, y regresó a través de ella. Viscount Adare (el dueño del apartamento) escribió: "Nosotros escuchamos a Home cuando fue a la habitación de al lado y abrió la ventana y luego apareció parado en la ventana de nuestro cuarto. El abrió la ventana y caminó con completa tranquilidad".

Obviamente, los asistentes quedaron asombrados con esta demostración y Viscount Adare dijo que no podía entender lo que Home había hecho. Entonces Home le dijo que retrocediera un poco. "El observó y el cuerpo de Home estaba casi horizontal y completamente rígido" (15). La distancia entre las dos ventanas era de siete pies, cuatro pulgadas, y las ventanas estaban como a setenta pies del piso, haciendo que cualquier truco fuera difícil de explicar.

Dos de los tres testigos eran miembros de la sociedad londinense: Lord Lindsay (más tarde Conde de Crawford) y Viscount Adore (más adelante Conde de Dunraven). El otro testigo fue el capitán Charles Wynne, el primo de Adore. Sir Arthur Conan Doyle declaró que el testimonio de los tres era "indiscutible". Los tres testigos escribieron un recuento del incidente, el cual dio que hablar en Londres.

Home también fue probado en 1871 por Sir William Crookes, un reconocido científico del momento. Crookes y un grupo de sus amigos le pidieron a Home que condujera una sesión de espiritismo para ellos. En esa sesión Home levitó parcialmente, colocó sus manos dentro del fuego y removió un carbón incandescente; además su acordeón también interpretó algo de música. Más tarde Sir William lo probó más allá, colocando el acordeón bajo la mesa y dentro de una jaula. Esto no hizo que nada fuera diferente, y el acordeón sonó tan dulcemente como siempre. En un artículo para la edición de enero de 1874 de la revista *Quartely Journey of Science*, Crookes escribió:

> *Hay por lo menos cien momentos registrados de cómo se eleva de la tierra el señor Home, en presencia de muchas personas por separado, y yo he escuchado de los labios de tres testigos sobre el más sorprendente acontecimiento de esta clase. Negar la evidencia registrada al respecto es negar el testimonio humano; porque ningún hecho en la historia sagrada o profana, está soportada con pruebas tan contundentes (17).*

Home se casó con una millonaria mujer de la nobleza rusa en 1871 y se mudó a Francia, donde luego se retiró. En 1873 publicó un libro llamado *Lights and Shadow of Spiritualism*, en el cual exponía los métodos de los médiums fraudulentos. El murió de tuberculosis el 21 de junio de 1886. En su tumba en St. Germain, Paris, está inscrito: "A otro discernidor de espíritus".

La influencia del espiritualismo ha ido desapareciendo gradualmente desde el siglo pasado. Sin embargo, los guías espirituales han estado alrededor por miles de años y continuarán teniendo un papel fundamental en nuestro futuro.

Hoy, la canalización es la forma más popular de contactar guías espirituales, y como Hélène Smith, la popular médium francesa, muchos canalizadores contactan espíritus de otros planetas, así como de continentes perdidos.

La canalización tiene una diferencia muy grande con el mundo de los médiums: Los médiums, salvo contadas excepciones, hacen contacto con espíritus humanos, mientras que los canalizadores contactan una gran variedad de espíritus: humanos, ángeles, delfines y otros animales, maestros y personas de otros planetas.

Sin lugar a dudas el más famoso canalizador de este siglo fue Edgar Cayce (1877–1945), un humilde y gentil humanitario quien pudo entrar en trance y darle diagnósticos médicos increíblemente detallados a personas que incluso estaban a cientos de millas.

Su fama mundial empezó en 1910 cuando *The New York Times* dedicó dos páginas a la historia acerca de su éxito como sanador clarividente. Desde aquel momento, estuvo demasiado ocupado con personas de todo el mundo que querían ser curadas y aconsejadas por parte del "profeta durmiente". Cuando murió, dejó un legado de más de catorce millones de palabras. Su trabajo se mantiene vivo a través de la *Association for Research and Enlightment* en Virginia Beach, Virginia.

Los canalizadores son capaces de apagar sus consciencias y subconsciencias temporalmente. Esto les permite canalizar información directamente de la supraconsciencia. Esta información proviene de un ser que parece tomar por algún tiempo, la consciencia del canalizador. Nadie sabe

qué o quiénes son esos seres. Ellos han sido llamados ángeles, espíritus, guías espirituales, y hasta Dios.

En el siguiente capítulo empezaremos la comunicación
con nuestros guías espirituales, utilizando una variedad de
métodos probados a través de los tiempos.

In the next chapter we will start communicating with
our spirit guides using a variety of time-tested methods.

12

Formas para Contactar Guías Espirituales

Muchos esperan ver o escuchar a sus guías espirituales, utilizando sus ojos y oídos. De hecho, esto raramente ocurre; nuestros guías se comunican con nosotros telepática y espiritualmente. En consecuencia, necesitamos desarrollar la visión espiritual con el fin de verlos claramente. El mensaje a menudo llega a través de una intuición débil y casi imperceptible. Muchas veces el mensaje de su guía aparece como un pensamiento, pero más tarde comprobará su origen. Si no está listo a recibir los mensajes de sus guías, ellos permanecerán inescuchables.

Usted necesita estar en capacidad de colocarse por fuera de su propio pensamiento y de sus sentimientos para hacer contacto con sus guías espirituales. Esto es difícil para la mayoría de la gente; aunque muchos de los mejores médiums son capaces de disociarse en cuestión de segundos. De hecho, un médium decía muy graciosamente: "Soy una mujer liberada", porque ella podía liberarse para estar abierta al mundo de los espíritus cuando lo escogiera (1).

Debido a que no es fácil alcanzar este estado de consciencia positiva, los médiums han utilizado una variedad de aparatos para ayudarse. Los más populares (y los más prácticos) siempre han sido la ouija, la escritura automática, las mesas que se ladean y el péndulo. Esos fueron los métodos favoritos de comunicación con el mundo de los espíritus en la era dorada del espiritualismo. Muchos espiritualistas, incluyendo Hélène Smith, produjeron escritos espirituales en sus sesiones, mientras estaban bajo la influencia de sus guías espirituales.

Las tablas de escritura espiritista y las Ouijas

Se cree que las tablas de escritura espiritista o "Planchettes" fueron inventadas en 1853 (2) por un espiritualista francés, llamado M. Planchette. La planchette tradicional consta de un plato triangular pequeño con la forma de un corazón, con una pequeña rueda o bola en dos de las tres esquinas. La tercer esquina del triángulo está apoyada en un lápiz. Este aparato se coloca sobre un pedazo grande de papel y una o más personas colocan sus dedos sobre él. La planchette trabaja mejor con una o dos personas trabajando al tiempo. Si muchas personas colocan sus dedos sobre ella, es probable que los resultados sean solamente confusos.

Con el tiempo la gente descubrió que podían ahorrar tiempo escribiendo las letras del alfabeto alrededor del papel y dejando que la tabla deletreara las palabras.

Este es el principio de la ouija. El nombre ouija proviene de *OUI* y *JA*, las palabras francesas y alemanas que quieren decir SI. En la práctica, el tablero tiene las palabras si y no, así como las letras del alfabeto y frecuentemente los números de cero al nueve. La planchette original utilizada con la ouija contenía tres ruedas, ya que no se requería del lápiz. Ahora, la mayoría de las planchettes están hechas de plástico y tienen un pequeño cojincillo en cada pata, en lugar de ruedas. El tablero de la ouija como lo conocemos hoy, fue inventado más o menos en 1892 por Elijah J. Bonde y William Fald, en Baltimore. Parker Brothers Inc, compró todos los derechos en 1966 y desde entonces ha vendido millones de ouijas (3).

Muchas personas piensan que la ouija es un invento moderno; Pitágoras utilizó algo similar en el año 540 a.C. El conducía sesiones espirituales en las cuales una tabla especial sobre ruedas se movía en diferentes sentidos, como lo hace una planchette sobre una ouija. Pitágoras y su pupilo Philolaus, interpretaban para su audiencia los mensajes del mundo espiritual (4).

Mi madre utilizaba frecuentemente una ouija improvisada. Ella colocaba pedazos de papel que contenían las letras del alfabeto en un círculo, y los colocaba sobre la mesa de la cocina y luego ponía un vaso boca abajo en el centro de ésta. Entonces ella dejaba que dos dedos suyos descansaran sobre el vaso, tomaba una respiración profunda y hacia la primera pregunta. Tan pronto la hacía, el vaso empezaba a moverse sobre la superficie suave de la mesa, y ella a veces tenía que repetir la pregunta porque el vaso se movía muy rápido y le impedía poder captar todas las letras indicadas.

Utilizando una planchette (Ouija)

Para usar una planchette o una ouija se necesita estar relajado. También ayuda tener una sensación de expectativa o de anticipación. Es mejor tener una o dos personas que operen la planchette, junto con otra persona que escribe las letras a medida que aparecen, debido a que la planchette puede moverse extremadamente rápido una vez comienza a trabajar. Sin embargo, también puede hacerlo totalmente solo.

Asegúrese que todos estén relajados, pero en estado de anticipación. Pregunte: "¿Hay alguien ahí?". Si la planchette indica "no" es mejor detenerse y empezar de nuevo. Naturalmente si la respuesta es "sí", usted puede continuar. Una buena pregunta enseguida sería: "¿Tienes algún mensaje para alguien?". Averigüe para quién es el mensaje y luego proceda a recibir el mensaje. Con la práctica, encontrará que la ouija puede responder preguntas casi tan rápido como se escriba.

En su libro *Moments of Knowing*, Ann Bridge cuenta una interesante historia concerniente a la ouija. Algunos amigos suyos habían alquilado una casa de campo en los páramos de Cornwall. Ellos a su turno, la realquilaron y le pidieron a un amigo que le echara un vistazo. Este hombre, Will Arnold Foster, fue a chequear la casa una noche y encontró que los ocupantes estaban sentados alrededor de una mesa, experimentando con una improvisada ouija. Ellos lo invitaron a unirse al círculo. El se negó, pero estuvo de acuerdo con quedarse y escribir los mensajes que pudieran recibirse.

Tan pronto comenzaron, el vaso anunció que había un mensaje para Ruth. Ninguno de los ocupantes conocía a ninguna Ruth, pero Will conocía a Ruth Mallory, la viuda de George Mallory, quien había muerto en las pendientes del monte Everest.

Interesándose un poco más, George les pidió que preguntaran quién enviaba el mensaje. El vaso respondió "George". Will dijo rápidamente, "¿George qué?" y el vaso dijo "George Mallory".

Repentinamente, todos estaban interesados, ya que la tragedia del Everest era reciente. Sin embargo, Will era la única persona en la sala quien sabía que la viuda de George Mallory se llamaba Ruth.

Will preguntó que cuál era el mensaje para Ruth. El vaso dijo: "Dile que debe hacer algo acerca de Frank". Esto confundió a Will, ya que él sabía los nombres de los hermanos de Mallory y de los tres hijos de éste. Ninguno se llamaba "Frank". El hizo más preguntas, pero la única respuesta fue: "El es infeliz y ella debe hacer algo por él".

Will le escribió una carta a Ruth, en la que le daba el mensaje. El se disculpó por molestar, ya que estaba seguro que el mensaje no tenía sentido.

De hecho, el mensaje era genuino y muy útil. Durante la primera guerra mundial, los Mallory habían velado por un jovencito en Viena quien se llamaba Franz. El había permanecido con ellos tres o cuatro años, y luego enviado de vuelta donde su madre. Al recibir el mensaje que provenía de la ouija, Ruth se dio cuenta que "Frank" debía significar "Franz". Ella hizo averiguaciones en Viena y descubrió que el joven estaba pasando grandes necesidades. Ruth arregló todo para que él volviera a Inglaterra y lo trajo consigo (5).

Los libros también han tenido que ver con la ouija. El ejemplo más famoso de esto es Patience Worth. En 1913, dos jovencitas de St Louis estaban llevando a cabo experimentos con una ouija. Un amigo las había introducido en ese mundo y ellas dedicaban muchas horas fascinadas con el progreso de la planchette que revelaba algunos mensajes. Sin embargo, la noche del 8 de julio, las mujeres recibieron un shock cuando el tablero escribió: "Yo viví muchas lunas atrás. Regresé nuevamente. Mi nombre es Patience Worth".

Las dos mujeres, Pearl Curran, de 21 años de edad, y su amiga Emily Hutchings, se asombraron y se miraron fijamente. La tabla de escritura espiritista comenzó a moverse de nuevo y deletreó:

"Espera, yo hablaré con ustedes. Si ustedes tienen que vivir entonces yo lo haré. Yo hago mi pan con sus corazones. Amigas, déjennos ser felices; el tiempo de trabajar ya pasó; dejen que se adormezca el tigre y observen vuestra sabiduría dentro de las llamas".

Gradualmente las dos mujeres descubrieron que Patience Worth fue un cuáquero inglés que había vivido en el Siglo XVII. Su personalidad era tan encantadora, asombrosa y con tanta fuerza, que las dos mujeres empezaron inmediatamente a registrar todo lo que Patience Worth deletreaba.

Pronto encontraron que para Pearl Curran era esencial tener su mano en la planchette. Siempre se necesitaban dos personas, pero no importaba quien fuera la segunda. La señorita Curran ha sido descrita como "Una joven mujer de temperamento nervioso, brillante, vivaz y siempre lista para hablar. Ella tiene gusto por la literatura pero no es una escritora, y nunca ha intentado escribir nada más ambicioso que una carta personal" (6). De todos modos, durante un periodo de tiempo, Patience Worth, a través de la ouija de Pearl Curran, produjo seis novelas, varías obras, y más de cuatro mil poemas. Una antología de la mejor poesía de 1917 incluyó cinco poemas de Patience Worth y sólo tres de los poetas de la época, Amy Lowell y Vachel Lindsay.

El trabajo de Patience Worth recibió excelentes comentarios. *The New York Times* describió uno de sus libros como "memorable". En otro artículo, el mismo periódico dice: "No obstante la calidad y las tragedias que se cuentan en la historia, el libro tiene mucho de extraño y de seriedad, tiene un estilo que se sale de todas las características de trabajo y de personalidad que la autora... la trama está ideada con tanta habilidad e ingenuidad que muchos novelistas envidiarían" (7).

Pearl Curran nunca entró en trance mientras utilizaba la ouija. Ella siempre estaba relajada y despejada, y hasta sosteniendo una conversación en la sala, mientras la planchette se movía en el tablero. Los movimientos no estuvieron afectados de ninguna manera por lo que estuviera pasando en el cuarto en ese momento.

Naturalmente, hubo muchas personas que dudaron que Patience Worth hubiera existido, o que era un espíritu. A Pearl no le importó, y simplemente se divertía con las personas que venían a mirar y hasta compuso un poema para relajar a la gente que insistía en probar su talento:

> *¿Un fantasma? muy bien.*
> *Se los demostré a ustedes,*
> *yo digo, contempla, aquí donde estoy*
> *borce gris, camisas pequeñas*
> *y mucho de lengua.*
> *¿Qué has probado con eso? (8)*

Después de algunos años de usar la ouija. Pearl Curran descubrió que podía simplemente leer las cartas en voz alta a medida que llegaban a su mente, mientras un amigo registraba los resultados.

Muy pocas personas han sido capaces de producir la cantidad o calidad del trabajo que realizó Pearl Curren a través de su ouija. Yo he sido privilegiado en leer algunos escritos memorables que han venido en esa forma, pero también he tenido la desventura de encontrar una gran cantidad de basura.

A Patience Worth le tomó seis meses antes de empezar a transmitir más que fragmentos. Sea paciente y no espere que las palabras de genios vengan de la ouija hasta que haya tenido un alto grado de práctica.

Escritura automática

La escritura automática es un medio de comunicación que utiliza lápiz y papel. El lápiz se mueve a través de la hoja dirigido por un poder diferente al de la mente consciente de la persona que lo sostiene. Originalmente, la escritura automática se hacía utilizando una planchette con dos ruedas y un lápiz. No obstante, los escritos producidos de esa forma, son extremadamente difíciles de descifrar, y alguien descubrió que era mucho más fácil sostener un lápiz o lapicero en la mano.

En su libro *Spirit Identity*, William Stainton Moses (1834–1892), descubrió su primera experiencia con la escritura automática:

"Mi brazo derecho estaba agarrado más o menos hasta la mitad del antebrazo y se movía violentamente hacia arriba y hacia abajo con un ruido extraño. Esa fue la más tremenda exhibición de "acción muscular inconsciente" que haya visto. Yo traté en vano de detenerme. Yo sólo sentía los apretones, suaves y firmes, rodeando mi brazo, y parecía que tuvieran voluntad. Yo fui incapaz de interferir, aunque mis manos quedaron incapacitadas por algunos días por los maltratos que recibieron" (9).

William Howitt (1792–1879), un espiritualista bien conocido, experimentó con la escritura automática después de que su hijo y su hija lo hicieron exitosamente. En enero de 1858, después de visitar a la señora Wilkinson, quien era capaz de pintar cuadros de la misma manera, él tomo lápiz y papel. Su hija describió la experiencia en su libro *Pioneers of Spiritual Reformation*:

"Mi padre no llevaba muchos minutos en estado pasivo, sosteniendo un lápiz y una hoja de papel, antes que algo parecido a un choque eléctrico corrió a través de su brazo y su mano; entonces el lápiz empezó a moverse en círculos. La influencia se hacía más fuerte cada vez, y ya no sólo se movía la mano, sino todo el brazo en forma rotatoria, hasta que éste se elevó y rápidamente (como si fuera una rueda movida por una máquina), giró irresistiblemente en el aire con un amplio radio y a gran velocidad durante diez minutos. El efecto de esta rotación fue sentido por él en todos los músculos del brazo durante algún tiempo después. Luego el brazo empezó a moverse de una manera gentil, pero clara y decidida" (10).

La mayoría de las personas descubren que lleva tiempo adaptarse a la escritura automática. Sin embargo, la persistencia nos recompensa, y una vez se ha detallado la habilidad, las palabras pueden llegar extremadamente rápido. El reverendo George Vale Owen (1869–1931) recibió palabras a una rata promedio de veinticuatro por minuto, cuatro noches en la semana y durante meses (11).

Un interesante ejemplo de escritura automática ocurrió en Inglaterra en 1908. Frederick Bligh Bond estaba a cargo de las excavaciones de las ruinas de la vieja Abadía de Glastonbury. El le pidió la ayuda al capitán John Barlett, un médium y canalizador muy conocido. John Barlett utilizó la escritura automática para iniciar contacto con el espíritu de un monje budista medieval quien fue capaz de decirle a Bond exactamente donde encontrar la capilla perdida de Edgar y los restos de un sepulcro destruído que fueron enterrados bajo las ruinas de la Abadía. La escritura resultante apareció en Latín y en Inglés medieval (12). Sus habilidades artísticas fueron expuestas al crear ocho pinturas de la Abadía de Glastonbury, cuando ésta fue completada. En la actualidad es imposible determinar si los dibujos fueron correctos, pero ellos confirman lo que se conoce sobre las ruinas. Es interesante resaltar que John Barlett utilizó su mano izquierda para hacer esos dibujos, aun cuando él escribía con la mano derecha (13).

Los médiums se mantuvieron muy ocupados durante la Primera Guerra Mundial ya que mucha gente trató de contactar a sus parientes muertos. Se publicaron un buen número de libros producidos a través de la ouija, escritura automática y mesas que se inclinan, y algunos se convirtieron en best sellers.

El ejemplo más notable es *Raymond, or Life and Death* de Sir Oliver Lodge. En 1915, cuando el hijo de Lodge, Raymond, estaba peleando en Flanders, el famoso médium Lenore Piper recibió un mensaje que contenía una cita del poeta clásico romano Horacio. Lodge pensó que esta cita presagiaba algo malo. El 15 de septiembre, Lodge y su esposo escucharon que su hijo había muerto en combate. Una semana después, un amigo de ellos, quien también había perdido a un hijo, y que había establecido una conexión con él a través de la escritura automática, recibió un mensaje para los Lodge; él está mejor y ha tenido un espléndido descanso, dícelo a su gente". La señora Lodge contactó a Gladys Osborne Leonard, otra médium muy conocida en ese tiempo , y pidió una cita con algunos amigos de él. En esta sesión la tabla envió el siguiente mensaje: "Dile a mi padre que he conocido a algunos de sus amigos, si... Myers" (15). En otra sesión, Gladys Leonard entró en Trance y trajo muchos mensajes de Raymon, los cuales describían la vida en el otro lado. Sir Oliver compiló toda esa información y la publicó en su libro.

En 1918, se publicó un libro llamado *Private Dowding*, compuesto totalmente por escritura automática. Este libro se convirtió en bestseller y les dio alivio a todos los que tenían parientes perdidos en la primera guerra mundial. El libro contaba la historia de un joven maestro de escuela, Thomas Dowding quien fue asesinado en Francia. Las palabras de Dowding fueron transcritos por el médium inglés W.T Poole (16).

Experimentando con la escritura automática

Al igual que con la ouija, es esencial estar relajado cuando desee experimentar con la escritura automática. Siéntese en un lugar cómodo creando un ángulo de noventa grados entre el codo y el brazo con el que usted escribe. La mano que sostenga el lápiz o lapicero deberá descansar confortablemente sobre el papel. (Vale la pena mencionar que algunas personas tienen mejores resultados utilizando la mano con la que no escriben normalmente, yo utilizo mi mano normal y no tengo éxito con la otra, pero algunas personas lo hacen. Usted puede tratar de utilizar la mano contraria para ver que pasa).

Permanezca relajado y simplemente espere a ver qué sucede. Muchas personas prefieren tener sus ojos cerrados, y entran en un estado meditativo.

Después de un momento, la mano que sostiene el lápiz empezará a moverse. Resista la tentación de mirar que está pasando y hasta de mostrar algún interés. La escritura automática es algo subconsciente, y cualquier interés consciente destruirá la espontaneidad y el flujo de los escritos.

Se puede correr con fortuna y descubrir que se empieza a escribir palabras y frases desde el comienzo. La mayoría de las personas inician dibujando círculos y elipses. En realidad no interesa lo que su mano dibuja o escribe. Desde que cree algo, esto se puede considerar como un buen comienzo. Sin embargo, algunas ocasiones encontrará que no se produce nada, aun después de que ha estado haciéndolo de una manera continua durante varios meses. No se preocupe por eso. Simplemente quiere decir que no hay nada disponible para captar en ese momento. Lo único que debe hacer es dejar las cosas ahí, e intentar en otra ocasión.

Practique regularmente y estará sorprendido de lo que producen. Descubrirá que esto es "automático" y que su mano es dirigida por una fuerza externa que trabaja mejor cuando su mente consciente está fuera del camino. También se encontrará que puede escribir de esta manera por horas sin sentirse físicamente cansado.

Los escritos que se producen pueden ser cualquier cosa. Pueden crearse poemas, novelas, respuestas a preguntas que lo están inquietando, o discernimientos espirituales. No evalúe nada mientras se está produciendo, simplemente regístrelo. Puede tener tiempo para evaluar y cuestionar, pero después.

Algunas personas son capaces de crear escritos automáticamente mientras haces otras cosas, tales como leer o ver televisión. Todo lo que necesita hacer es tener su lápiz y papel en posición mientras está concentrando en otra actividad.

Alfred Lord Tennyson, William Butler Yeats y Gertrude Stein son sólo unos pocos de los muchos autores que han utilizado la escritura automática para expandir su creatividad. De hecho, algunas personas, sin creatividad aparente, han producido trabajos memorables a través de la escritura automática. El filósofo C. H. Brond escribió en su prefacio a un libro creado por escritura automática: "Hay sin lugar a dudas alguna evidencia independiente de la existencia en algunas personas de creatividad sin límites y con poderes de dramatización, los cuales se revelan solamente cuando sus poseedores están en un estado disociado" (17).

Ruth Montgomery escribió una serie de libros basados en información transmitida a ella por sus guías espirituales. Después de meditar por un momento, se sentaba a la máquina de escribir con sus ojos cerrados, y por quince minutos sus guías utilizaban sus dedos para escribir lo que ellos querían suministrar (18).

Utilizando la escritura automática se han creado dibujos, pinturas y hasta música. Rosemary Brown, una viuda londinense que está en contacto con los espíritus de Bach, Beethoven, Brahms, Chopin, Debussy, Liszt, Strauinsky y otros, ha producido muchas composiciones en sus estilos, utilizando escritura automática. Algunas veces, ella es guiada por esos compositores frente a su piano, mientras otras veces, ellos se expresan en escritura automática.

Pocas personas han sido capaces de utilizar la escritura automática como una ayuda general en su vida diaria. El más conocido de estos fue W.T Stend (1849–1912), un periodista y defensor de los derechos humanos. El encontró que podía sentarse y dejar que su mano escribiera cartas para él. Stead decía que su escritura automática nunca lo dejaba desfallecer.

Una vez, Stead estaba alistándose para encontrarse con una amiga, quien le había dicho que el tren arribaría "a eso de las tres". Antes de salir para la estación, le pidió mentalmente a su amiga que tomara control de su mano y le diera una hora más exacta para el arribo del tren. El escrito automático que obtuvo decía que el tren llegaría faltando diez para las tres.

Stend fue a la estación y encontró que el tren se había retrasado. El tomó lápiz y papel y le preguntó a su amiga: "¿Por qué te estás retardando?".

Su mano escribió: "Estuvimos detenidos en Middlesborough por mucho tiempo; yo no se porqué".

Cuando el tren arribó unos minutos más tarde, él le preguntó a su amiga porqué había llegado tarde. "No lo sé", respondió ella. "El tren se detuvo mucho tiempo en Middlesborough, y parecía que nunca volvería a arrancar" (19).

Usted puede encontrarse con que la escritura automática se hace más y más útil a medida que el tiempo pasa. Recibirá respuesta a las preguntas y problemas que le están molestando. Recibirá discernimientos que mejorarán su consciencia espiritual, y será capaz de ayudar a otros utilizando sus habilidades en escritura automática para responder sus preguntas.

$\mathcal{M}$esas que se ladean

Las mesas que se ladean se convirtieron en un fenómeno en Francia a mediados del Siglo XIX. Era muy divertido tener una cena y después dejar que los huéspedes vieran si podían hacer que las mesas emitieran mensajes a través de golpecitos. Un golpe quería decir "Sí", dos golpes significaban "no" y tres golpes "tal vez". A través de un laborioso proceso de deletreo de palabras, se podían recibir mensajes completos.

Un destacado doctor frances, Hippolyte Rivail (1804–1869), se sintió molesto con la popularidad de las mesas que se ladean, particularmente después de que los espíritus comenzaron a dar consejos médicos. El organizó un grupo de personas para visitar los diferentes salones donde se llevaban a cabo estas experiencias y hacía una serie de preguntas específicas. Después, el grupo se reunía para comparar las respuestas. Rivail se quedó asombrado al encontrar que las respuestas, aunque expresadas de diferentes maneras, fueron todas iguales. El esperaba que todas fueran diferentes.

Todo eso convenció al doctor Rivail, quien continuó experimentando y recibió un mensaje de los espíritus quienes le dijeron que se llamara a sí mismo Allan Kardec. Aparentemente, él había sido Allan Kardec en encarnaciones anteriores. Bajo el nombre de Allan Kardec, él publicó muchos libros, incluyendo *The Spirits Book* (1856), *The Medium´s Book* (1861) y *The Gospel as Explained by Spirits* (1864). Sus libros fueron sensación en Europa, y algunos de ellos todavía se publican. El derivó la palabra *espiritismo* la cual se convirtió en la versión europea de *espiritualismo*.

Practicando con las mesas que se ladean

Para eso, usted puede usar cualquier mesa. Sin embargo, es mejor empezar con una liviana, preferiblemente circular y con tres patas. Esto le dará un buen comienzo. Una vez ha tenido éxito en ladear una mesa pequeña, puede progresar e intentar con una más grande y pesada si lo desea.

Escoja a alguien para que se comunique con la mesa. Es muy difícil obtener resultados satisfactorios si todos preguntan al mismo tiempo.

Retire todas las alfombras del piso. Aunque se pueden ladear mesas en cualquier superficie, es más fácil hacerlo en un linóleo o en un piso de madera descubierto. También puede querer colocar todos los otros muebles alrededor de la pared, ya que una vez que la mesa empieza a moverse puede ser difícil de controlar.

Necesitará por lo menos tres personas para llevar a cabo el experimento. Haga que todos se sienten alrededor de la mesa y que coloquen ligeramente las yemas de sus dedos sobre la superficie superior de ésta, con las yemas de los pulgares tocándose. Los meñiques deberán tocar los meñiques de las personas de al lado. Esto crea un anillo de energía que encierra a la mesa.

Haga que alguien apague la luz. En la pausa que sigue, usted, o quien haya sido escogido para comunicarse con la mesa, puede querer decir una oración en voz alta, recitar un poema, o hacer que todos canten una canción apropiada. Después de esto, la persona que va hablar puede preguntar: "¿Hay alguien ahí?".

Con suerte, esto es todo lo que se requerirá para que se inicie el ladeo de la mesa. Si no pasa nada, espere uno o dos minutos y lance de nuevo la pregunta. Yo nunca he tenido que esperar más de diez minutos para que la mesa empiece a moverse. Usualmente, eso ocurre más o menos en un minuto. Lo más importante es tener paciencia. Aunque el experimento es serio, debería hacerse con ánimo de divertirse.

Una vez la mesa se empiece a mover, la persona que habla puede realizar varias preguntas. Es mejor comenzar por preguntar si el espíritu es bueno. Naturalmente, no hay forma de saber la clase de espíritu que llegará. Si hace que llegue un espíritu de bajo grado o espíritu malo, es mejor detenerse, en lugar de correr el riesgo de dañar los muebles con una mesa violenta u ofender a sus invitados con la información que pueda llegar.

Pregúntele al espíritu si tiene algún mensaje para alguien que esté en el salón. Si la respuesta es positiva, puede averiguar para quien es, haciendo preguntas más detalladas.

Puede preguntarle al espíritu quién es. Usualmente, será un pariente de alguno de los asistentes, pero fácilmente podría ser que nadie lo conozca.

Las respuestas detalladas se pueden hallar de dos maneras: Puede pedirle a la mesa que deletree las palabras dando el número correcto de golpes para indicar la letra. Por ejemplo, un golpe significaría "A", dos golpes "B", tres golpes "C", etc. No obstante, debido al ruido creado por el movimiento de la mesa, no siempre es fácil determinar la letra correcta. Después de recibir una letra, el interlocutor necesita confirmarla, repitiendo la última letra. Todo el proceso se hace mucho más simple si el interlocutor simplemente nombra cada letra del alfabeto a medida que la mesa lo indica. Si por ejemplo, la letra es "F", el interlocutor diría: "A; B; C; D; E; F... F".

La otra forma es simplemente imaginar las letras. "¿es una P?", dos golpes. "¿Es una Q?", dos golpes. "Es una R?", un golpe, que quiere decir que sí. Algunas veces descubrirá que termina con una palabra que no tiene sentido. Esto podría significar que el espíritu está cansado o que simplemente se está divirtiendo con usted. Pregúntele si quiere continuar. Si ya ha sido suficiente, no vale la pena proseguir, ya que recibirá respuestas sin sentido

Ocasionalmente hay instantes en que la mesa se mueve, aún cuando no se note que lo hace. El famoso Florence Cook, llamado "Uno de los médiums más distinguidos que hallan existido" por Sir Arthur Conan Doyle, hacía que las mesas se movieran donde quiera que iba. Gambier Bolton, en su libro *Psychic Force* escribió: "Durante una cena con la señora Elgie Corner (Florence Cook)... esa pesada mesa del comedor primero comenzó a vibrar haciendo que los vasos se agitaran así como los platos, cuchillos, tenedores y cucharas, y luego comenzó a oscilar de lado a lado, y todo el tiempo se escuchaban golpes en la mesa y en muchas partes diferentes del salón. Ir a comer con ella en un sitio público es cosa seria" (20).

Las mesas que se inclinan son algo muy divertido, y es una manera excelente de introducir a las personas en el concepto de los espíritus. Yo he encontrado que con tal que una persona alrededor de la mesa crea, no interesa si las otras son escépticas o están en oposición. Sin embargo, si todos en la mesa son escépticos, ésta no se moverá.

El péndulo

Los péndulos (21) han sido utilizados por miles de años (por lo menos desde los tiempos Romanos, cuando eran utilizados para predecir los resultados de las batallas) (22).

Un péndulo es un objeto sólido pequeño suspendido en una cuerda o cadena. Muchas personas usan sus anillos de boda, suspendidos en una cuerda de algodón. Mucha gente me ha dicho que para el trabajo psíquico, se necesita que la cuerda sea de seda. Debido a que me han preguntado eso muchas veces, yo hice una serie de experimentos y encontré que no importa el material que se use.

La cuerda se sostiene entre el pulgar y el índice. Si usted es distro, utilice la mano derecha y si es zurdo, la mano izquierda. Si va a hacer varias preguntas, es conveniente que deje descansar el codo sobre una mesa.

Comience por sostener el peso para que el péndulo deje de oscilar. Pregúntele cual movimiento quiere decir "sí". Suelte el péndulo y observe lo que hace. El se moverá en una de estas cuatro formas: puede ir de lado a lado o acercarse y alejarse de usted. También puede moverse de manera circular, ya sea a favor o en contra de las manecillas del reloj.

Una vez que tiene el movimiento que significa "sí", puede indicarle la dirección que indica "no". Todavía quedan dos direcciones: una para "no sé" y la otra para "no quiero responder".

Para un trabajo psíquico inicie por preguntar si hay alguien ahí. Si la respuesta es positiva, puede empezar a hacer preguntas de la misma manera que en los otros métodos. Yo prefiero hacer las preguntas en voz alta, ya que eso me obliga a construir mi solicitud en forma de pregunta. Si usted piensa la pregunta en lugar de decirla, asegúrese que su mente está enfocada claramente en un cuestionamiento específico y que puede mantener ese pensamiento hasta que el péndulo haya dado la respuesta.

Cuando finalice, agradézcale al péndulo por su ayuda y guárdelo cuidadosamente. Puede obtener mejores resultados si lo trata con respeto.

Hace pocos años yo fui testigo de un ejemplo interesante. Algunos amigos escépticos me pidieron que les demostrara como funcionaba mi péndulo. Este trabajó bien mientras ellos hicieron preguntas sensibles, pero se rehusó absolutamente a moverse tan pronto cuando comenzaron a hacer preguntas frívolas. Yo le agradecí por su ayuda y lo guardé.

La principal desventaja del péndulo es que si usted está involucrado emocionalmente con el resultado, este dará las respuestas que usted quiere. En esos casos, tendrá mejores consecuencias si le pide a alguien que no esté involucrado sentimentalmente, que sostenga el péndulo y haga las preguntas. Yo encuentro que es mejor salir del cuarto, e incluso de la casa, para evitar influenciar subconscientemente el movimiento del péndulo mientras la otra persona está haciendo las preguntas.

Otros métodos de comunicación

Usted puede sentir respuestas de sus guías espirituales de muchas formas. La telepatía es otra forma común de recibir mensajes. En un momento puede ser que usted no tenga idea de cómo resolver un problema, y unos segundos después, la respuesta simplemente aparece en su mente. La solución debió ser el resultado de una comunicación telepática de un guía espiritual hacia usted, ya que la respuesta no estaba allí anteriormente.

Yo he recibido mensajes frecuentemente de amigos y extraños que han sido dispuestos por mis guías. Yo estoy seguro que usted ha tenido la experiencia de decirle a un completo extraño, más de lo que le diría a alguien que conoce bien. De algún modo, a menudo parece ser más fácil desahogarse con un extraño. Algunas veces, el extraño le responderá con algo bueno, como un consejo que proporcione respuestas a las preguntas que lo han venido inquietando. En estas instancias, nuestros guías han estado trabajando a través de otras personas para ayudarnos.

Yo estaba a 12.000 millas de mi casa cuando escuché que mi padre había muerto. Me gasté las siguientes horas divagando alrededor de un real aturdimiento. Más tarde, estando en la calle, una mujer vino hacia mí y me habló amable y gentilmente. No hay duda que ella pudo darse cuenta que algo me había ocurrido, debido a la expresión de mi cara, pero yo creo que fue un guía espiritual el que la animó a cruzar la calle y hablarme.

Hace algunos años yo estaba investigando un libro y trataba de encontrar un experto sobre un tema en particular. Encendí la televisión y en un programa estaban entrevistando a alguien que discutía sobre el tema sobre el cual estaba tratando de aprender. Yo nunca veo la televisión en la tarde, pero ese día algo me impulsó a hacerlo; obviamente debió haber sido el resultado de un guía espiritual que me encaminó por la dirección correcta.

No hace mucho tiempo, estaba tratando de encontrar la fuente de una cita en particular. Yo consultaba un libro en la biblioteca cuando accidentalmente hice caer otro libro de los estantes. Sorprendentemente el libro quedó abierto en la página que contenía la cita que yo buscaba. De nuevo, debieron haber sido mis guías espirituales ayudándome. Una vez que empiece a buscar ejemplos como estos, descubrirá que muchas coincidencias aparentes, son el resultado de la ayuda silenciosa y efectiva de sus guías espirituales.

La comunicación puede darse de maneras sorprendentes, pero debemos estar preparados para escuchar. Jane, una amiga mía, estaba destrozada cuando su novio desapareció sin decir adiós. Ella estaba convencida que él regresaría con una buena explicación y que todo volvería a ser como antes. Cuando ella estaba discutiendo esto con un grupo de amigos, el hijo de uno de ellos, quien tenía cuatro años de edad, paró de jugar un momento y dijo: "El no volverá". Las palabras las dijo con absoluta convicción e inmediatamente regresó a su juego. Jane me dijo: "Si no hubiera sido por la forma en que me habló, yo lo habría ignorado. Después de todo, ¡era sólo un niño!".

Pero el niño tenía la razón. El novio de Jane había estado involucrado en muchos problemas y se marchó de la ciudad. Ella nunca lo vio ni tampoco escuchó nada de él. Obviamente, el guía espiritual de Jane estaba hablando con ella a través del niño.

La comunicación se puede dar de dos maneras: Directamente con nuestros guías espirituales o por medio de intermediarios. Si por ejemplo siente que algún amigo necesita ayuda o motivación, puede pedirle a su guía espiritual que haga que alguien más le diga a su amigo las palabras convenientes.

Yo hice esto con unos amigos que estaban teniendo tiempos difíciles en su matrimonio. Aunque ellos se amaban de verdad, casi habían acabado con la comunicación y parecía que no se conocieran. Yo sabía que Madeleine deseaba desesperadamente que Jeff le dijera cuánto la quería. Jeff la adoraba, pero simplemente encontraba imposible decir: "te amo". Le pedí a mi guía para que le ayudara a Jeff a decir esas dos palabras mágicas que tenían el poder de salvar su relación. Yo estaba profundamente convencido que era demasiado tarde para salvar la situación, pero una noche Jeff llegó a su casa con un ramo de flores y una botella de vino y le dijo a Madeleine cuánto la amaba. Veinte años más tarde, ellos todavía están juntos, y estoy seguro que ellos se mantendrán enamorados para siempre.

También nos comunicamos con nuestros guías espirituales cuando estamos dormidos. La mayoría del tiempo hacemos esto sin darnos cuenta, pero es posible utilizar este valioso tiempo para recibir las respuestas que necesitamos.

Cuando esté en la cama listo para dormirse, piense en las diferentes preguntas que quiere que sus guías respondan. No interesa cuántas inquietudes pueda tener, lo que debe hacer es formularlas cada una en una pregunta específica. Puede estar preocupado acerca de algo que esté pasando en el trabajo. Para obtener una respuesta específica y detallada a partir de su guía, necesita hacer una frase en forma de pregunta. Algo como esto resultará bien: "¿La situación en el trabajo mejorará?" o "¿La tensión en el trabajo disminuirá en los próximos días?".

Una vez que ha hecho la pregunta, relájese y duérmase confiado de que su pregunta será contestada. Usualmente, la respuesta llegará a usted tan pronto como se despierte. Sin embargo, también puede ocurrir durante el día. No se preocupe si se demora más que eso. Esto simplemente quiere decir que se ha tomado tiempo para responder. Haga la pregunta otra vez la noche siguiente antes de ir a dormir y continúe haciendo esto hasta que reciba contestación. Es importante que mantenga la calma y la confianza que recibirá respuesta.

Una dama que yo conozco, y que ha sido médium durante unos sesenta años, me dijo que ella se comunica con sus guías a través de su propia alma. Ella me explicó: "Yo puedo sentir que la información brota dentro de mi, antes de llegar a mi mente consciente. Mis guías no se comunican en la forma en que nosotros lo hacemos. Ellos se expresan telepáticamente. Algunas veces un mensaje aparece simplemente en mi mente, pero más a menudo, este entra a mi alma antes de alcanzar mi mente".

Finalmente, otra manera extremadamente efectiva de hacer contacto con sus guías espirituales es a través del silencio. Esto es similar a la meditación, pero en esta instancia usted está tratando de aquietar su mente completamente para permitir que cualquier mensaje de sus guías fluya dentro de su consciencia. En la meditación, usualmente estamos enfocados en una frase o mantra específico. Este método es difícil al principio porque no estamos acostumbrados a silenciar completamente nuestras mentes. Una manera excelente de practicar esta técnica es inmediatamente después de una relajación progresiva, cuando se está completamente relajado físicamente. Dígale a su mente que se silencie y luego espere a ver qué pasa.

Las primeras veces que lo intente, es probable que comience a pensar en toda clase de cosas en cuestión de segundos. Sin embargo, con la práctica, será capaz de alargar gradualmente el período de quietud hasta que pueda durar tres o cuatro minutos sin tener ni un pensamiento consciente. Sus guías podrán comunicarse con usted muy fácilmente, una vez que haya alcanzado ese estado.

Puede descubrir que se puede comunicar con sus guías de una manera que no se ha mencionado aquí, porque existen muchas formas de hacer contacto. Mi amiga que colecciona hojas de otoño, es la única persona que conozco que hace contacto de ese modo. No obstante, para ella es perfectamente natural, y ella recibe la ayuda y el apoyo que necesita, utilizando ese método. A mi amiga nunca se le ha ocurrido utilizar la ouija o un péndulo para realizar contacto, ya que descubrió que el método que ella descubrió trabaja muy bien. Podría encontrar que un camino es perfecto para usted, o preferir utilizar cualquier método que funcione bien en ese momento. Solamente experimente hasta que halle el procedimiento más confortable para usted.

¿Es esto mi imaginación?

Mucha gente duda de que esta información llegue por medio de sus guías espirituales, pensando que "es sólo su imaginación". El mundo como lo conocemos hoy no existiría si las personas no hubieran utilizado su imaginación, pensando en algo y luego hacer que eso pasara. Thomas Edison se imaginó la bombilla y el fonógrafo antes de hacerlo real. De hecho, con la bombilla el tuvo más de 700 fracasos antes de tener éxito. Esto dice mucho acerca de su determinación y persistencia, pero la clave de todo fue su imaginación. y ¡qué tan a menudo decimos "es solo nuestra imaginación!"

Usted puede viajar adonde quiera en el universo a través de la imaginación, puede adelantarse y regresar en el tiempo. Su imaginación crea su realidad. En otras palabras, ésta crea su mundo. Mucha de la información que recibe de sus guías, puede venir a través de su imaginación, pero esto no la hace menos real. Manténgase abierto a lo que ella le dice, ya que esta es un invaluable medio de comunicarse con sus guías espirituales.

Los métodos tradicionales de hacer contacto con nuestros guías espirituales son todos útiles hoy. Michael, el famoso canal que es el protagonista de *Messages from Michael* y de *More Messages from Michael* (23) originalmente vino a través de la ouija, aunque también lo hizo de otras maneras, incluyendo escritura automática. Jane Roberts originalmente encontró a "Seth" por medio de la ouija.

Aunque todos son muy divertidos de utilizar, estos métodos no son juegos de salón. Aproxímese a ellos de una manera prudente pero seria, y le servirán infinitamente.

13

ENCUENTRE SUS GUÍAS ESPIRITUALES A TRAVÉS DE LA INTUICIÓN

En mis clases de desarrollo psíquico descubrí que muchos son capaces de contactar sus guías espirituales utilizando solo la intuición. En otras palabras, podían sentir o ver a sus guías espirituales y no necesitaban utilizar los métodos tradicionales de escritura automática, mesas que se inclinaban, ouija o péndulo.

Una amiga mía quien realiza la psicometría con hojas de otoño es un ejemplo de alguien que utiliza su intuición para comunicarse con sus guías espirituales. Aquellos que utilizan la intuición para contactar a sus guías espirituales, los siente o los ve.

Sintiendo a sus Guías

Mientras esté aprendiendo a sentir sus guías, necesitará encontrar un lugar confortable donde no sea molestado. Yo tengo un sitio placentero fuera de casa, el cual utilizo en verano. Naturalmente, yo prefiero hacer esto en mi casa cuanto hace frío. Si usted lo hace adentro, desconecte temporalmente el teléfono y pídale a los miembros de su casa que no lo interrumpan. Puede elegir decirle a su familia que va a meditar, en lugar de explicarles que va a contactar a sus guías. De todas maneras, ambas razones son correctas, ya que utilizamos una forma de meditación para sentir a nuestros guías espirituales.

Siéntese o recuéstese confortablemente. Si quiere se puede cubrir con una sábana, porque algunas personas pierden algunos grados de temperatura de su cuerpo mientras están meditando.

Cierre los ojos y diríjase a una relajación progresiva. No importa cómo lo hace, mientras quede totalmente relajado. Un método que particularmente disfruto, es tomar unas pocas respiraciones profundas y luego imaginarme parado en un risco y observando la playa y el océano. Hay diez pasos para bajar a la playa, y yo duplico mi relajación con cada respiración que tomo. En consecuencia, en el momento que llego a la playa y me acuesto en la arena, ya estoy totalmente relajado.

Usualmente, en este punto, me gasto unos pocos minutos tratando de eliminar cualquier cosa negativa que haya construído en mi cuerpo desde que hice el ejercicio por última vez. Todos nosotros tenemos pensamientos, y estos pueden afectar seriamente nuestro progreso en la vida. Por ejemplo, hace unos años le sugerí a alguien que tenía pensamientos extremadamente negativos, que se imaginara el dinero pasando por su vida cada vez que contactara a sus guías. Durante un período de tiempo, el fue capaz de dejar salir su negatividad y ahora está creciendo económicamente.

No siempre tengo tiempo de hacer esta parte del ejercicio, pero trato de gastarme por lo menos unos pocos minutos en eliminar cualquier obstáculo y obstrucción que puede existir en mi espalda.

Después de esto, descanso unos instantes, disfrutando los momentos previos al contacto con mis guías espirituales. Me permito sentir el calor de la arena en mis brazos y piernas; siento la suave brisa que roza mi cuerpo; escucho las gaviotas y el sonido de las olas chocando con las rocas; huelo el aire salado y limpio. En efecto, siento que estoy en la playa y experimento las sensaciones como si realmente estuviera allí. Cuando ese cuadro está tan claro en mi mente, que me daría un shock si abriera mis ojos y descubriera que no es así, es porque estoy listo para contactar mis guías espirituales. Este es un estado de relajación consciente, porque estoy totalmente relajado físicamente, pero al mismo tiempo estoy consciente y sensible mentalmente.

Después de unos cuantos minutos usualmente experimento una sensación de hormigueo en mi espalda. Esta crece por la columna y llega a la nuca, lo que me indica que mi guía está presente.

Usted puede sentir algo completamente diferente. Es posible que tenga una sensación repentina de saber que él o ella está presente, o tal vez experimente una sensación de hormigueo en los dedos de los pies o de las manos. También puede ser una sensación repentina de calor y seguridad, similar a aquel sentimiento maravillosos de ser arropado en la cama por su madre cuando era muy pequeño. El sentimiento puede ser un suave roce en el hombro o en otra parte del cuerpo.

No importa que sentimientos o emociones experimente, porque inesperadamente estará consciente de que su guía espiritual está allí con usted, y será la sensación más maravillosa del mundo.

Es posible que sienta eso la primera vez que realice el ejercicio. En mis clases, un treinta y cinco por ciento de los estudiantes alcanzan esto en el primer intento. Los otros tienen que practicar este ejercicio varias veces antes que llegue su guía espiritual.

No hay ninguna diferencia en que su guía aparezca en el primer intento o en el número cien; porque una vez que llegan, usted estará en capacidad de contactarlo cuando lo desee, por lo tanto vale la pena esperar el tiempo que sea necesario.

Pueden haber algunas razones por las que los guías no aparecen en el primer intento. Usted puede estar cansado, estresado, o muy ansioso; o es posible que se sienta escéptico acerca de todo; o piensa que debería estar ocupado haciendo algo más, en lugar de relajarse y estar quieto. Los resultados pueden verse afectados por los ruidos extremos como la televisión encendida en el cuarto de al lado.

No se reproche si sus guías no aparecen inmediatamente. Tenga paciencia, simplemente trate una y otra vez hasta que tenga éxito. Descubrirá que las recompensas justificarán cualquier tiempo dedicado a realizar este ejercicio.

Viendo a los Guías

Por lo general es más fácil ver a los guías espirituales de otras personas que a los suyos. Puede ser desconcertante la primera vez que vea el guía de alguien. Pueden aparecer como una bola de color, un sonido o un olor; o también como una forma perfecta de ser humano, tal ves vistiendo ropa inusual o anticuada. A menudo los guías aparecen como figuras identificables como americanos nativos, sabios chinos, maestros ascendidos, o como un líder espiritual.

Siempre tomo esto como un complemento para ver el guía espiritual. Esto quiere decir que el guía de la persona tiene suficiente confianza en mí como para dejar que yo lo vea. En consecuencia, usted siempre debe tratar a los guías de otro con amor, cuidado y respeto, porque es exactamente la forma como ellos lo tratarán.

Puede descubrir que su guía espiritual se hace visible sin que usted lo pida. Esto es probablemente porque su guía quiere eliminar cualquier duda que tenga en la mente. El o ella querrá fortalecer su confianza u ofrecerle un apoyo especial cuando sea necesario.

Recuerde ser agradecido cuando su guía aparece de esa forma. Es probable que quede sorprendido y en consecuencia se le olvide decir "Gracias". Sus guías espirituales lo perdonarán si esto ocurre, pero de todas maneras es un buen hábito dar las gracias regularmente a sus guías por cualquier ayuda que le ofrezcan. A todos nos gusta que nos den las gracias por las cosas que hemos hecho, y sus guías espirituales no son la excepción.

Para ver a nuestros guías espirituales necesitamos desarrollar la habilidad de observar con nuestros ojos internos. La manera más fácil es utilizar un espejo.

Compre un espejo de buena calidad; el tamaño no es importante, pero encuentro que uno de 60 cms. de alto por 30 cms. de ancho resulta bien para mí. Cuélguelo en la pared, en un lugar donde pueda mirar directamente hacia el centro cuando esté sentado cómodamente en una silla.

Ahora necesita un pequeño círculo de aproximadamente media pulgada de diámetro. A mí me funciona bien un pequeño sello; péguelo justo encima del centro del espejo. En otras palabras, usted necesitará mirar ligeramente para ver un círculo sobre el espejo.

Finalmente, necesita una vela blanca larga. Enciéndala y colóquela al nivel de la parte inferior del espejo a su lado izquierdo. Apague las otras luces del cuarto y siéntese. Usted debería poder ver la vela y su reflejo en el espejo.

Relájese y mire el sello que ha puesto en el espejo. Permanezca tan relajado como quiera, pero mantenga fija la mirada en el círculo. Después de un momento, sus ojos se sentirán cansados. Ignore esto, ya que simplemente es una etapa en el proceso.

Comenzará a ver cosas en el espejo. No distraíga su mirada. Manténgala en el círculo. Repentinamente, el sello desaparecerá y usted observará claramente varias cosas en el espejo.

Es posible que vea o no a sus guías espirituales. Algunas veces recibirá de ellos un mensaje claro en forma de palabras que aparecen en el espejo. Algunas veces verá una escena como si realmente estuviera sucediendo frente a usted. Y, otras veces, verá a sus guías espirituales.

El peligro es que usted estará tan exaltado al verlos, que puede cambiar la mirada y las visiones desaparecerán del espejo instantáneamente. Si esto ocurre, y es probable que las primeras veces sea así, no trate de repetir el ejercicio enseguida. Es mejor esperar a la noche siguiente cuando esté descansado y listo para hacerlo otra vez.

No se reproche cuando empiece a cambiar de dirección su mirada y se pierda el cuadro, ya que hasta a la gente experimentada le sucede. Es natural alcanzar la excitación de la experiencia y olvidar la importancia de permanecer claramente concentrado en el círculo.

Encontrará que su espejo es una forma extremadamente práctica y útil para ver a los guías espirituales. También descubrirá que es más importante para la clarividencia y precognición. De hecho, si se usa de esta manera, el espejo actúa como una bola de cristal. La predicción del futuro con una bola de cristal se conoce como scrying, y se puede hacer de muchas maneras. Yo he visto hacer esto con una gota de tinta India, una uña del pulgar, un vaso de agua y con un espejo.

¿Recuerda la historia de Blanca Nieves? Ahora sabe la relevancia de las palabras "espejito, espejito". Los espejos han sido considerados como objetos mágicos por miles de años.

Mírese en el espejo; manténgalo limpio y libre de polvo. No lo use para cosas mundanas como peinarse. Consérvelo para sus propósitos especiales y mágicos y eso funcionará muy bien.

Haciendo contacto directo con los Guías

Todos los métodos anteriores han ayudado a la gente a entrar en contacto con los guías espirituales. Frecuentemente utilizo el péndulo o la escritura automática, por lo tanto sé por mi propia experiencia, lo valiosas y útiles que son estas técnicas espiritualistas.

No obstante, habrá ocasiones en que quiera tener contacto directo con sus guías, sin necesitar la ouija, el péndulo, la mesa, o lápiz y papel. Afortunadamente, puede lograr esto fácilmente.

Simplemente cierre los ojos y tome tres respiraciones profundas, manteniendo cada respiración por unos segundos antes de exhalar. Lentamente relájese tanto como pueda. Esto puede que no siempre sea fácil. Por ejemplo, si está sentado en su escritorio en el trabajo, puede ser difícil cerrar los ojos por unos segundos y quedar totalmente relajado. Con la práctica será capaz de hacer este ejercicio en cuestión de segundos donde quiera que esté.

Por lo menos inicialmente, no practique esto en el trabajo. Se dará cuenta que es más fácil y más exitoso experimentar por la noche en la cama, o tal vez sentado en una silla confortable.

Después de las respiraciones profundas, olvídese de la respiración. Las respiraciones profundas habrán servido para colocar oxígeno en el cerebro y relajarse parcialmente. Continuará respirando estable y profundamente, pero no es necesario que esté consciente de eso.

Sintonícese con su ser interior. Tenga pensamientos placenteros y permanezca tan inmóvil como sea posible. Tome consciencia de cualquier pensamiento o sentimiento que llegue a usted. Es importante tener sólo pensamientos placenteros, porque sus sentimientos rendirán respuesta del mundo espiritual. Debido a que quiere atraer la riqueza, el amor, y la felicidad, más que la pobreza, el odio y la miseria, es importante pensar de una manera positiva. No trate de analizar los pensamientos a medida que llegan a su mente.

Simplemente dése cuenta y permanezca silencioso y calmado. Estos pensamientos pueden venir o no, de sus guías espirituales.

Afortunadamente, una vez esté sintonizado con su ser interior, es simplemente cuestión de llamar a los guías. Dígase a usted mismo algo como esto: "Estoy listo y esperando; por favor ayúdeme. Estoy listo para recibirlo". Si tiene un problema específico sobre el cual está preocupado, puede pedir ayuda para resolverlo. Usualmente, yo no tengo en mente un problema en particular, sino que simplemente quiero hacer contacto para obtener apoyo y motivación.

Una vez que ha llamado a sus guías, manténgase inmóvil y callado y mire lo que pasa. Puede sentir un calor a su alrededor. La respuesta puede ser un suave roce en cualquier parte del cuerpo. También puede tener una sensación de bienestar y seguridad. Una persona que yo conozco siente un tirón en su meñique. Preste atención a todo lo que pase. Muchas veces yo sentí que había fallado en hacer el contacto, y más tarde me daba cuenta que había recibido una respuesta pero que no estuve consciente de ello.

Puede ser que tenga que hacer esto muchas veces antes de que reciba una respuesta de sus guías. Por otro lado, también puede suceder la primera vez que lo intente.

Un amigo estaba a punto de divorciarse cuando le sugerí que tratara de hacer un contacto. Para su asombro, él recibió una respuesta inmediatamente en forma de pensamientos que arribaron a su mente consciente. Estos lo hicieron darse cuenta de las razones por las cuales estaba funcionando mal su matrimonio, y de lo que él debería hacer para reconciliarse con su esposa. Yo no me esperaba que él experimentara un primer encuentro tan dramático con sus guías espirituales, pero fue tan grandioso, ya que le permitió reparar su matrimonio.

A algunas personas les gusta repetir ciertas palabras cuando están haciendo contacto con sus guías de esta manera. Yo encuentro esto como algo que distrae, pero lo menciono porque sé que mucha gente lo encuentra útil. Ellos disfrutan la repetición y descubren que esto les ayuda a relajarse y a estar más sintonizados con sus guías espirituales.

Muchas personas sienten pánico la primera vez que contactan a sus guías utilizando este método. Esto no es necesario, porque usted está perfectamente seguro y puede abrir los ojos cuando lo desee. Por supuesto, es natural sentir nervios o temor, pero no permita que estos sentimientos arruinen el contacto espiritual.

Tan pronto como sienta cualquier clase de contacto, diga mentalmente "Gracias". Sus guías recibirán este mensaje y sabrán que usted está listo para encontrarse con ellos.

Este es el momento justo para hacer cualquier pregunta que pueda tener, simplemente piénselas. Puede recibir respuesta inmediatamente, pero también se podrían necesitar varios días. No importa cuando reciba contestación, siempre diga "Gracias". Si la respuesta no llega de una manera directa, repita el ejercicio y haga la pregunta otra vez el día siguiente, y los días que sean necesarios para tener éxito.

Aún si no tiene preguntas específicas, habrán cosas sobre las que usted quiera preguntar. Mire si puede aprender el nombre de su guía espiritual. Pregunte acerca de los otros guías que están velando por usted. Una vez que se familiarice con la comunicación con sus guías de esta manera, se dará cuenta de los cambios que ocurren.

Una amiga de mi esposa siempre había querido tocar un instrumento musical pero nunca había tenido la oportunidad. Uno o dos días después que le mencionó esto a sus guías, una vecina le ofreció una flauta, el instrumento que ella había estado deseando interpretar. Ella encontró rápidamente alguien que le enseñara a tocar. Inmediatamente después de esto, notó una diferencia en sus guías espirituales.

Preguntó qué pasaba y descubrió que tenía dos nuevos guías que estaban allí solamente para ayudarla a progresar musicalmente. Obviamente, sus guías habían permitido que la flauta y el profesor llegaran a ella, y luego le suministraron ayuda adicional, con dos guías musicales.

¿Por qué estuvieron sus guías tan voluntariosos en ayudarle a aprender a tocar un instrumento musical? Simplemente estuvieron haciendo lo que hacen todos los guías espirituales. Ellos están allí para ayudarle, y harán toda clase de cosas para darle las oportunidades correctas. Sin embargo, usted tiene que aprovechar eso. Aquella mujer pudo fácilmente haber decidido que estaba muy vieja, y ocupada para aprender a tocar la flauta, y entonces sus guías habrían dejado todo como estaba. Debido a que ella aprovechó la oportunidad, los guías la ayudaron a encontrar a un profesor, y continuaron ayudandola a desarrollar sus nuevas habilidades mientras ella se mantenía interesada y preparada para hacer el trabajo que se requería.

Este método de contactar a los guías es particularmente útil porque con la práctica, será capaz de hacerlo casi instantáneamente. Esto quiere decir que usted puede comunicarse con sus guías mientras está en la mitad del tráfico congestionado, mientras está en clase, tendido en la bañera, esperando en una fila del banco o aun mientras disfruta de una caminata.

14

GUÍAS ESPIRITUALES Y LA SALUD EMOCIONAL

Como seres humanos, nosotros llevamos vidas regidas por nuestras emociones. ¿Cuántas veces ha dicho algo cuando está enfadado y luego más tarde se arrepiente del error? Esto es porque las emociones están siempre por encima de la lógica. Por supuesto que podemos disculparnos una vez nos hemos calmado. Pero no podemos eliminar el daño que hicimos con las palabras que utilizamos; palabras que podrían ser recordadas para siempre por la persona a quien se las dirigimos.

Por un corto tiempo yo viví con una persona que sufría de celos. Aunque he sufrido los efectos de la mayoría de las emociones, los celos nunca habían sido una de ellas, por lo tanto esta fue una experiencia nueva para mí. Quedé impresionado cuando descubrí que cuando ella y su novio salieron juntos, él no podía hablar con otra mujer porque a Mandy le daban muchos celos. Ella también experimentaba esto cuando él salía solo. Mandy sentía celos por el éxito de sus amigos, y de otras personas en el trabajo. De hecho parecía estar celosa de todo el mundo. En consecuencia, ella estaba llevando una vida amargada y limitada, estropeada por sus emociones. Cuando su relación se terminó, fue finalmente a pedir consejo. La última vez que la vi, todavía estaba plagada por sus emociones, pero por lo menos era consciente del problema.

Por supuesto que el de Mandy es un caso extremo. No obstante, algunas veces todos tenemos problemas con nuestras emociones. Afortunadamente, teniendo a nuestros guías espirituales que nos ayuden, nosotros nunca estamos solos, porque ellos siempre están felices de colaborarnos para vencer nuestras limitaciones y convertirnos en todo lo que queremos ser.

La ira

La ira es la emoción negativa más común, y todos la hemos experimentado de diferentes formas. Es interesante notar que algunos doctores creen que la ira puede causar cáncer, por lo tanto las personas que sufren de ira, se están haciendo probablemente más daño a ellos mismos que a los demás.

La próxima vez que descubra que está sintiendo rabia, haga una pausa por un momento, respire tres veces profundamente. Si es posible, beba un vaso grande de agua fría. Esta pausa tiene dos propósitos: detenernos a respirar profundamente nos permite llenar nuestros pulmones y el cerebro con oxígeno. Naturalmente, es vital tener oxígeno en el cerebro, ya que cuando tenemos ira, a menudo hablamos sin pensar. El oxígeno entra en ese momento y nos permite pensar de una manera más lógica.

En segundo lugar, una breve pausa le da la oportunidad a nuestros guías espirituales para que intervengan. Escuche la pequeña voz interior. Dele una oportunidad para que hable con usted, descubrirá que ésta le aconsejará tener calma y ser razonable.

Mi guía espiritual me ha dado consejos en situaciones similares y en numerosas ocasiones. Desde ese momento al rechazar la ira, y hacer una pausa lo suficientemente larga para que mi guía espiritual llegue a través de consejos, me he salvado de un daño emocional enorme.

Mi guía espiritual me ha dado una tremenda cantidad de consejos con respecto a la ira. El me dijo que si yo hubiera nacido en el cuerpo de otra persona y hubiera tenido la misma educación y las mismas experiencias que él o ella tuviera, estaría actuando exactamente de la misma forma. Una vez me di cuenta de eso y muchas cosas que me producían ira en el pasado, dejaron de afectarme totalmente.

Mi guía también dice que rece por la gente que me hace dar rabia. Este parece un consejo terrible para comenzar, sin embargo, una vez pensé en eso, y recordé que los pensamientos contienen energía y poder, me hizo sentir bien. Las personas por las que usted reza notarán inmediatamente una diferencia en su actitud hacia ellas, y la ira desaparecerá en ambos sentidos.

El consejo más importante que me dio mi guía con respecto a la ira fue preguntarme si valía la pena haber sentido rabia. Por lo menos el noventa y nueve por ciento de las veces no es necesario sentir esas cosas. Entonces ¿por qué perder energía y tiempo valioso y arriesgarse a hacerse daño al sentir ira cuando no hay necesidad?

La próxima vez que sienta rabia por algo, haga una pausa y escuche a su guía espiritual. No se arrepentirá.

La envidia

Uno de los diez mandamientos dice: "No debes desear la casa de tu vecino, ni su esposa, ni su siervo, ni su sierva, ni su buey, ni su asno, ni ninguna otra cosa de tu vecino" (Exod. 20:17). Obviamente, la gente ha sentido envidia por el éxito y los logros de los demás desde hace mucho tiempo. Una conocida se sintió muy molesta cuando una amiga fue ascendida a un puesto más alto que el de ella. Estaba envidiosa de la nueva posición de su amiga, de su oficina y de otras cosas, y sentía que debería ser ascendida por encima de ella.

En lugar de hacer una pausa y pensar acerca de la situación, ella fue a ver a su jefe y le insistió en que no se diera el ascenso. El resultado fue que perdió a su amiga y el empleo.

Aun entonces, no podía dejar de pensar acerca de la gran injusticia que creía que habían cometido con ella. Sólo hasta hace unos pocos años comprendió que el ascenso se le había dado a la persona correcta.

Me dijo con lágrimas en los ojos: "Ella trabajaba más que yo, y tenía una mejor actitud frente al trabajo. ¿Por qué no pude ver eso en aquellos momentos?".

La razón por la cual ella no lo hizo fue porque estaba consumida por la envidia y como usted sabe, las emociones siempre le ganan a la lógica.

La avaricia

El querer más es un deseo muy natural, pero algunas veces puede ser perjudicial. La avaricia puede presentarse en muchas formas. Recientemente, hablé con alguien que se había apartado de sus dos hermanos porque estos habían discutido la voluntad de su madre en los tribunales. Ellos sentían que tenían derecho a una parte mayor que su hermano con respecto a la herencia. Yo no tengo idea de las verdades o mentiras de este caso, pero la hermana estaba convencida que sus hermanos estaban siendo avaros e injustos, y tal vez así fue.

Cuando era un niño, algunas veces me quedaba en la casa de un amigo los fines de semana. Eramos buenos amigos, pero cada vez que nos sentábamos a comer, él miraba la cantidad de comida en mi plato y la comparaba con el suyo. Si sentía que a mí me daban más comida, le pedía a su mamá en voz alta que le diera más. Su madre le decía, mientras le colocaba más comida en el plato: "Tú eres avaro".

Es interesante notar que él no ha cambiado. Ahora es tan avaro como lo fue entonces. Sin embargo, la avaricia ahora se manifiesta en querer más de lo que le corresponde en los negocios en los que está envuelto. El es bueno para las finanzas, pero yo dudo que sea feliz. Se sonríe cuando le recuerdo su avaricia en la mesa, pero dudo que lo relacione de alguna forma con las desastrosas relaciones con sus ex-esposas y ex-compañeros de negocios.

Si usted es tentado a querer más de lo que le corresponde, haga una pausa y mire lo que su guía espiritual le dice, porque puede estar seguro que le dirá cuando esté siendo avaro.

La codicia

La codicia es una emoción interesante, ya que puede ocurrir repentinamente. También tiene un enorme poder y energía detrás de ella. En consecuencia, la mayoría de la gente encuentra difícil hacer una pausa lo suficientemente larga como para escuchar a sus guías espirituales.

Cuando estuve trabajando con presos, encontré que la mayoría de ellos lamentaron no haber esperado antes de actuar. Muchos no estarían encarcelados si lo hubieran hecho.

Una manera de manejar la codicia es simplemente observar sus efectos sobre el cuerpo. No pelee o actúe contra ello, simplemente observe. Los sentimientos de codicia disminuyen a medida que hace esto y también le darán la oportunidad a sus guías espirituales para que hablen con usted.

El estrés

Hay un dicho que reza que las únicas personas que no tienen estrés, están en el cementerio. Nosotros necesitamos una cierta cantidad de estrés para funcionar en la vida. No obstante, hay un "buen" estrés (eustress) y mal estrés (aflicción). Un atleta que está a punto de intentar romper un récord mundial, necesita el estrés para dar lo mejor de sí. La mayoría de los artistas experimentan estrés antes de ir al escenario. Esto les permite entregar mejores presentaciones de las que podrían alcanzar de otra manera. La popularidad de las montañas rusas y otras atracciones similares en los parques de diversiones, es debido al estrés que experimenta la gente que los utiliza. El Bungee Jumping, el paracaidismo y otras actividades que contienen un elemento de peligro, incrementan nuestros niveles de estrés. Todos estos producen buen estrés.

Sin embargo, el estrés causado por mucha presión en el trabajo, relaciones que funcionan mal, muy poco tiempo para hacer las cosas que debemos hacer, pueden crear problemas de salud e incluso llevarnos a una muerte temprana.

El estrés muy pequeño también puede matar. Cuando yo era un muchacho, un vecino nuestro se jubiló. El no tenía aficiones o intereses y murió a los dieciocho meses de haber dejado el trabajo.

El secreto está en tener experiencias que nos produzcan buen estrés, ya que éstas le adicionan felicidad y estimulación a nuestras vidas, y minimizan el estrés malo. Usted puede pensar que eso es imposible.

Si está trabajando en un ambiente de constante presión, con un jefe mal humorado, parece inalcanzable el reducir los niveles de estrés. Sin embargo, con la ayuda de sus guías espirituales, puede liberar mucho de este estrés.

Si su jefe se presenta con una nueva y además larga tarea, mientras está en la mitad de otro trabajo, tiene varias maneras de manejar esta situación. Podría simplemente suspirar, aceptar el trabajo adicional e incrementar los niveles de estrés. O podría decir "Me pondré a trabajar en eso tan pronto termine este proyecto". Esto le hará saber a su jefe que la tarea se hará, pero que tomará algo de tiempo. Otra solución podría ser "¿Debería hacer eso ahora, o cuando haya terminado este trabajo?". Todas estas respuestas reducirían sus niveles de estrés.

Manténgase en contacto con sus guías espirituales cuando sienta que tiene demasiado estrés. Puede sostener una conversación silenciosa con sus guías, pidiéndole ayuda y consejo. Es posible que ellos le sugieran decir un simple "no" a un nuevo trabajo cuando esté realmente saturado, o también darle una solución que a usted no se le hubiera ocurrido. Escuche a sus guías y siga su consejo.

Otras emociones negativas

Reconozca que usted no es sus emociones. Si hace una pausa y observa sus pensamientos y sentimientos negativos, se dará cuenta que provienen de afuera. Por lo tanto tiene el poder y el control de dejarlos que entren o de mantenerlos afuera. Lo que decida hacer depende de usted, pero debe reconocer que se está haciendo daño al abrigar emociones negativas. Antes de permitirles que entren, espere y respire profundamente. Escuche a sus guías espirituales. Si no oye nada, invite a su guía espiritual a que entre.

Podría decir "Necesito tu ayuda. Por favor aconséjame sobre como debería manejar tal y cual situación". Luego continúe con lo que estaba haciendo y descubrirá que su guía espiritual repentinamente proporcionará la respuesta que estaba buscando, lo cual a menudo puede pasar cuando menos lo espera.

Tenga paciencia. Pídale ayuda y consejo a su guía espiritual cuando lo necesite. Siempre obtendrá respuesta. Naturalmente, puede que no sea la respuesta que esperaba, pero su guía espiritual siempre le dará la respuesta correcta y justa.

Es interesante reflexionar que la mayoría de los problemas son causados por la baja auto-estima. Afortunadamente, nuestros guías espirituales pueden ayudarlo a elevarla, y esto lo veremos en el próximo capítulo.

15

MAYOR CONFIANZA
Y AUTOESTIMA

Hace muchos años entrevisté a un hombre para un artículo que estaba escribiendo. El había superado grandes dificultades y alcanzado el éxito. Cuando fue adolescente, perteneció a una pandilla y muchos de sus amigos fueron encarcelados.

Yo le pregunté: "¿Cómo hiciste para lograr salir ileso, teniendo en cuenta esos antecedentes, especialmente cuando algunos de tus amigos se convirtieron en criminales peligrosos?".

El se cambió de posición en su silla y parecía inseguro de responder, luego dijo:

"Parecía difícil de creer, pero cuando era muy pequeño, tenía una profesora que realmente me inspiraba. Ella nos enseñó acerca de George Washington y lo que él hizo en la vida. Yo he olvidado casi todo lo que aprendí en la escuela, pero puedo recordar cada palabra que la señora Bagast dijo. Ella me inspiró y por primera vez en la vida estaba interesado en saber más. Aprendí todo lo que pude con respecto a George Washington". El se sonrió y movió la cabeza. "¿Por qué George Washington? ¿Quién podría decirlo? De todas maneras, un día estábamos peleando con otra pandilla y me hirieron. Fue una herida leve, pero terminé en el hospital.

La policía quería saber quién me había hecho eso, pero yo no lo dije. El agente se disgustó, diciéndome que yo era muy joven y que terminaría muerto o que me pasaría toda la vida en una celda.

Durante algunos minutos, pensé en lo que él me dijo. No tenía nada más que hacer. Y luego algo llegó repentinamente a mí. ¿Qué habría hecho George Washington en esa situación? Bueno, él no estaría involucrado en peleas de pandillas; habría peleado limpiamente y no en la forma en que nosotros lo hacíamos. Entonces desde allí decidí tener como modelo para mi vida a George Washington. Siempre que estaba a punto de hacer algo me preguntaba "¿Es así como George Washington lo haría? Yo sé que suena extraño, pero es George Washington quien me ha hecho tener éxito".

De hecho, yo no encontré esas palabras extrañas, ya que había estado haciendo algo similar por muchos años.

En lugar de preguntar que habría hecho George Washington, yo le pedía ayuda a mi guía espiritual. La mayoría de las veces yo recibo una respuesta directa. Cuando mi guía no me responde tan rápido como me gustaría, me pregunto a mi mismo si lo que yo estaba pensando hacer, haría sentir orgulloso a mi guía espiritual. Si la respuesta es positiva, entonces lo hago. Desearía poder decir que nunca hago las cosas si la respuesta es negativa. Sin embargo, en las ocasiones en que procedo, a pesar de recibir una respuesta negativa, siempre termino por lamentarlo. A lo largo de los años he aprendido que cometo menos errores cuando escucho a mi guía espiritual y actúo de manera que obtenga su aprobación.

Algo beneficioso de todo esto es que mi confianza y auto-estima se incrementaron. El saber que tenía a alguien más sabio que me ayudaba y que me asistía cuando lo necesitaba, me dio mucha más seguridad y un maravilloso sentimiento de bienestar.

Usted descubrirá exactamente que las mismas cosas ocurrirán en su propia vida si hace uso regular y constante de su guía espiritual. Para eso es que está allí. Su guía espiritual quiere que usted sea confiado y exitoso. Yo hablé acerca de esto en un centro de rehabilitación de drogadictos hace algunos años. Más o menos un año después me detuvo un muchacho en la calle quien había estado en el centro por ese tiempo.

Este chico dijo: "No me creerás lo que ha pasado conmigo desde que tú hablaste. Casi todo el tiempo me mantenía borracho. El centro de rehabilitación me dio de alta, pero yo habría vuelto a lo mismo si tú no hubieras llegado. Hoy en día, cuando estoy tentado, le pregunto a mi guía espiritual si eso es lo que él haría. El nunca ha dicho "sí". Ahora no lo he vuelto a hacer, hasta tengo un trabajo y una novia".

El también tiene más confianza y auto-estima. Me dijo que nunca había hablado conmigo antes, porque no había tenido la confianza de hacerlo.

Este es un ejemplo de alguien que había gastado la mayor parte de su vida ignorando la voz de su guía espiritual. Una vez empezó a escucharla, su vida cambió totalmente, y estoy seguro que está bien, y por el camino de una vida plena y exitosa.

Nuestros guías espirituales están allí todo el tiempo trabajando para nosotros. Sin embargo, muchas personas que usualmente son conscientes de sus guías, me han dicho que se sentían abandonadas por ellos cuando más los necesitaban. De hecho, esto no es así. Nuestros guías espirituales no nos obligan ni nos imponen nada. Ellos están ahí, ya sea que nos demos cuenta o no. Es probable que sus guías estén trabajando aun más duro en esas ocasiones. Es sólo que algunas veces dejamos de escuchar. Nuestros guías están motivándonos constantemente y tratando de ayudarnos a salir adelante.

La mayoría de la gente dice que les gustaría tener más confianza. No obstante, también sienten que tienen buena auto-estima. Esto es una contradicción porque la confianza llega como un resultado directo de sentirnos bien con nosotros mismos.

Estoy seguro que puede reconocer las siguientes características de baja auto-estima en usted mismo o en otras personas que conoce: agresividad, ira, co-dependencia, crueldad, avaricia, impaciencia, celos, pereza, excesivo materialismo, mal humor, sarcasmo, egoísmo, timidez y violencia.

¿Conoce a alguien que haga quedar mal o denigre a otros; que hable sólo de él mismo; que interrumpa a otros; que intimide a los demás; que se queje de todo o que esté de mal humor cuando las cosas no le salen? Esta persona está sufriendo de baja auto-estima. Reconocer esto, es una cosa y corregirlo y ganar una imagen positiva y saludable de nosotros mismos es otra. Esto no puede lograrse de la noche a la mañana, pero afortunadamente, con la ayuda de nuestros guías espirituales, puede hacerse más rápido de lo que se espera.

Primero, tenemos que reconocer lo que es buena auto-estima. Las personas que la tienen su ego también es saludable. Ellos se sienten bien como son: calurosos, amigables, carismáticos y comprensivos con los demás; tienen una sensación del auto-valor; son positivos y tienen un concepto de tener control. La mayoría de las personas son una mezclas de baja y alta auto-estima. Usted probablemente reconocerá características suyas en ambas áreas.

¿Cómo podemos ganar una auto-estima, fuerte y saludable? La respuesta es increíblemente simple: tenemos que escuchar.

Escuchar constructivamente

Hay cuatro formas diferentes que tenemos para escuchar: primero, debemos escuchar a los demás. Escuchar realmente. Todos tienen una historia que contar y debemos aprender a oírlas con interés y sin interrumpir. Haciendo esto, complementamos a la otra persona y aumentamos su auto-estima. Al mismo tiempo, estamos incrementando nuestra propia auto-estima.

En segundo lugar, debemos escuchar lo que está pasando en el mundo alrededor de nosotros. Debemos estar alerta a las cosas positivas en los medios de comunicación, y de las historias verdaderas de heroísmo y sobre cómo las personas superan la adversidad. Nosotros atraemos todo lo que pensamos. Grabando estas historias positivas en nuestra mente, gradualmente tomamos los atributos positivos de las personas sobre las cuales escuchamos o leemos. ¿Recuerda al hombre que entrevisté y que siempre preguntaba qué haría George Washington en determinada situación? El gradualmente tomó los atributos positivos de ese gran hombre y alcanzó un enorme éxito.

Como tercera medida, necesitamos escucharnos a nosotros mismos. Obsérvese en sus diferentes interacciones con los otros. ¿Está exhibiendo alta o baja auto-estima? No se reproche si está dando muestras de baja auto-estima. En otras situaciones usted revelará una auto-estima alta. Simplemente resuelva hacer mejor las cosas la próxima vez que encuentre que está demostrando características que no le gustaría tener.

Finalmente, y lo más importante, también debemos escuchar a nuestros guías espirituales. Donde quiera que vamos, llevamos con nosotros alguien que quiere que hagamos lo mejor y que está urgido para que tengamos éxito todo el tiempo. Necesitamos hacer una pausa y oír lo que los guías espirituales nos dicen. A veces podemos sentir que nuestro guía nos están tomando del pelo cuando nos dicen que no hagamos algo que otra persona está haciendo. De hecho el consejo que nuestros guías nos da, siempre será correcto. ¿Recuerdas los prisioneros con los que hablé? Si ellos hubieran escuchado, no estarían ahora en una celda. Los guías espirituales nunca darán un consejo que pueda herir a otro ser viviente. Ellos están allí para ayudarlo y apoyarlo, pero también cuidan a todos los vivos.

Es algo maravilloso tener el poder dentro de nosotros para cambiar y convertirnos en lo que queramos. Lleva todo paso a paso. Escuche en las cuatro formas y prepárese para dar un gran salto.

16

Sus Guías Ilimitados

En el siglo pasado, muchos médiums decían que las personas tenían cuarenta y nueve guías espirituales. Como usted sabe, esto era sólo un truco para que la gente regresara. De hecho, aquellos médiums estarían asombrados al descubrir cuantos guías tenemos realmente. Todos tenemos acceso a un número ilimitado de guías quienes nos ayudan en diferentes ocasiones. Cuando usted era un niño sus guías espirituales posiblemente eran diferentes de los que tiene ahora. Tenemos los guías que necesitamos en diferentes instancias y etapas de nuestro desarrollo.

Sin embargo, también tenemos una ilimitada selección de guías que vendrán a asistirnos en cualquier momento que les pidamos ayuda. Si usted está trabajando en un proyecto artístico, puede invocar a un guía creativo para que lo ayude y deberá llamar a un guía práctico si está construyendo una casa.

Puede decidir llamar a William Shakespeare para que le ayude a completar cierto proyecto. Usted puede llamar a quien quiera, y él o ella estará deseoso de ayudarlo. No se decepcione con la persona que llegue. Ciertamente William Shakespeare tendrá muchos de los atributos del Bard of Avon, pero él también estará compuesto de todas las experiencias que ha tenido durante las encarnaciones.

Los Guías Especialistas

En la práctica, sus guías quieren que usted trabaje independientemente y que tome decisiones por sí mismo. No obstante, ellos siempre están deseando guiarlo y ayudarlo cuando se requiera. Sus propios guías usualmente son los mejores para los problemas que se sufren día a día. Sin embargo, habrá momentos donde usted quiera consultar a un guía especialista, los cuales son innumerables. Aquí presento algunos de los principales.

El guía intelectual

Cuando usted está estudiando o llevando a cabo una investigación, puede querer la asistencia de un guía intelectual. El o ella puede colocarlo en la dirección correcta para permitirle encontrar la información que necesita.

Todo esto puede suceder de manera sorpresiva e inusual. Al final de los años sesenta estaba viviendo en Londres y haciendo investigaciones sobre la tradición Céltica. Un día estaba viajando en un bus de dos pisos. Generalmente me quedo abajo, ya que es más fácil bajarse cuando termina el viaje. Sin embargo, ese día, aunque la parte de abajo estaba parcialmente llena, yo fui arriba. Sobre una silla vacía había una copia de un libro sobre la mitología Céltica que nunca antes había visto. Alguien se había bajado del bus, dejando accidentalmente el libro. Hice una nota del título, autor y editorial y pude comprarlo unos pocos días después. Si por alguna razón no hubiera decidido subir, nunca hubiera encontrado ese libro en particular. ¿Fue un accidente, o un guía intelectual me motivó gentilmente a ir arriba?

El guía sabio

Un guía sabio no es lo mismo que un guía intelectual, es alguien que ha ganado el conocimiento y la sabiduría a medida que pasó por la vida, posiblemente a través de numerosas encarnaciones, y está preparado para transmitir sus discernimientos cuando se lo piden.

Un guía sabio es particularmente útil cuando usted está enfrentando una gran decisión que podría cambiar toda su vida. Cuando decide casarse con alguien, está tomando una decisión que cambiará su vida para siempre. Lo mismo pasa si le ofrecen un trabajo en otro país, lejos de su casa, amigos y familiares.

En estas situaciones es una buena idea preguntarle a un guía sabio, si la decisión que va a tomar es buena o no.

Naturalmente, las decisiones emocionales son las más duras. Si usted le pregunta a un guía sabio si debería casarse con alguien y el guía dice "no", pero su corazón dice "sí". ¿Qué debería hacer? El guía sabio no le habría dado una respuesta negativa sin una buena razón. Piense cuidadosamente y luego haga más preguntas. ¿Por qué el guía sabio está en contra del matrimonio? Las respuestas pueden sorprenderlo. Escuche cuidadosamente y piense en la situación por unos días. Si usted es capaz de mirar todo desapasionadamente, descubrirá que el guía sabio tiene razón.

He conocido un número de personas que ignoraron el consejo de los guías sabios y como resultado han sufrido mucho. Todos sus guías trabajan para favorecerlo. Tampoco intervendrán cuando ignore sus sugerencias. Usted está aquí en la tierra para aprender y crecer. Una de las mejores maneras de aprender es cometiendo errores. En consecuencia, piense cuidadosamente antes de pedir ayuda a sus guías sabios. Es mejor aproximarse a ellos con la actitud de que seguirá sus consejos, sin importar cuales sean, que pedirles ayuda y luego ignorarlos.

El guía práctico

No soy un hombre muy diestro. Hace algunos años descubrí que si necesitaba hacerle alguna reparación a la casa, para mí era más barato pagarle a alguien, que hacer las cosas yo mismo. Si usted es una persona práctica probablemente también tiene un guía espiritual práctico. Sin embargo, si es como yo en este aspecto, siempre puede llamar a un guía práctico para que lo asista en los que necesite.

Hace algunos años, me quedé sorprendido al escuchar que un amigo había construido un bote. Este amigo nunca había mostrado señales de ser hábil con sus manos, pero en un invierno construyó un bote en su tiempo libre. El me dijo que la urgencia de construirlo había brotado gradualmente dentro de él. Ignoró la idea tanto como pudo, pero un día se encontró comprando planos y herramientas.

La elaboración del bote fue fácil. El me dijo: "Sentía como si alguien estuviera ayudándome en cada paso. Instintivamente, yo sabía qué herramientas usar. Mi esposa pensaba que yo no era bueno con mis manos, pero yo parecía saber como manejar todo. Fue una experiencia muy relajante y placentera".

Recuerde: si su auto falla, llame a un guía práctico y pídale ayuda. Este guía puede hacer que sus dedos actúen en el área donde está el problema.

El guía creativo

La creatividad puede surgir de diferentes maneras. Recientemente asistí a una exhibición de pintura elaborada por reclusos. Ninguno de ellos había pintado seriamente antes, pero los cuadros eran buenos. Hay que admitir que tuvieron todo el tiempo para desarrollar sus habilidades en prisión, pero habían recibido muy poca instrucción. Obviamente, estaban recibiendo ayuda y motivación de otra fuente: los guías creativos.

El guía de la motivación

Todos necesitamos motivación algunas veces. La primera vez que estuve pensando en dejar la seguridad de un trabajo satisfactorio y bien pagado, y convertirme en independiente, mi familia y amigos me decían urgidos que me quedara donde estaba. Por supuesto, estaban pensando en mí. Ellos no querían que tomara riesgos innecesarios que pudieran finalizar mal.

Sin embargo, todos necesitamos tomar riesgos y salirnos de las zonas confortables. Si nunca levantamos la cabeza, la vida se convertirá en algo triste y aburrido. Yo odiaría terminar como un viejo lleno de reproches por las cosas que no hice porque tuve miedo.

Si usted está listo para darle una oportunidad y hacer algo nuevo o diferente, pídale ayuda a sus guías de la motivación. Ellos le darán el ánimo necesario. No obstante, estos guías no lo animarán a tomar riesgos que sean una locura. Siempre le aconsejarán precaución, cuando esta sea necesaria.

El guía del amor

Nuestros guías son cuidadosos, amigables y justos. Ellos tienen nuestro bienestar en su corazón, aunque algunas veces parecen ligeramente desligados. Esto es deliberado, ya que ellos quieren que pongamos los pies sobre la tierra y alcancemos nuestra propia independencia.

Sin embargo, hay momentos en que necesitamos sentirnos amados y protegidos. Si está estresado o deprimido, un guía del amor puede ayudar enormemente.

Este guía también puede ayudarnos cuando estamos iniciando una nueva relación. Daryl, un amigo en Australia, encontraba muy difícil expresar su amor y devoción a su novia, Jenny. El había pasado por un divorcio difícil y estaba aterrorizado pensando que Jenny lo rechazara. Yo le sugerí que invocara a los guías del amor para que le ayudaran a decir las palabras correctas.

Los resultados superaron sus expectativas. El me dijo: "Por primera vez en mi vida pude decir "Te amo" sin que esas palabras se me pegaran la garganta. Son palabras simples, pero en el pasado nunca las pude pronunciar. ¡Ahora, no puedo creer lo que estoy diciendo! Estoy expresando todas las cosas que quiero decir, y que en el pasado no fui capaz.

El guía divertido

Puede sonar extraño escuchar sobre el "guía divertido", pero hay guías para todos los propósitos posibles. Muchos de nosotros estamos inclinados a tomar la vida muy seriamente. Raras veces nos reímos o tomamos tiempo para placeres simples. Si usted siente que está gastando mucho tiempo en el trabajo, llame a su guía divertido para que lo ayude a relajarse y a que comience a disfrutar de nuevo de las pequeñas y divertidas cosas de la vida. Esto hará que el mundo sea mejor para usted y para los suyos.

Algunas personas realmente olvidan cómo divertirse. Todo es serio y la vida es un implacable negocio. Sin embargo, cuando eran niños se rieron y jugaron con sus amigos. Ellos tenían la habilidad entonces, pero por algún motivo la perdieron a lo largo de su vida.

¿Cuándo fue la última vez que le dedicó tiempo de calidad a los que ama? ¿Cuándo fue la última vez que sonrió hasta que le dolía todo? Si esto ha sido hace mucho tiempo, invoque a sus guías divertidos. Ellos siempre están allí listos y voluntariosos en ayudarlo.

El guía niño

Los guías niños prefieren trabajar con los infantes. Estos son los "amigos invisibles" que muchos tuvimos cuando éramos jóvenes. Desafortunadamente, en lugar de darnos ánimo con respecto a esto, nuestro sistema de educación usualmente elimina a dichos amigos invisibles para toda la vida.

No obstante, aun como adultos, podemos contactar a los guías niños. Si está teniendo problemas con un niño, puede llamar a un guía niño para pedirle consejo y manejar la situación. También puede invocar a un guía niño y preguntarle que si él o ella podría ponerle un interés especial en el niño por el que está preocupado.

El guía acompañante

Cuando tenía veintiún años, la compañía para la que yo trabajaba me trasladó a Glasgow. Yo no conocía a nadie allí y esperaba sentirme solo. Cuando llegué a la estación del tren de Glasgow, un portero se acercó y no pude entenderle ni una sola palabra. Por un momento me sentí como si estuviera en un país en donde se hablaba un idioma diferente.

No obstante, después de unos pocos días, me adapté rápidamente al acento de Glasgow y todo parecía excelente. Me tomó algún tiempo conocer personas y hacer amigos, pero nunca estuve solo. Sentía como si tuviera un compañero invisible que iba conmigo adonde quiera que yo estaba. Este compañero permaneció conmigo hasta que hice amigos, y luego desapareció silenciosamente.

Si está sintiéndose solo o simplemente necesita alguien con quién hablar, llame a un guía acompañante. No lo debe utilizar en lugar de un amigo real. Sus guías espirituales quieren que esté feliz y que funcione bien en este mundo. Ellos le darán compañía cuando la necesite, pero no quieren tomar el lugar de un amigo real.

El guía de apoyo

Nuestros guías espirituales nos apoyan con lo mejor de sus habilidades. Usted puede pedirles ayuda y apoyo cuando lo necesite. Sin embargo, es posible que experimente una situación en donde necesite más ayuda que la usual. Ahí es cuando debe contactar a su guía de apoyo.

Monique es una mujer atractiva que tiene cerca de treinta años. Ella estaba felizmente casada y tenía tres hijos. Bob, su esposo, tenía éxito con su carrera. Todo parecía ser casi perfecto.

Un día Jason, el hijo de siete años, estaba jugando béisbol con un amigo en el jardín de afuera. El salió del jardín para recoger la pelota y fue atropellado por un auto que pasaba. Si no hubiera sido por la velocidad y la competencia de los paramédicos para llevarlo al hospital, el niño habría muerto. El pequeño duró siete semanas en estado de coma, debatiéndose entre la vida y la muerte.

Monique permaneció todo el tiempo a su lado. Más tarde, ella le dijo a sus amigos que había invocado una ayuda extra para que la apoyara durante ese tiempo. Sus guías de apoyo la ayudaron a través de una penosa prueba. Ellos también la ayudaron mas adelante cuando ella y Bob supieron que Jason quedaría cojo.

Monique recibió una gran ayuda de sus familiares más cercanos y de un gran grupo de amigos. No obstante, sus guías de apoyo le dieron una gran ayuda extra cuando la necesitó desesperadamente. Si usted se encuentra en una situación donde necesita toda la ayuda y el apoyo extra que pueda reunir, no olvide llamar a sus guías de apoyo.

El guía para nutrir sentimientos y emociones

Estos guías nos ayudan cuando necesitamos un soporte extra en algo que estamos trabajando. Si usted es un atleta que se está entrenando para un evento especial, éste guía puede mantenerlo motivado y concentrado claramente en su objetivo.

No interesa en que esté trabajando, si eso requiere una ayuda extra en un periodo de tiempo, recuerde llamarlo.

El guía curativo

Yo creo que todos tenemos facultades curativas y que podemos sanarnos a nosotros y a otras personas. En algunas personas estas son más evidentes que en otras, pero todos las tenemos. Nosotros podemos utilizar a los guías curativos para incrementar nuestras capacidades de curación.

Si alguien que conoce está enfermo, envíe a un guía curativo para que lo ayude. Siéntese silenciosamente en alguna parte, relájese y visualice a un guía curativo sanando a su amigo. Además envíele pensamientos de sanación. Haga esto una vez en el día hasta que su amigo esté completamente sano.

También puede utilizar estos guías para curarse a usted mismo. Si se siente mal, imagínese un guía curativo cubriéndolo con energía y llenándolo con vibraciones de salud y vitalidad. Permanezca haciendo esto hasta que su salud esté totalmente restaurada.

No hace mucho tiempo en una conferencia, una mujer me preguntó que si estos guías ilimitados eran de verdad ilimitados en número. Ella dijo: "Tu guía puede cambiar de forma y apariencia todas las veces que quiera. Seguramente todos estos otros guías son simplemente tu propio guía personal que cambia de forma e identidad para afrontar cada situación".

Era una buena pregunta, y desde ahí, he pensado mucho acerca de eso. Según mis conocimientos, estos guías son guías adicionales que vienen en nuestra ayuda cuando lo llamamos.

Ya que el mundo de los espíritus está hecho de formas del pensamiento, usted puede invocar cualquier clase de ayuda según sean sus necesidades. Por ejemplo, si está pensando realizar una actividad deportiva o creativa, puede llamar a un guía espiritual que tenga conocimientos en el asunto.

Es maravilloso tener la seguridad que esos guías especiales están allí, listos y esperando ayudarnos a nosotros en toda ocasión. Todo lo que se necesita es llamarlos.

17

El Círculo Psíquico

Las personas con formas similares de pensar tienden a atraerse unos a otros. Es natural que dichas personas disfruten de las cosas que tienen en común. En consecuencia, es probable que entre en contacto con otras personas que están interesadas en el crecimiento espiritual. Usted puede aprender muchísimo de otros, y ellos a su vez, pueden aprender mucho de usted. Algunos de ellos estarán más avanzados que usted en cuanto a la búsqueda espiritual, pero otros estarán empezando con su investigación.

Podría ser de mucha utilidad sugerirle a esas personas formar un grupo pequeño e informal para discutir temas espirituales de una manera regular. Podrán practicar cosas como la escritura automática en un ambiente seguro. También estarán en capacidad de compartir libros y tomar parte en pruebas y experimentos que no podrían llevar a cabo solas. También encontrará un grupo que lo motiva a hacer contacto espiritual.

Los miembros del grupo descubrirán que es mas fácil hacer contacto con sus guías espirituales como parte de un círculo más que como un individuo. La energía que puede liberar un grupo es más fuerte y más vibrante que la de alguien que trabaja solo. Esto hace que el contacto sea más fácil de lograr, y también ayuda a calmar las mentes de los que están nerviosos acerca de contactar guías espirituales.

Lo más útil que he notado en esos grupos es que todos desarrollan sus talentos de una manera más rápida. Muchas personas, aun hoy, sienten temor de hablar acerca de sus intereses y objetivos. En consecuencia, y aunque ellos leen sobre el tema, raras veces tienen la oportunidad de discutir e intentar desarrollarse más. Pienso que es importante que el grupo o círculo sea razonablemente pequeño e informal.

Mantenga un grupo y piense cuidadosamente antes de invitar a alguien nuevo a ingresar. No importa si todos los miembros están en diferentes etapas de desarrollo, porque los más avanzados le ayudarán a los otros a crecer.

Puede diseñar un plan de estudio formal o dejar que las cosas pasen y ver cómo se desarrollan. Es una buena idea invitar de vez en cuando a un conferencista, porque sus ideas pueden ayudar al crecimiento del grupo y suministrar temas interesantes para discutir después.

Si está armando un grupo, haga una lista de las cosas que quiere incluir.

Establezca las reuniones en el mismo lugar y a la misma hora. Es suficiente con una o dos horas a la semana. Si se reúnen cada mes, se puede acabar el interés, y alguien que falte a una reunión por algún motivo, tiene que esperar dos meses para la próxima.

No haga las reuniones más largas porque la mayoría de las personas están ocupadas y no todas pueden disponer de tres o cuatro horas a la semana para asistir a un grupo espiritual. Si se reúnen regularmente cada semana, sus guías espirituales lo sabrán y estarán listos y esperando para arribar.

Asegúrese que las reuniones sean divertidas. Utilice música, velas, incienso y luces de colores y permita los chistes y la risa. Contactar guías espirituales no tiene que ser un negocio serio y frío. Sus guías apreciarán la buena atmósfera, así como los demás miembros del grupo. De hecho, encontrará que muchos de ellos tienen buen sentido del humor y se sorprenderá con sus chistes y sus apuntes.

Varíe la programación. Una semana pueden intentar la escritura automática; la siguiente semana, tal vez quisiera llevar a cabo una sesión de espiritismo, y una semana después, tener una discusión y demostración de psicometría. Es posible que quiera iniciar y finalizar de la misma manera esa semana, posiblemente con una canción u oración, pero cambie el formato regularmente.

Un grupo con el que yo hablo, tiene un conferencista sorpresa cada mes. Sólo el organizador sabe quien será el invitado, por lo tanto, nadie conoce el tema antes de arribar. Este grupo ha descubierto que eso mantiene altamente interesados a todos sus miembros. Nadie quiere perderse una reunión por nada del mundo.

Si su grupo es pequeño, se pueden reunir alrededor de una mesa. Si su grupo es muy grande para eso, organice las sillas en círculo. Esto es más amigable que arreglar las sillas en filas con la cara hacia el organizador, lo cual recuerda a los tiempos de la escuela. Es mejor hacer una socialización en otra sala antes o después de cada reunión. De esta manera, se mantiene un lugar específicamente para el contacto espiritual. Por supuesto que esto no siempre es posible. Si no tiene acceso a otra sala, asegúrese de que no se haga ninguna socialización después de la reunión. Es preferible hacerla antes.

Haga que los miembros se roten en cada reunión para escribir todo lo que pasa durante cada sesión. Esto permite tener un registro permanente del evento y a menudo puede ayudar a clarificar y a discernir mejor sobre los mensajes espirituales.

Yo también hago mi propio registro cuando llego a casa. Esto lo hago para mi propio beneficio. Registro todo lo que puedo recordar, pero naturalmente, el énfasis de mi reporte personal tiene que ver con lo que me sucedió a mí. Yo encuentro que haciendo esto, a menudo me aclara cualquier confusión que pudiera haber tenido. Si usted hace esto, podrá descubrir que durante un período de tiempo construirá un invaluable registro de su progreso espiritual.

Sugerencias para las reuniones

1. Todos se reúnen en otra sala y luego entran juntos al cuarto de espíritus. Los que llegan tarde disipan la construcción de la energía psíquica. Puede establecer la política de no dejar entrar a nadie hasta que no haya una pausa en el procedimiento.

2. Todos se sientan. Asegúrese que nadie se siente en el mismo lugar cada semana, o que siempre se sienten al lado de la misma persona. Rote la gente y asegúrese que cada uno conozca a alguien más.

3. Cuando todos estén sentados, empiece con un ritual de cualquier clase. Puede comenzar por hacer que todos levanten las manos. Mientras usted hace una oración o una invocación puede ser una buena idea dejar que una persona diferente haga la oración cada semana, ya que es bueno que todos estén involucrados. Se pueden cantar algunos himnos o canciones espirituales. También se puede hacer una pequeña ceremonia en la cual se coloca música mientras se encienden cuatro velas, una en cada una de las direcciones principales.

4. Con el fin de ayudar a que todos se relajen, se puede hacer una breve meditación. Haga que todos cierren los ojos y lleven a cabo una relajación progresiva para hacer que todos estén tan tranquilos como sea posible.

5. Apague las luces y permita que todos mediten silenciosamente sobre ellos por un par de minutos. Anime a la gente a que hablen sobre lo que ven, o sienten en ese momento. Algunas personas por ejemplo, pueden ver luces espirituales o sentir un cambio de temperatura en la sala. Tal vez sientan la presencia de alguien cerca de ellos, o reciban una intuición que quieren compartir. Esta parte de la reunión puede ser extremadamente valiosa para todos los presentes.

6. Dependiendo de cuánto tiempo se ha estado reuniendo el grupo, una o más personas recibirán mensajes de sus guías espirituales. Deles tiempo a ellas para que hablen. A medida que pasan las semanas, mas y más personas harán contacto con sus guías espirituales, por lo tanto, esta parte del ejercicio se hará más larga gradualmente. Recuerde que usted podría recibir un mensaje proveniente de alguien del grupo. También es posible que haya espíritus que vienen sólo a una o dos reuniones y nunca más vuelven a aparecer.

No todos querrán compartir. Usted debe respetar eso. Por otro lado, algunas personas querrán contarle todas las historias de su vida al grupo cada semana. Hable con ellas prudentemente después de la reunión. Usted no quiere desmotivarlos, pero dígales que esa parte de la reunión es para que todos tengan una oportunidad para compartir.

7. Como un moderador, usted necesita mantener un balance entre hacer contacto con su propio guía espiritual y asegurarse que la reunión se desarrolle normal y exitosamente. Por ejemplo, puede querer colocar música o hacer que todos canten una canción si siente que la energía está lánguida.

8. Para concluir coloque música de meditación, ofrezca una oración de gracias y cante una canción animada. Finalice la reunión con la comida, preferiblemente en otra habitación. Naturalmente, la gente querrá hablar de lo que ha sucedido, pero motívelos a que también hablen de otros aspectos de su vida. Es importante que todos se den a conocer como personas reales, y no como unos rostros que se ven alrededor de una mesa cada semana.

Usted descubrirá que en la sala donde se realizan las reuniones se desarrollará una atmósfera especial. Los asistentes regulares se darán cuenta que cada vez que entran, se sienten inmediatamente relajados. Esta atmósfera especial ayuda a establecer el buen ánimo e incrementa las expectativas de todos.

Algunas veces tendrá preguntas específicas que quiere hacerles a sus guías espirituales. Asegúrese que les estará preguntando cómo parte de un grupo. Algunas veces puede querer hacer ciertas preguntas en privado y por usted mismo. O en otras ocasiones puede que no tenga preguntas y está contento de ver qué pasa.

Más que formar su propio grupo, podría querer unirse a uno ya existente. Esta es una excelente forma de conocer a un buen número de personas dispuestas de una sola vez, y si encuentra que encaja bien en el grupo, únase. Si descubre que no es bueno para usted, asista a otros grupos hasta que encuentre uno que le guste. Cada círculo tiene sus maneras diferentes de hacer las cosas, y es posible que tenga que comprometerse un poco.

También podría elegir desarrollar su propio grupo, y eso está bien. La energía de un grupo es fuerte y poderosa, y a menudo hace que el progreso sea más rápido, pero si está en una situación donde no es práctico unirse a un grupo, o simplemente no quiere, es perfectamente válido hacerlo usted sólo. El bien conocido psíquico, Tudor Pole, decía frecuentemente: "Para cada persona, su propio médium" (1).

Para hacer esto por usted mismo necesita ser muy disciplinado. Establezca cierta cantidad de tiempo cada semana para contactar sus guías espirituales. Haga una ceremonia o ritual si lo desea. Encienda velas o queme incienso ya que es una buena forma de crear la atmósfera correcta. Más que cantar himnos en voz alta, puede preferir leer mentalmente algún pasaje de un libro. No importa el lugar donde haga la sesión semanal, pero asegúrese que en ese sitio no va a ser interrumpido.

Si escoge hacer sólo estas cosas, o en un grupo, su círculo espiritual le ayudará a hacer contacto con sus guías.

Sesiones espiritistas

Las reuniones de sus círculos psíquicos son, estrictamente hablando, sesiones espiritistas, ya que el objetivo es comunicarse con sus guías espirituales. La concepción popular de una sesión espiritista es muy diferente. La gente se imagina sentada en un cuarto oscuro, y tomándose de las manos mientras suceden cosas extrañas. Ellos esperan escuchar sonidos extraños o tal vez ver un fantasma o una trompeta flotando. Lo que espera es comunicarse con alguien, usualmente un pariente o una celebridad muerta.

En realidad, una sesión espiritista usualmente es más que las reuniones de un círculo psíquico. Este no siempre fue el caso. En los años de 1880, cuando el espiritualismo estaba en su máximo furor, en los Estados Unidos se llevaban a cabo miles de sesiones espiritistas. Muchas de éstas eran fraudulentas, pero fueron un gran entretenimiento en los tiempos previos a la radio y la televisión.

Los médiums utilizaron una gran variedad de artimañas para hacer que la gente volviera. Una de estas era decirles que cada uno tenía siete bandas de los siete guías espirituales. En consecuencia, los asistentes tenían que regresar por lo menos cuarenta y nueve veces para poder aprender los nombres de todos sus guías espirituales.

El primer guía espiritual que hacía su aparición en una de esas sesiones espiritistas sería el guía del médium, referido usualmente como el "control". Luego, el primer guía espiritual personal que un asistente conocía era su "guía alegre". Este usualmente era un pequeño niño caluroso, cuidadoso y "todo lo sabía". Esto proviene de la Biblia en el libro de Mateo 18:3, en el cual Jesús les dice a sus discípulos: "En verdad les digo, hasta que no se conviertan y se comporten como los niños, no entrarán en el reino de los cielos". El control del médium a menudo es su guía alegre.

Otros guías populares en las sesiones espiritistas del Siglo XIX incluían: Los "Indios" que velaban por el medio ambiente y encontraban los objetos perdidos; los "doctores" quienes entregaban salud y consejos médicos; los "químicos" quienes aconsejaban sobre la nutrición; los "filósofos" quienes eran la fuente del consejo personal; los "santos" quienes habían sido martirizados por los asistentes; y los "maestros", unas personas muy viejas y sabias. Era un día muy importante cuando los maestros visitaban el salón donde se realizaba la sesión espiritista (2).

Aunque estos médiums indudablemente se estaban aprovechando de los creyentes, parece que si hay una variedad ilimitada de guías. Por ejemplo, un guía intelectual puede ayudarlo a crecer académicamente; un guía del amor le ayudará a encontrar la persona correcta para compartir su vida. Un astuto hombre de negocios que conozco tiene un guía que lo ayuda a tomar decisiones complicadas sobre inversiones. En la actualidad, hay más de cuarenta y nueve guías para escoger.

En la mayoría de las sesiones espiritistas de la edad dorada del espiritualismo, las voces provenían de una trompeta que parecía flotar en el aire y moverse alrededor del salón. Después que todos habían recibido el mensaje, la trompeta caía al piso, marcando el fin de la sesión.

Las trompetas espíritus también producían aportes. Estos son regalos de los espíritus y eran de todas las clases. Algunas veces eran pequeñas joyas, pero también podían ser conchas marinas, flores, monedas, fósiles y hasta cosas que los asistentes habían perdido antes. En la oscuridad el sonido que hacen los aportes cuando llegan es extraño y excitante, ya que usted no sabe para quién será. El sonido es como una moneda que se desplaza y luego hace el movimiento de espiral.

Algunos aportes simplemente aparecen. En una sesión a la que asistí, la mesa estaba llena de hojas de otoño cuando se encendió la luz ¡Lo extraño fue que la sesión fue en primavera!

En algunas sesiones del Siglo XIX, todos los presentes recibían una moneda que caía en sus manos desde la trompeta. ¡Cuando se encendían las luces, ellos descubrían que habían recibido una moneda acuñada en el año de su nacimiento!

Muchas de las sesiones realizadas en esos tiempos incluían la materialización de un espíritu que salía de una cabina. Esta cabina era a menudo una esquina del salón con una tela negra que actuaba como pantalla y cortina. El médium entraría en la cabina y un ayudante explicaba que el médium iba a entrar en trance para permitir que el ectoplasma entrara en la sala. Después de una oración y un himno, a los asistentes se les aconsejaba que mantuvieran los pies sobre el piso, las manos sobre las piernas y con las palmas hacia arriba. Luego, asumiendo que todo iba bien, aparecía una materialización, ya fuera de la cabina o del centro de la sala.

Desafortunadamente, muchos médiums fueron descubiertos en sus trucos y el espiritualismo se desacreditó virtualmente. Para ese tiempo se estimó que la mitad de la población norteamericana era espiritualista (3). ¿Qué porcentaje de espiritualistas se imagina que hay hoy? Esto demuestra la dramática caída que sufrió la popularidad del espiritualismo.

Por desgracia, esto le permitió a los escépticos decir que todos los médiums eran un fraude, lo cual no es cierto.

Los comunicadores

A veces en una sesión espiritista recibirá un mensaje de un espíritu que no está relacionado con nadie presente en la sala. Estos espíritus son llamados "comunicadores". Obviamente, dichos espíritus quieren hacer contacto con los suyos, pero lo encuentran muy difícil. Yo los encuentro particularmente fascinantes porque eliminan la posibilidad de fraude o decepción.

Hace más o menos veinte años estaba participando en una sesión cuando repentinamente la voz de la médium se tornó más grave y con voz de hombre ella dijo: "Por favor ayúdenme. Muerto el 8 de agosto en Chicago. Mecánico. Tartamudo".

El médium luego comenzó a dar mensajes para cada persona del grupo. Después de eso, cuando estábamos discutiendo acerca de los mensajes, encontramos que ninguno estaba relacionado con el mensaje del mecánico. No obstante, una semana más tarde, en la siguiente sesión, sucedió de nuevo, y se nos dijo que su nombre era John Campbell y que quería que su familia supiera que el era más feliz de lo que había sido cuando estuvo vivo.

Una de las personas presentes, voluntariamente se ofreció para revisar si alguna persona con ese nombre había fallecido el 8 de agosto en algunos de los años anteriores. Esta fue una tarea difícil cuando la asumió. Chicago cubre un área inmensa y las principales documentos no incluían a los que habían muerto en los suburbios.

Durante las siguientes semanas, se obtuvo más información acerca de John Campbell. Aparentemente, él nunca se había casado, aunque estaba comprometido cuando falleció. Parece que le gustaban las carreras de motos, y su ambición en la vida era convertirse en un motociclista profesional. El estaba trabajando como mecánico cuando murió. El murió en un accidente automovilístico. Esta triste historia envolvió a todos los del grupo, y todos dedicamos tiempo en tratar de localizar a su familia con la esperanza de trasmitirles el mensaje y aprender más acerca de la vida de John Campbell.

Encontramos varios John Cambell que habían muerto cerca al 8 de agosto, pero ninguno de ellos había sido mecánico. También localizamos otro John Campbell que había nacido ese día y que había sido mecánico. Sin embargo, se había casado y tenía familia.

John Campbell vino muchas veces y luego dejó de visitarnos. El médium trató de hacer contacto, pero sin éxito. Tristemente, nunca fuimos capaces de verificar la historia.

Los comunicadores han sido estudiados ampliamente por el Doctor Alan Gauld, un maestro en psicología de la Universidad de Nottingham. El se interesó en el tema cuando estudiaba en la Universidad de Cambridge al final de los años 50. El se unió a un círculo que había sido establecido durante la segunda guerra mundial y que duró hasta 1964. Afortunadamente, las personas que lo organizaron, mantuvieron excelentes registros.

Estos pasaron a mano de Alan Gauld, quien empezó a investigar. Unos 240 espíritus habían venido a través de la ouija y sin ser sorprendente, la mayoría eran parientes de los asistentes a las sesiones. Sin embargo también hubo treinta y ocho comunicadores. Trece de estos proporcionaron muy poca información y no pudieron verificarse. Otros quince tampoco pudieron ser verificados porque la información que dieron no se podía ajustar con los registros históricos. John Campbell, quien vino a través de las sesiones a las que asistí, es otro ejemplo de esto. No obstante, el Doctor Gauld fue capaz de revisar y verificar la información de diez comunicadores.

En cada caso él se aseguró de que los espíritus no estaban de ninguna forma conectados con los asistentes. También averiguó la fecha de nacimiento, de muerte y los certificados de matrimonio oty ros registros impresos. El comparó los detalles dados en las sesiones con la información suministrada por los parientes y amigos del difunto. Finalmente, él tenía que asegurarse que los asistentes a las sesiones no habían aprendido esa información accidentalmente, tal vez leyendo acerca de eso en una revista o periódico local (4). Cuando usted lleve a cabo sus propias sesiones, preste atención a cualquier comunicador, ya que ellos pueden proporcionar la evidencia de la vida en el otro lado.

La sesión oscura

Es posible que quiera experimentar con una tradicional sesión oscura. Asegúrese de escoger personas honorables y honestas para que participen. Es mucho mejor llevar a cabo una sesión espiritista con cuatro personas en las que pueda confiar implícitamente, que con una docena de personas y después descubrir que alguien está bromeando en la oscuridad.

De hecho, aún con la gente que se confía es mejor tener algo de luz en el salón. Una lámpara roja de 15 wattios produce suficiente luz para permitir que todos vean lo que está pasando, y parece que también ayuda a la concentración.

La mayoría de las grandes sesiones se llevan a cabo con los asistentes acomodados en círculo o en forma de herradura. A un lado se coloca una mesa para colocar las cosas esenciales. Cuando hay poca gente, es mejor sentarse alrededor de la mesa. Todos deberán tomarse de las manos con las personas de al lado y preferiblemente tocándose también con los pies.

Es importante ir a una sesión con un objetivo específico en mente. La mayoría de la gente que toma parte en las sesiones oscuras quieren que haya una manifestación física de cualquier clase. Esto puede ocurrir, pero es menos común de lo que la gente piensa. Es menos probable que esto pase las primeras veces que lo intente. Se necesita ser paciente.

Se comienza por colocar una brújula en el centro de la mesa y hacer que el grupo se concentre en mover la aguja hacia una posición en particular. Una vez que se ha hecho eso, haga que una persona salga de la mesa y mire si la brújula se sigue moviendo todavía, sin la concentración de la persona que hace falta. Luego pídale a otra persona que se retire de la mesa. Siga haciendo eso hasta que la aguja de la brújula no se mueva.

Realice el experimento de nuevo, pero pídale a diferentes personas que salgan de la mesa esta vez. Cuando haya hecho eso varias veces, tendrá una clara indicación de cuales personas en el grupo tienen las habilidades más latentes.

La fotografía de los espíritus también puede ser útil, y una cámara de fotos instantánea hace que los resultados se obtengan ahí mismo. Para hacer esto de una manera efectiva, una persona permanece fuera del círculo y actúa como el fotógrafo oficial. Los otros asistentes se concentran en hacer contacto con sus guías espirituales. El fotógrafo deberá tomar fotografías cada cinco minutos más o menos, tomándolas desde una posición diferente.

Usted puede ser lo suficientemente afortunado como para obtener la fotografía de un espíritu. Es más probable que encuentre rayos de luz o nubes de vapor en esas fotos.

La fotografía de los espíritus data de 1861, cuando William Mumler de Boston fotografió accidentalmente el espíritu de su primo muerto mientras trataba de fotografiarse el mismo. Cuando repitió el experimento, descubrió que otros espíritus se le habían unido a su primo en la foto. La noticia se esparció rápidamente y Mumler dejó su trabajo y se convirtió en un fotógrafo de espíritus de tiempo completo.

Mantenga un registro de cada sesión, aún cuando parezca que nada ha ocurrido, ya que encontrará un proceso gradual, a medida que haga una revisión, y eso puede ser altamente motivante.

También vale la pena llevar un registro para la posterioridad. Si las personas que registraron cada sesión por veinte años, no lo hubieran hecho, el Doctor Gauld nunca hubiera sido capaz de verificar lo referente a los "comunicadores".

Visitando a un médium

Es posible que decida que le gustaría hacer contacto con sus guías espirituales, teniendo un encuentro con un médium. Descubrirá una interesante experiencia. La mayoría de las personas que visitan médiums son parientes afligidos que quieren hacer contacto con los suyos.

La parte más difícil del ejercicio es encontrar un buen médium. Personas que comparten sus experiencias lo pueden guiar en este aspecto. Desafortunadamente, no hay una organizaciones de iglesias espiritualistas, no obstante, se pueden contactar iglesias espiritualistas a través de Internet.

Proporcione tan poca información como sea posible cuando haga una cita. Si quiere, puede utilizar un seudónimo para preservar su anonimato. Esto lo protege a usted y al médium. Si algo personal y evidencial se revela durante la reunión, el médium no querrá ser acusado de leer las notas locales de necrología o de hacer otra investigación. Usted también está protegido, ya que sabrá que cualquier cosa relevante que le digan es totalmente genuina.

Durante la reunión, naturalmente necesita cooperar con el médium, pero haga que sus respuestas sean lo más breves posibles, asi no influirá inadvertidamente al médium. Algunas personas hablan felizmente con el médium y sin saberlo, le proporciona una gran cantidad de información. El médium no quiere ni necesita eso, por lo tanto sea agradable pero breve.

Si es posible, grabe la conversación para utilizarla en el futuro. Algunos médiums no permiten que sus sesiones se graben, pero eso es una excelente confirmación de lo que se revele.

No espere milagros cuando trate de contactar a familiares fallecidos. Una queja muy común es que los médiums suministran una información muy trivial. Esto generalmente es verdad, pero a menudo se obtienen cosas de real valor. Pienso que es una buena idea tener preparada una lista de preguntas antes de la reunión.

Ciertamente no es necesario para su progreso, tener un encuentro con un médium, pero estoy seguro que encontrará que es algo interesante y afortunadamente probatorio.

18

CONVIRTIÉNDOSE
EN UN MÉDIUM

Un médium es una persona capaz de actuar como la voz de los espíritus. El o ella está en capacidad de comunicarse con los guías espirituales de otras personas y proporcionarles mensajes del más allá.

Algunos se convierten en médiums naturalmente, mientras que otros son más reacios. Una cosa es comunicarnos en privado con nuestros guías espirituales, y otra es comunicarnos públicamente con los de otras personas. Muchos médium se comunican mientras están en estado de trance, y algunos encuentran esto embarazoso al principio, cuando otros están presentes.

Doris Stokes fue una persona que se convirtió en médium naturalmente. Toda su vida experimentó voces que hablaban con ella, y descubrió que repitiendo lo que esas voces le decían, podía ayudar a otras personas. Ella comenzó a comunicarse con sus amigos en la cocina, pero las reuniones se hicieron más y más grandes. Finalmente, cuando las reuniones semanales llenaban su casa, decidió hacerlas en salones e iglesias (1).

Doris empezó con los amigos más allegados, lo cual es la mejor manera de comenzar. Se sentirá más confortable y relajado, rodeado por gente que cree en usted y que lo cuida, que iniciar con un salón lleno de extraños.

Dónde comenzar

Puede encontrar que es muy útil comenzar dentro del círculo donde se desarrolla, especialmente si su familia es escéptica sobre sus habilidades como médium. Es mucho mejor empezar con personas que creen en lo que está haciendo. Usted acabará con la negatividad de los escépticos muy pronto.

Diciendo Sí

Una vez que usted se haya convertido en un médium, se dará cuenta que la gente lo buscará. Es sorprendente la manera como se difunden las noticias, y pronto se encontrará con un grupo de personas que vibran en su misma longitud de onda.

Descubrirá que algunos amigos se apartarán de su vida. Esto es triste por supuesto, pero si ellos no se están desarrollando al mismo ritmo que usted, es mejor dejarlos ir. Es mucho más doloroso si trata de retrasar lo inevitable. Sea amable y gentil con los amigos que dudan de sus talentos como médium. Si usted fuera uno de ellos, estaría actuando de la misma manera.

Ignore las demandas de la gente escéptica que le insiste para que "pruebe" sus habilidades. Usted no convencerá a esas personas con las cosas que hace. El hecho es que sabe que puede hacer esas cosas y es lo único que importa.

También atraerá personas que necesitan su ayuda.

Me he dado cuenta que muchos médiums parecen tener una serenidad y un aura especial, y es por eso que las personas se dirigen hacia ellos.

Usted puede decidirse a utilizar sus dotes como médium para ayudar a la gente que está cerca, en lugar de trabajar para el público. De cualquier forma, es capaz de ayudar a los demás. También experimentará las satisfacciones y recompensas que se reciben al hacer algo que vale la pena.

19

TRABAJANDO EN
PAREJAS

Algunas personas prefieren desarrollarse espiritualmente por sí solas. Otras necesitan contacto con la
gente, y lo hacen en grupos o en parejas.

Hay muchas ventajas al desarrollarse en compañía:
los problemas del ego casi nunca se presentan, ya que
quizás han sido amigos por muchos años. Es aconseja-
ble reunirse en las mutuas casas, donde se sienten más
relajados; es probable que tengan otros intereses diferentes al de hacer contacto con sus guías espirituales.
Así, las reuniones cubrirán un amplio rango de temas
lo cual las hace más agradables para ambos.

También serán capaces de ayudarse y animarse mutuamente. Esto es importante, ya que a veces una persona se desarrollará más rápido que la otra, y la persona que va adelante tendrá que mantener a la otra motivada e interesada. Finalmente, y lo más importante, es que su guía espiritual puede hablar con usted a través de su amigo.

Su amigo puede descubrir que es un médium natural y ser usado temporalmente por su guía espiritual. Esto puede ser alarmante las primeras veces, pero se hará mucho más fácil estando usted allí para ayudar.

De hecho, deberían turnarse, relajarse y meditar si algo se presenta. Los mensajes deben ser registrados de alguna manera, ya sea en un cassette o escritos, los cuales se pueden utilizar más tarde.

Conozco muchas personas que han tenido un desarrollo exitoso trabajando en pareja. Linda y Joy son dos individuos que se me vienen a la cabeza inmediatamente. Ellas habían sido amigas por más de cuarenta años y habían trabajado juntas para desarrollarse espiritualmente durante casi todo ese tiempo. Se iniciaron como adolescentes que jugaban con una ouija, pero rápidamente progresaron más allá de esa etapa.

Linda recordó: "Joy repentinamente empezó a hablar con una voz extraña. Al principio pensé que estaba bromeando, pero luego me dí cuenta que ella tenía un mensaje importante para mí. Todo empezó a desarrollarse desde ahí".

Joy dijo después: "Solo nos estábamos divirtiendo. Pero desde entonces, pienso que ambas teníamos un serio deseo de saber más".

Elija a su amigo cuidadosamente. Su primera elección no tiene que ser necesariamente la correcta. Tómese su tiempo; sea cauteloso, y podrá encontrar a la persona indicada. No se precipite. Puede empezar con encuentros informales, tal vez tomando té o café. Podrían prestarse libros y discutirlos después.

Cuando se sientan listos, empiecen a experimentar con la ouija y el péndulo. Practiquen las relajaciones progresivas juntos. Es posible preparar un escrito y hacer que una persona lo lea mientras la otra se relaja. Se sorprenderá del estado de relajación que puede alcanzar cuando se sientan confiados, seguros con la otra persona.

Lleven notas de las reuniones. Practiquen enviando mensajes telepáticos entre ustedes, y registren los resultados. Una vez que hagan contacto con sus guías espirituales, el progreso será más rápido y más excitante. Hasta que hagan contacto, tengan paciencia. Linda y Joy han estado trabajando juntas por más de cuarenta años y todavía están aprendiendo.

Lo maravilloso del desarrollo junto a un amigo es que se puede disfrutar de la compañía del otro, cuando los resultados no se dan. Simplemente tómese su tiempo, diviértase y estará sorprendido de lo lejos que podrán llegar.

20

LA CONEXIÓN
CON LA
VIDA PASADA

En mi trabajo como hipnoterapista he ayudado a cientos de personas a recordar sus vidas anteriores. Por algunos años esta fue mi especialidad. Como resultado, he sido invitado a conferencias de hipno-terapia de todo el mundo. Eventualmente, escribí un libro sobre el tema (1) y he estado involucrado por mucho tiempo con las regresiones a vidas pasadas. Sin embargo, fue la casualidad la que me llevó a des-cribir la relación entre los guías espirituales y las experiencias en vidas anteriores.

Emily fue una cliente que me visitó porque quería bajar de peso. Ella había asistido previamente a una conferencia que yo dicté sobre reencarnación y me buscó por ese motivo. No obstante, ella no quería tener una regresión porque la idea la aterrorizaba.

Hasta los catorce años, Emily había sido delgada, pero subió de peso rápidamente a través de su adolescencia y había probado con todas las dietas posibles. La hipnosis era el último recurso para ella. Cuando la conocí, pesaba unas 250 libras y todavía seguía aumentando peso.

Como es usual, yo comencé la primera sesión con un cuestionario relacionado con sus hábitos alimenticios. Emily tenía una ansiedad por los chocolates, la cual se acentuaba cuando estaba estresada. Cuando hacía ejercicios prefería tomar bebidas azucaradas en lugar de agua. Todas esas cosas podían remediarse con la hipnosis.

En la primer sesión yo seguí mi procedimiento normal para la pérdida de peso y la cité para verla la siguiente semana. En la segunda visita, la regresé al día en que cumplió los catorce años, en un intento por averiguar que había pasado en ese tiempo para que le originara su aumento de peso.

Emily podía retroceder fácilmente en el tiempo. Recordó que sus padres organizaron una fiesta familiar para celebrar su cumpleaños. Antes de la cena, uno de sus primos comenzó a tocarle sus pechos y a manosearla. Emily se encerró en su cuarto, pero salió de nuevo antes de la cena. Ninguno de los adultos parecía haber notado el incidente.

Durante la cena, Emily miró alrededor de la mesa y descubrió que su tío la miraba disimuladamente y le dijo: "Tú encontrarás muchos hombres que te miran, ya que eres una chica muy atractiva". Emily se sonrojó y agachó la cabeza.

Estos dos incidentes en la misma noche fueron la base del problema de peso de Emily. Conscientemente, ella pudo remover esos recuerdos de su mente, pero su subconsciencia decidió convertirla en una mujer que no fuera atractiva a los hombres. Por eso fue que aumentó de peso.

Emily quedó sorprendida por haber recordado esos incidentes y comentó lo extraña que a veces la hacían sentir. Yo le expliqué que ahora, unos veinte años después, aquellos incidentes no tenían importancia y que ella podía superarlos. Estuvo de acuerdo conmigo e inmediatamente empezó a bajar de peso.

En la cuarta sesión, Emily espontáneamente regresó a una vida pasada. Esto es algo que ocurre ocasionalmente, pero yo no esperaba que pasara con Emily, ya que ella no quería experimentar con las vidas anteriores.

En esta vida pasada Emily era un hombre inglés, basto y tosco, del Siglo XV. (Es común que las personas cambien de sexo de una vida a otra). Emily era un terrateniente que aterrorizaba a sus empleados y a sus hijos. Sin embargo, era atento y caballeroso con su esposa, a quien adoraba. El parecía no tener amigos, pero bebía en un bar con un grupo de conocidos suyos.

Una noche, cuando regresaba de beber, se encontró con una mujer que estaba a punto de dar a luz al lado de la carretera. Lo primero que pensó, en medio de su borrachera, fue gritar algunas obscenidades y seguir caminando. No obstante, un recuerdo de su esposa que casi muere cuando iba a dar a luz, lo hizo detenerse para ver si podía ayudar. Se agachó y habló con la mujer, cuando alguien le dio un golpe en la cabeza y lo mató.

Esta fue una historia dramática y emotiva. Normalmente, mientras estoy haciendo regresiones, le digo a los pacientes que ellos verán todo con desapasionamiento y que por lo tanto, no sentirán dolor ni pena. Sin embargo, debido a que yo no esperaba que Emily tuviera una regresión, no hice eso y creía que iba estar alterada emocionalmente cuando regresara a la vida consciente.

No obstante, ella retornó totalmente consciente, como lo hacía normalmente y además estaba absolutamente estática. Luego dijo: "Esto es lo más asombroso que he experimentado".

Yo le respondí: "Y será mucho más asombroso. Ahora que has desbloqueado las memorias de esa vida pasada, recibirás más y más discernimientos durante los próximos días".

"¡Ella es mi guía espiritual!"

"¿Quién?"

"¡Mi esposa de aquel tiempo! ¡Ella es mi guía en esta vida!".

Esa fue la primera vez que había experimentado algo así. "¿Estás segura?".

Emily se sonrió. "¡Por supuesto! Yo la vi tan claramente como te veo a ti. ¡No es extraño que ella vele por mí!".

Emily regresó a verme de nuevo una semana más tarde. El exceso de peso comenzó a disminuir de una manera estable, y ella estaba feliz porque algunas personas le habían dicho lo bien que lucía. También estaba ansiosa por decirme más acerca de su regresión.

"Yo no fui un hombre tan malo en esa vida, ella decía, los tiempos eran difíciles y era necesario ser duro para sobrevivir. Si hubiera sido débil con mis trabajadores, ellos se habrían aprovechado. De todas maneras, yo era cariñoso con mi familia. Allí es donde estaba mi mayor felicidad: Sólo estando rodeado por mi familia".

Esta fue una versión diferente de la historia que Emily vivió bajo hipnosis. Yo amablemente le hice caer en cuenta.

"Es verdad. Tenía una reputación de ser salvaje y vicioso. Eso fue verdad en parte, particularmente cuando era joven, pero yo maduré con el tiempo. Mi familia me adoraba. De hecho, mi esposa nunca se repuso de mi muerte. Ella se consoló con el hecho de que yo había muerto tratando de ayudar a alguien. ¡Tal vez por eso es que ella vela por mi en esta vida!".

Desde esa experiencia hace ya varios años, he conocido muchas otras personas que también han reconocido a sus guías espirituales mientras recuerdan sus vidas pasadas. Los guías espirituales frecuentemente son parientes fallecidos, por lo tanto, no debería haberme sorprendido cuando Emily espontáneamente regresó y encontró a su guía espiritual.

Yo no he podido discutir este fenómeno con todos mis pacientes que han experimentado una regresión. Muchos no tienen interés en los guías espirituales y otros podrían sentirse avergonzados hablando de eso.

No obstante, siempre ha sido una experiencia muy positiva para los pacientes que ven a sus guías. Por ejemplo, yo esperaba que Emily se sintiera mal con su muerte violenta y su vida tan mala. De hecho, ella estaba totalmente convencida que su esposo en esa vida era su guía espiritual en ésta. El positivismo que ella le colocó, evitó cualquier incidente que alguna persona hubiera encontrado difícil de manejar desde el punto de vista emocional.

Otro aspecto interesante es que mucha gente, que previamente no ha sido capaz de ver a sus guías espirituales, los reconocen durante una regresión, lo cual es una experiencia reconfortante.

La manera más fácil de tener una regresión, es ir a donde un hipnoterapista calificado. Llame a varios antes de decidir adonde ir, ya que tiene que sentirse relajado y confortable con la persona que escoja. Asegúrese que el hipnoterapista no lo lleve a una vida pasada en un período en el que él o ella esté interesado. Es mejor que su primera regresión a una vida anterior sea al azar. El hecho que usted quiera ver a su guía espiritual, significa que su mente subconsciente lo llevará automáticamente a una vida pasada específica. Usted no quiere ser regido por las necesidades del hipnoterapista.

Pida una grabación de la sesión. De todas maneras usted recordará la mayor parte de todo, pero yo he descubierto que escuchar la grabación después, algunas veces puede ayudar a desbloquear los recuerdos de las vidas pasadas.

También puede conducir su propia regresión. Encontrará que es muy fácil de hacer, si ha practicado los ejercicios de relajación progresiva de los capítulos anteriores.

Como siempre, siéntese en un lugar silencioso donde no sea molestado. Asegúrese que la temperatura es confortable. Escuche música de relajación, si lo cree necesario.

Relaje cada parte de su cuerpo tanto como pueda. Cuando se sienta totalmente suelto y relajado, dibuje una escalera en su mente. Yo dibujo una escalera curva y muy bella, con una barandilla resplandeciente y una alfombra lujosa. Yo me hundo en la lana de la alfombra con cada paso. Su escalera puede ser completamente diferente.

Duplique su estado de relajación cada vez que baje un escalón de esta escalera. Cuando alcance el fondo, haga una pausa y revise mentalmente su cuerpo para asegurarse que cada parte está totalmente relajada. Mire alrededor de la hermosa sala en la que se encuentra. Los muebles son lujosos y hay cuadros bellísimos en las paredes. El sol está alumbrando a través de una ventana abierta y usted puede escuchar los pájaros cantando afuera.

A su derecha hay un corredor largo. A cada lado hay una fila de puertas cerradas. Detrás de cada puerta está una de sus vidas pasadas. Camine despacio por el corredor, haciendo una pausa en cada puerta hasta que encuentre una que parece invitarlo. Abra esa puerta. De un paso hacia adentro e instantáneamente se encontrará en un momento importante de la vida pasada que está a punto de experimentar.

Cuando ha estado lo suficiente en ese episodio particular, cierre los ojos y mentalmente cuente hasta tres. Cuando los abra de nuevo, se habrá trasladado hacia adelante o hacia atrás en el tiempo, hacia otra situación en esa misma vida. Puede hacer esto cuantas veces quiera.

Algunas veces yo simplemente cierro mis ojos y cuento hasta tres para ver que situación enfrento. Otras veces, cierro mis ojos y pido ser colocado en una situación que me ayude a entender esa vida pasada de una manera más clara. Por ejemplo, me gusta saber lo que estoy haciendo, cómo luce mi compañero, cuáles aficiones e intereses tenía, etc.

Finalmente, pido ser llevado al último día que tuve en esa encarnación en particular. Enseguida me traslado al momento de la muerte y por lo tanto, me encuentro en espíritu inmediatamente después de morir. De esa manera, puedo mirarme y ver como lucía. Puedo aun pedir ir a mi funeral y ver la lápida de mi tumba. Esto puede ser útil si usted no está seguro del período de tiempo en que estaba. Muchas personas en los siglos pasados nunca fueron más allá de unas pocas millas de su casa, por lo tanto no tenían idea del tiempo y a veces ni del país en que vivían.

Puede encontrarse con que reconoce a su guía espiritual la primera vez que regrese a una vida pasada. Muchas personas lo hacen. Por otro lado, también le puede llevar muchas regresiones para poder reconocerlo. Tenga paciencia. Es posible que haya una razón en particular para que sus guías no quieran que los vea. Usted debe respetar eso. Ellos se harán visibles en el momento correcto.

Aparte de la oportunidad de ver a sus guías espirituales, descubrirá que las regresiones a vidas pasadas son muy útiles para muchas cosas. Ciertas personas aparecerán en diferentes vidas. Los sexos y las relaciones cambiarán. Pero de todas maneras podrá reconocerlas. Es posible que descubra que aún cuando cada vida es completamente diferente, usted fue un cierto tipo de persona cada vez. Por ejemplo, puede haber sido un profesor en todas las vidas.

Tal vez usted sea una persona práctica en esta vida. Sus manos parecen que pudieran pensar por sí mismas. Si este es el caso, puede encontrarse con que en las vidas anteriores también fue una persona buena con las manos.

Por supuesto, también se puede dar lo contrario. Ahora es un plomero o constructor, pero descubre que fue un filósofo la última vez. Esto quiere decir que está explorando una nueva dimensión de su ser en esta vida.

Las regresiones a vidas pasadas son fascinantes. A mí me gusta hacerlas porque siempre son de gran ayuda para mis clientes. Frecuentemente, proporcionan una explicación de las dificultades y problemas que la persona está teniendo en esta vida, como por ejemplo las relaciones difíciles y por supuesto, también pueden ponerlo cara a cara con su guía espiritual.

21

Otros Ayudantes Invisibles

*Millones de criaturas espirituales caminan por
la tierra sin ser vistos, ya sea cuando estamos
despiertos o cuando dormimos...*

—John Milton, *Paradise Lost*, IV

En su continuo crecimiento espiritual, también entrará gradualmente en sintonía con los espíritus naturales (duendes, elfos, hadas y devas) quienes se manifiestan como entidades invisibles. Los humanos tenemos nuestros ángeles guardianes que velan por nosotros, pero todas las cosas vivientes también tienen sus propios espíritus que atienden sus necesidades.

El reino angelical parece estar agrupado en cuatro categorías principales: los ángeles que trabajan con los humanos; los ángeles que trabajan con animales; los que trabajan con los elementos; y aquellos que trabajan con las plantas.

Flower A. Newhouse, una mística y clarividente, vio los espíritus naturales a una temprana edad. Su primera observación fue a la edad de seis años cuando estaba en un ferri y vio un grupo de pequeños espíritus del agua. Ella le exclamó a su amiga: "¡Oh, mira esas hermosas hadas!". Su amiga no pudo verlas y pensó que Flower estaba jugando. Ella respondió apuntando hacia unas criaturas fingidas. Flower estaba confundida ya que podía ver los espíritus en el agua pero no veía ninguno de los animales que su amiga señalaba. Repentinamente se dio cuenta que su amiga estaba simulando todo. Flower estaba viendo un mundo que era invisible para la mayoría, y tristemente, llegó a la conclusión que nunca sería capaz de compartir eso con otras personas (1).

Flower corrió con la fortuna de ser motivada por tres profesores de la universidad, para hablar sobre lo que ella podía ver, y los ángeles se convirtieron en el trabajo de su vida. Ultimamente, escribió una serie de libros maravillosos acerca de ángeles.

Ver estos espíritus resplandecientes es una experiencia relativamente común para la gente, tal vez cuando miran de reojo una cascada o pasean por el bosque. Sin embargo, la mayoría cataloga el hecho como un simple truco de la luz o de su imaginación. Otras personas ven estos espíritus y simplemente se rehusan a aceptar lo que han visto.

Naturalmente también una gran cantidad de gente que ve los espíritus naturales y les permiten que lo ayuden. A los espíritus naturales les encanta asistir a las personas, especialmente cuando se aprecia lo que ellos hacen.

Es triste pensar que hoy, cuando la gente es capaz de discutir temas que han sido tabú hace unos pocos años, no podamos hablar abiertamente de guías espirituales y espíritus naturales.

Es mucho más probable que vea los espíritus naturales, si se aproxima a la naturaleza con frecuencia. Cerca de mi casa hay una exitosa venta de flores, cuyas propietarias son dos mujeres de treinta años. Ambas aman su trabajo, y sus negocios han crecido debido a sus talentos para el arreglo de las flores, pero especialmente debido a que las dos tienen excelentes relaciones con la gente. Todos sus clientes vuelven una y otra vez y a menudo terminan entablando amistad con las propietarias.

Sin embargo, aunque ambas son buenas en su trabajo, una de ellas maneja las flores con reverencia y respeto, mientras que la otra las trata de una manera un poco más tosca. Un día hice ese comentario y la mujer que trata las flores con reverencia me dijo: "Yo amo toda la naturaleza y sus misterios. Por eso es que siempre les pido permiso a mis devas para cortar flores, y luego tengo el deber de velar por ellos tanto como sea posible".

Ella me dijo eso de una manera muy casual. Luego le pregunté que si sus clientes creían en los espíritus naturales. "Algunos si y otros no. Los que lo hacen, adquieren una mirada especial en los ojos cuando observan mis flores".

Aquellos clientes son obviamente los que se aproximan reverentemente a la naturaleza. Junto con el respeto, necesita paciencia, positivismo y estar abierto. Cuando sea el momento correcto, los ayudantes invisibles harán que usted los conozca.

Un amigo vio por primera vez los espíritus del agua en su luna de miel. El y su esposa estaban disfrutando de un almuerzo campestre en una majestuosa cascada. Aunque ese era un sitio turístico muy popular, la pareja había calculado bien el tiempo para tener la cascada para ellos solos.

Mi amigo, profundamente enamorado y más feliz que nunca, estaba relajado y totalmente inmerso en la belleza que lo rodeaba. Repentinamente, notó a una pequeña persona que estaba parada sobre una roca detrás de la casaca. La persona era casi transparente y mi amigo parpadeó muchas veces pensando que debía ser una ilusión. El volteó a mirar a su esposa, pero ella se había quedado dormida y el no quería molestarla. Luego volvió a mirar a la figura, quien ahora se estaba moviendo hacia él. Mi amigo retrocedió e instantáneamente vio cientos de espíritus de agua, bailando y jugando cerca de la cascada.

El recordó: "Fue la experiencia más bella de toda mi vida. Yo no podía creer que había vivido treinta años sin ver todo lo que estaba a mi alrededor". Mi amigo estaba relajado, feliz y disfrutando la naturaleza cuando vio por primera vez aquellos espíritus de agua. Si él hubiera estado estresado, tensionado o de mal humor, los espíritus habrían seguido siendo invisibles.

La naturaleza tiene cualidades curativas increíbles. Si nosotros lo permitimos, ella puede curar no sólo nuestros cuerpos, sino también nuestros corazones, mentes y espíritus. El verde siempre ha sido considerado como un color curativo. Al dedicarle tiempo a la naturaleza, le permitimos a los diferentes tonos verdes que restauren y revitalicen nuestros cuerpos físicos, mentales, emocionales y espirituales.

Los espíritus naturales están bien conscientes de esto y las personas que se están relajando en un ambiente natural y beneficiándose con esta energía curativa., tienen la posibilidad de ser visitados por ellos.

Los espíritus naturales pueden dividirse en cuatro grandes categorías: Los espíritus del aire, tierra, fuego y agua. Existen diferentes tipos de elementos que se relacionan con cada categoría, y como se mencionó anteriormente, solo hay un arcángel para cuidarlos.

Los elfos, gnomos y devas, pertenecen al elemento tierra y están regidos por Uriel.

Las ondinas, ninfas de mar, náyades y los espíritus de agua pertenecen al elemento agua y están regidos por Gabriel.

Los constructores, céfiros, silfos y devas de aire pertenecen al elemento aire y el arcángel que los rige es Rafael.

Las salamandras y el flamin pertenecen al elemento fuego y son regidos por Miguel.

La gente usualmente empieza a ver los elementales, tal como la tierra, antes de hacerlo con los de las otras áreas. Por ejemplo, una dama que conozco, ve los elementales en los árboles, bosques y otras plantas pequeñas. No obstante, ella todavía no puede ver en el arroyo que pasa por su propiedad. Su esposo puede ver los espíritus de agua alrededor del arroyo, pero todavía no es capaz de ver las devas que su esposa ve en las plantas. Sin embargo, eso no tiene importancia, ya que ellos saben que cuando sea el momento justo, serán capaces de ver a todos los ayudantes invisibles.

Muchas personas nunca ven a los duendes ni espíritus, pero simplemente están conscientes de ellos. La señorita Eva Longbottom le dijo a Sir Arthur Conan Doyle: "Yo he visto muchas hadas con los ojos de mi mente" (2). En otras palabras, ella creía que las hadas están allí, y aunque no podía verlas con sus ojos de la mente". Una mujer que conozco describió sus experiencias con las hadas de la siguiente manera:

"Cuando estoy fuera de casa, especialmente cuando camino en las colinas cerca de mi hogar, algunas veces siento una suave caricia en mis brazos y mejillas. Es algo reconfortante, ya que me dice que ellos están ahí. Por supuesto, yo se muy bien que están ahí todo el tiempo, pero además es muy lindo sentir su presencia".

Ella explicó que el roce era tan sutil que parecía imperceptible. "No es como cuando un insecto aterriza en mi brazo. Si yo no hubiera estado en armonía con eso, dudo mucho que pudiera haberlo notado".

Esta dama espera algún día poder ver a sus ayudantes invisibles, pero no está preocupada si nunca sucediera. "Si ellos quieren que los vea, me lo permitirán".

Robert Bray, un geólogo y místico, ha visto espíritus naturales en muchas formaciones rocosas. El cree que ellos nutren y motivan el crecimiento y los potenciales psíquicos de los cristales, y admite que "no es algo que yo discutiría con todo el mundo, pero cuando estoy en el campo y los veo, se que estamos cerca de algo importante desde el punto de vista geológico. Ser capaz de verlos me da una ventaja oculta que mis colegas no tienen. Sin embargo, también me da más responsabilidad. En mi trabajo estamos escarbando rocas y minerales todo el tiempo. Yo necesito estar seguro que haremos eso causándole el menor daño posible al medio ambiente".

Los espíritus naturales pueden encontrarse en todo el planeta, incluso en ambos polos. Con su ayuda podemos lograr milagros.

Un buen ejemplo es el famoso jardín de la comunidad de Findhorn en una zona desértica del norte de Escocia. El suelo es arenoso y lleno de piedras. Como es lógico, sólo las plantas típicas de ese inhospitalario clima deberían ser capaces de sobrevivir, pero los miembros de la comunidad sembraron exitosamente una gran variedad de vegetales, frutas, flores y árboles en ese lugar.

Ellos han tenido éxito porque piden y siguen los consejos de espíritus naturales. Dorothy Maclean, una mística y clarividente, comenzó el proyecto contactando el espíritu de un guisante. A partir de este modesto inicio, ella comenzó a comunicarse con todos los devas en el jardín. Dorothy nunca ha visto un espíritu natural, aunque algunas veces recibe una "impresión de un modelo, forma o color" (3). Sin embargo, ella los escucha clarividentemente.

Luego continuó: "Se tolerante y busca dentro del glorioso reino de la naturaleza, con simpatía y entendimiento"

(4). Esto es exactamente lo que necesita hacer para entrar en contacto con ese mundo invisible. Dorothy Maclean originalmente se sentía nerviosa, temerosa e incapaz, pero afortunadamente Peter Caddy, otro de los fundadores de Findhorn, no tenía tales angustias y decía: "Tonterías, tu puedes hacerlo" (5) y realmente, ella pudo. Todos los días recibía información práctica relacionada con el jardín, y los resultados se ven día a día con el gran número de visitantes que atrae la comunidad.

Una vez vino el consejero de horticultura a examinar el suelo, y dijo que hacían falta ciertos nutrientes, pero en la prueba encontró que el suelo estaba perfectamente balanceado. El proyecto todavía estaba en su fase de establecimiento en ese tiempo, (a mediado de los años sesenta) y los fundadores de Findhorn no se sentían capaces de decirle acerca de sus ayudantes invisibles (6).

Creo que todos los jardineros buenos tienen contacto con estos ayudantes invisibles, ya sea que se den cuenta o no; ellos pueden experimentar un buen sentimiento al plantar algo en cierta posición, y no se preguntan de dónde proviene esta intuición.

Los devas escogieron un área salvaje donde los espíritus naturales no serían molestados. Si usted hace eso en su jardín, los espíritus naturales lo recompensarán. Puede encontrar que una planta que siempre estaba enferma, recupera su salud. Tal vez recibirá una cosecha más productiva de lo normal. De pronto sus vegetales tendrán un mejor sabor. Los premios pueden llegar de manera oculta, pero siempre estarán ahí.

22

CONCLUSIÓN

Hemos cubierto un amplio espectro en estas páginas. Usted ya sabe como hacer el mejor uso de sus ángeles guardianes y guías espirituales. Puede ser muy reconfortante saber que tenemos protección, consejo y orientación cuando la necesitemos.

Ahora depende de usted. El crecimiento espiritual llenará su vida de felicidad, amor, alegría y realización completa. Permítale a sus ángeles y guías que le ayuden a vivir una vida de éxito, abundancia y crecimiento continuo.

Conclusión

Por favor no lea simplemente este libro para luego dejarlo a un lado. Eso es lo que la mayoría de las personas hacen cuando se ven expuestas a algo nuevo. Hay un famoso proverbio chino que dice: "Soñé con mil nuevos caminos... desperté y caminé por el más viejo". Por favor no haga eso. Sueñe con nuevos caminos y luego siga el que crea más correcto.

Utilice este libro como libro de trabajo. Practique los diferentes ejercicios. Lleve un registro de sus resultados y búsquedas. Todos progresaremos por etapas. Algunas veces avanzamos rápidamente, mientras que en otras ocasiones sentimos que el tiempo no corre. Llevando registros, puede mirar hacia atrás y ver que tan lejos ha llegado realmente. Esto puede ser muy útil durante los periodos más lentos.

Tenga paciencia. Usted no será un maestro de la noche a la mañana. Nada vale la pena si no se obtiene con esfuerzo. Permanezca positivo y confiado, y los resultados vendrán, probablemente más rápido de lo que piensa.

Puede descubrir que trabaja mucho mejor con su ángel guardián que con guías espirituales o viceversa. Eso está bien. Todos somos diferentes y lo que le interesa a usted no necesariamente tiene que interesarle a los demás. Utilice a su ángel guardián para algunas cosas y a sus guías espirituales para otras.

Recuerde que el mensaje espiritual es exactamente el mismo si elige trabajar con ángeles guardianes, guías espirituales, espíritus naturales, animales o cualquiera que le interese. Todos ellos sirven como una representación simbólica del amor, la ayuda y la orientación que el universo pone a su disposición. Ellos quieren que usted los use para ayudarse en su progreso y desarrollo a medida que marca el camino a través de esta encarnación.

Puede hacer mucho de esto por usted mismo, pero su progreso será más rápido y más agradable si lo hace con una persona que tenga cosas en común con usted. Sino tiene a nadie en mente en este momento, pídale a su ángel guardián que le traiga esa persona. Ambos se beneficiarán al conocerse el uno al otro.

Está bien si prefiere hacerlo solo. Todos somos diferentes y no es ni correcto ni equivocado ese camino. Algunas personas necesitan la camaradería y el apoyo de un grupo, otros quieren sólo una o dos personas para que le ayuden, y otros prefieren trabajar solos. Usted puede iniciar por sí mismo y gradualmente encontrarse con un grupo. El universo trabaja de manera misteriosa y se asegurará de que encuentre a las personas correctas para su crecimiento y desarrollo cuando sienta que está listo.

Espero que haya disfrutado este libro. Si le ayuda a hacer contacto con su ángel guardián y guías espirituales, yo seré muy feliz.

NOTAS

Capítulo 1

1. Martin Luther, *Table Talk*, trans. William Hazlitt (1821; reprint, London: HarperCollins, 1995), 273. Este libro de las palabras de Martín Luther se publicó póstumamente en 1566 y contiene muchas de las citas, epigramas y consejos que dio Luther en el comedor.

2. Paola Giovetti, *Angels: the Role of Celestial Guardians and Beings of Light* (York Beach: Samuel Weiser Inc., 1993), 4.

3. Keith Crim, Roger A. Bullard, and Larry D. Shinn, eds. *The Perennial Dictionary of World Religions* (San Francisco: Harper and Row, 1989), 36. Publicado originalmente como Abingdon Dictionary of World Religions por Abingdon Press, Nashuille, 1981.

4. The Holy Bible, Col. 2:18. La variación de actitud de la iglesia cristiana hacia los ángeles empezó con la condenación de San Pablo. Sin embargo, en el Consejo de Nicea en el año 325 d.C la creencia a los ángeles se hizo parte de la doctrina de la iglesia. Unos años más tarde, en el año 343 d.C el sínodo de Laudianea declaró la adoración de los ángeles como idolatría. Cuatrocientos años después de eso, el séptimo sínodo ecuménico introdujo un número limitado de arcángeles. Todas las citas de este libro son de la versión del rey James, de 1611, conocida en Gran Bretaña como la versión autorizada.

5. La palabra ángel aparece doscientas noventa y dos veces en la Biblia, pero hay muchos otros lugares donde los ángeles son referidos como querubines, serafines, tronos, poderes, espíritus de ministerio, etcétera. Las principales referencias de ángeles en la Biblia son. Gen. 3:23-24; Gen. 16:7-13; Gen. 22:10-12; Gen. 28:12; Gen. 32:25; Exo. 3:2; Deut. 33:2; Jueces 13:2-5; Jueces 13:20; Reyes 19:4-8; Job 38:7; Salmos 68:17; Salmos 91:11-12; Salmos 103:20; Isa. 6:1-7; Dan. 3:24-28; Dan. 6:22; Dan. 8:15-17; Dan. 10:5-6; Dan. 10:12-14; Tob. 5:4; Mat. 1:19-24; Mat. 2:19-20; Mat. 13:41-42; Mat. 16:27; Mat. 18:20; Mat. 22:30; Mat. 28:2-6; Lucas 1:11-12; Lucas 1:26; Lucas 2:8; Lucas 2:21; Lucas 16:22; Lucas 24:2-4;

Juan 20:12; Hechos 1:10-11; Hechos 12:6-9; Hechos 8:26; Hechos 12:23; Hechos 27:23-24; Cor. 13:1; Heb. 1:14; Rev. 22:8.

6. Linda Georgian, *Your Guardian Angels* (New York: Simon and Schuster, 1994), 39.

7. Los hindúes tienen una completa cosmología de ángeles. Gandharvas son los ángeles de la música; Yakshas y Kinnaras son ángeles semi-divinos, aunque los Yakshas son mucho más evolucionados; Apsarase son ángeles femeninos que les gusta la música y el baile; y sthana-devatas son deidades que presiden. Hay cinco tipos de sthana-devatas: Un grama-devata vela y protege a una villa, el vana-devata protege los bosques; un griha-devata protege la casa; un nagar-devata protege el pueblo; y un kshetra-pala protege los campos y las granjas.

8. The Bhagavad Gita, III, ii:12.

9. Juana de Arco, citada en *Do You Have a Guardian Angel?* por John Ronner (Murfreesboro: Mamre Press, 1985), 108.

10. Encyclopedia Britannica, *Macropaedia*, vol. 1, x875. (Chicago: Encyclopedia Britannica, Inc., 15th ed., 1974).

11. Brian Inglis with Ruth West and the Koestler Foundation, *The Unknown Guest* (London: Chatto and Windus Limited, 1987), 9.

12. C. G. Jung, *Memories, Dreams, Reflections* (London: Collins and Routledge & Kegan Paul, 1963), 302.

13. Hope Price, *Angels: True Stories of How They Touch Our Lives* (London: Macmillan London, 1993), 5.

14. *This England*, Cheltenham, Winter 1982. Un cuento en primera persona por el capitán Cecil Wightwick Hayward. Hay muchas historias sobre visitas de ángeles durante la primera guerra mundial. Muchas personas dicen que todo comenzó cuando se publicó una corta historia llamada "The Bowen" en el *London Evening News* el 29 de septiembre de 1914. Esta historia contiene una descripción amplia de los arqueros de Agincourt quienes mataron a diez mil alemanes, y ninguno mostró signos de lesiones. Después de esta historia apareció mucha gente que decía haber visto ángeles en los campos de batalla. Estos acontecimientos han sido llamados "tragic self-deception" por Melvin Harris Harris en su escéptico libro *Investigating the Unexplained* (Buffalo: Prometheus Press, 1986).

15. G. Don Gilmore, "The Nature of Angel Forms," artículo en *Angels and Mortals*, comp. Maria Parisen (Wheaton: Quest Books, 1990), 7.

16. Sin embargo, esto puede hacerse todavía, como lo muestra el ejemplo de Angels of Mons shows. Un ejemplo más intrigante se puede encontrar en *Conjuring Up Philip* by I. M. Owen and M. Sparrow (New York: Pocket Books, 1977). Este libro dice como muchos parapsicólogos en Toronto crearon un "fantasma", inventando su personalidad. Luego ellos creyeron que era real y descubrieron que a causa de esto, realmente se volvió real. Aunque nunca se les apareció, él hacía sonidos, respuestas, preguntas y levantaba algunos objetos. Algunos de estos experimentos se hicieron en televisión, permitiendo que miles de personas fueran testigos.

17. Pseudo-Dionysius the Areopagite, *The Mystical Theology and the Celestial Hierarchies* (Godalming: The Shrine of Wisdom, 1949). Pseudo-Dionysius fue probablemente un monje americano cuyos escritos fueron altamente comentados por un gran número de papas. Sus principales trabajos son: *Celestial Hierarchies*; *On the Ecclesiastical Hierarchy*; *Ten Letters,* and *The Divine Names*. El es referido como "Pseudo" Dionysius porque los antiguos cristianos pensaron que él era el famosos juez griego

del mismo nombre, quien es mencionado en la Biblia. Fue sólo hasta la edad media que los investigadores se dieron cuenta que Pseudo-Dionysius había escrito sus trabajos en el Siglo VI y que no podía ser el mismo Dionysius de la Biblia. En consecuencia, es conocido como Pseudo-Dionysius, o aun menos amable, False-Dionysius.

18. Hay por lo menos otras trece clasificaciones de la jerarquía espiritual, y todas varían muy poco de la lista compilada por Pseudo-Dionysius. Por ejemplo, en su libro *The Magus*, Francis Barrett cambia la posición de los poderes y virtudes y adiciona tres más a la lista: inocentes, mártires y confesores: Innocents, Martyrs, and Confessors. (Francis Barrett, *The Magus*, Book 2, 1801, 34–45.) La mayoría de los otros arreglos están listados en *A Dictionary of Angels* by Gustav Davidson (New York: The Free Press), 336–337.

19. Silver RavenWolf, *Angels: Companions in Magic* (St. Paul: Llewellyn Publications, 1996), 41.

20. Emanuel Swedenborg escribió muchos libros, disponibles en la Swedenborg Foundation, 139 East 23rd St., New York, NY 10010. Con alguna discusión, su trabajo más valioso es *Heaven and Hell*, publicado originalmente en 1758. La fundación publicó una excelente traducción de este libro, elaborada por George F. Dole en 1976.

21. James H. Hindes, "The Hierarchies," artículo en *Angels and Mortals*, comp. Maria Parisen, 118–119.

22. El texto de oración es: "Dios te salve María, llena eres de gracia, el Señor está contigo. Bendita tú eres entre todas las mujeres y bendito es el fruto de tu vientre: Jesús. Santa María, madre de Dios. Ruega por nosotros los pecadores, ahora y en la hora de nuestra muerte. Amen".

23. Linda Georgian, *Your Guardian Angels*, 53.

24. Sean Kelly and Rosemary Rogers, *Saints Preserve Us!* (New York: Random House, 1993).

25. Te Ua Haumene, citado en *Like Them That Dream: The Maori and the Old Testament* by Bronwyn Elsmore (Tauranga: The Tauranga Moana Press, 1985), 109.

26. Ruzbehan Baqli, citado en *Angels: Messengers of the Gods* by Peter Lamborn Wilson (London: Thames and Hudson, 1980), 41.

27. Silver RavenWolf, *Angels: Companions in Magic*, 47–48.

28. Encyclopedia Brittanica, *Micropaedia*, vol. 6, 15th ed., 1983, 352.

29. John Ronner, *Do You Have a Guardian Angel?* (Murfreesboro: Mamre Press, 1985), 19.

30. Encyclopedia Britannica, *Micropaedia*, vol. 4, 15th ed., 1983, 64.

31. John Milton, citado en *England in Literature*, Robert C. Pooley, George K. Anderson, Paul Farmer and Helen Thornton, eds. (Chicago: Scott, Foresman and Company, 1963), 219.

32. Richard Webster, *Feng Shui for Beginners* (St. Paul: Llewellyn Publications, 1997), 6–7.

Capítulo 2

1. Thomas Aquinas, citado en A *Rustle of Angels* by Marilynn Carlson Webber and William D. Webber (Grand Rapids: Zondervan Publishing House, 1994), 25.

2. Harvey Humann, *The Many Faces of Angels* (Marina del Rey: DeVorss and Company, 1986), 4.

3. Father Alessio Parente, *Send Me Your Guardian Angels, Padre Pio* (Foggia: Editions, 1984), 113.

4. Harvey Humann, *The Many Faces of Angels*, 5–6.

5. Rosemary Ellen Guiley, *Angels of Mercy* (New York: Pocket Books, 1994), 59–60.

6. Hay muchos libros disponibles hoy en día que hablan de las experiencias cercanas a la muerte. Yo creo que el libro que empezó todo este tema, sigue siendo el mejor: *Life After Life* por Raymond A. Moody, Jr., M.D. (St. Simon's Island: Mockingbird Books, 1975). Vale la pena notar que las personas de otras culturas no tienen necesariamente las mismas experiencias cercanas a la muerte que tenemos los occidentales. En la India, por ejemplo, los investigadores encontraron que los mensajeros llevaban a las personas a experimentar en el más allá estos mensajeros probablemente son Yamdoots, los mensajeros de la muerte; un portero consulta un libro o algunos papeles y le dice a la persona que el mensajero a cometido un error y que trajo a la persona equivocada. Después que se ha dicho eso los mensajeros simplemente devuelven a al persona a su cuerpo. Elizabeth L. Hillstrom, *Testing the Spirits* (Downers Grove: InterVarsity Press, 1995), 91.

7. Southern Centre of Theosophy, Robe, Australia, comp. *Devas and Men* (Adyar: The Theosophical Publishing House, 1977), 70.

8. Paola Giovetti, *Angels: The Role of Celestial Guardians and Beings of Light*, 119.

9. Harvey Humann, *The Many Faces of Angels*, 12.

10. Peter King, "Who Was the Fourth Man?" artículo en *Fate* magazine, March 1967.

11. Harvey Humann, *The Many Faces of Angels*, 12.

12. Frank Smythe, *Adventures of a Mountaineer* (London: J. H. Dent and Company, 1940).

13. John Ronner, *Do You Have a Guardian Angel?* 106.

14. Migene González-Wippler, *The Complete Book of Spells, Ceremonies and Magic* (New York: Crown Publishers, Inc., 1978), 97. *Shekinah* es a menudo relacionada al arcángel Metatron, y se cree que rodea a las parejas de casados mientras están haciendo el amor.

15. Brad Steiger, *ESP: Your Sixth Sense* (New York: Award Books, 1976), 34–35. William Cox escribió sus resultados en el *Journal of the American Society for Psychical Research*, vol. 50, no. 3.

16. Richard Webster, *Omens, Oghams and Oracles* (St. Paul: Llewellyn Publications, 1995), 39–41. Un árbol oráculo es un árbol personal que se relaciona bien contigo. Puedes encontrar uno abrazando los árboles que te atraigan. Cuando encuentres uno que responde de una manera favorable a tu abrazo, tendrás tu propio árbol oráculo personal.

Capítulo 3

1. Bruce A. Vance, *Dreamscape: Voyage in an Alternate Reality* (Wheaton: Quest Books, 1989).

2. C. G. Jung, *Memories, Dreams, Reflections*, 302.

3. Thomas Aquinas, citado en *Gods, Spirits, Cosmic Guardians* by Hilary Evans (Wellingborough: The Aquarian Press, 1987), 45.

4. Gustav Davidson, *A Dictionary of Angels* (New York: Free Press, 1967), xii.

5. Dion Fortune, *Psychic Self-Defence* (Society of the Inner Light, 1930; reprint, New York: Samuel Weiser Inc., 1981), 76.

6. James T. Fields, "Fiction and its Eminent Authors" (conferencia). Esta cita se puede encontrar en *Encyclopedia of Psychic Science* por Nandor Fodor, 382.

7. Peter Lamborn Wilson, *Angels: Messengers of the Gods*, 73.

8. Joel Goldsmith, citado en *The Many Faces of Angels* by Harvey Humann, 45.

9. Alexandra David-Neel, *Magic and Mystery in Tibet* (1932, reimpreso en New York: University Books, 1965). Viking Penguin and Sphere Books también han reimpreso este clásico moderno.

Capítulo 4

1. Sophy Burnham, *A Book of Angels* (New York: Ballantine Books, 1990), 56.

2. Richard Webster, *Talisman Magic* (St. Paul: Llewellyn Publications, 1995), 63–64.

3. Para mejor información sobre colores y numerología ver *Aura Reading for Beginners* y *Chinese Numerology*, ambos por Richard Webster (St. Paul: Llewellyn Publications, 1998).

Capítulo 5

1. "Charles W. Leadbeater," artículo de *The Theosophist*, vol. 63, no. 1, 453.

2. The Apocrypha. Hay muchas traducciones disponibles. La más accesible es la edición de Nonesuch Press edition de 1924, reimpresa en 1962 por University Books, Inc., New Hyde Park. The University of Chicago Press publicó "*an American translation*" por Edgar J. Goodspeed en 1938. Harper Publishers, New York, publicó una traducción de *The Book of Tobit* por Frank Zimmerman en 1958.

3. Asmodeus es descrito como un "demonio rabioso" en el libro de Tobías, 3:8. El nombre Asmodeus se deriva de la palabra persa *ashma daeva*. Sin embargo, los Judíos también lo aceptaron como un espíritu malo. Se cree que él hizo que Noé se embriagara, además de inventar la música, el baile y los sueños. Hoy él está a cargo de todos los juegos en el infierno. (Gustav Davidson, A *Dictionary of Angels*, 57–58.)

4. John Ronner, *Do You Have a Guardian Angel?* 17.

5. Sandra L. Zimdars-Swartz, *Encountering Mary: From La Salette to Medjugorje* (Princeton, NJ: Princeton University Press, 1991), 50.

Capítulo 7

1. Peter Lamborn Wilson, *Angels: Messengers of the Gods*, 71.

2. Encyclopaedia Britannica, *Macropaedia*, vol. 2, 1100.

3. William Blake, citado en *The Many Faces of Angels* por Harvey Humann, 27.

4. Catherine Blake, citado en *England in Literature*, Robert C. Pooley, ed. (Chicago: Scott, Foresman and Company, 1963), 338.

5. Malcolm Godwin, *Angels: An Endangered Species* (New York: Simon and Schuster, 1990), 6.

6. George Frideric Handel, citado en *The Oxford Junior Companion to Music* por Percy A. Scholes (Oxford: Oxford University Press, 1954), 169.

Capítulo 11

1. Julian Hawthorne, *Hawthorne and His Circle*. Esta cita del hijo de Nathaniel Hawthorne's se puede encontrar en *Encyclopaedia of Psychic Science por Nandor Fodor* (1934, reprint New York: University Books, Inc., 1966), 154.

2. Xenophon, *Memorabilia Socratis*, A. R. Cluer, B.A., ed. Boston: Henry and Company, 1893, 124.

3. J. B. Greatbarr, ed. *The Saint Augustine Collection* (Newcastle: New Growth Centre, 1964), 212.

4. Eugene Burger, *Spirit Theater* (New York: Kaufman and Greenberg, 1986), 37.

5. David P. Abbott, *Behind the Scenes with the Mediums* (Chicago: The Open Court Publishing Company, 1907), 53–54.

6. George Templeton Strong, *The Diary of George Templeton Strong*, Allan Nevins and Milton H.

Thomas, eds., vol. 2 (New York: Macmillan and Company, 1952), 244–245.

7. Paul Kurtz, "Spiritualists, Mediums and Psychics," artículo en *A Skeptic's Handbook of Parapsychology*, Paul Kurtz, ed. (Buffalo: Prometheus Press, 1985), 180.

8. Nat Freedland, *The Occult Explosion* (New York: Berkeley Publishing Company, 1972), 76–77. Nettie Maynard, uno de los médiums de la Casa Blanca, publicó su libro *Was Abraham Lincoln a Spiritualist?* in 1891.

9. Alfred Russel Wallace, citado en "A Critical Historical Overview of Parapsychology," un artículo de Ray Hyman en *A Skeptic's Handbook of Parapsychology*, Paul Kurtz, ed. Hyman cita de *The Psycho-Physiological Sciences and Their Assailants*, A. R. Wallace, J. R. Buchanan, D. Lyman, E. Sargent, eds. (Boston: Colby and Rich, 1878).

10. Hélène Smith era el pseudónimo de Catherine Elise Muller (1861–1929). Su vida y su trabajo fueron documentadas y estudiadas por Théodore Flournoy, el inminente psicólogo suizo, quien se hizo su amigo y escribió extensivamente acerca de ella.

11. Terence Hines, *Pseudoscience and the Paranormal* (Buffalo: Prometheus Press, 1988), 25.

12. Théodore Flournoy, *Des Indes á la Planéte Mars* (Geneva: Atar, 1899), citado en *Gods, Spirits, Cosmic Guardians* by Hilary Evans, 49.

13. Andrew Jackson Davis, *The Principles of Nature, Her Divine Revelations, and a Voice to Mankind*, 1847, 675–676.

14. Hereward Carrington, *The Physical Phenomena of Spiritualism* (Boston: Herbert B. Turner and Company, 1907), 372.

15. Viscount Adare, *Experiences in Spiritualism with Mr. D. D. Home*, citado en *Spiritualists, Mediums and Psychics* by Paul Kurtz, 190.

16. *Proceedings of the SPR*, London, 1889, 6:98–127.

17. Sir William Crookes, "Notes of an Inquiry into the Phenomena called Spiritual during the Years 1870–73." *Quarterly Journal of Science*, enero de1874, reimpreso en *A Voice from Beyond* by Gilbert Roller (New York: Popular Library, 1975), 63–92.

Capítulo 12

1. Paul Beard, *Inner Eye, Listening Ear* (Tasburgh: Pilgrim Books, 1992), 4.

2. Jon Klimo, *Channeling* (Los Angeles: Jeremy P. Tarcher, Inc., 1987), 80. Hace unos cuatro mil años los ancestros chinos utilizaron una planchette como instrumento. Los espíritus respondían a las preguntas y el aparato comenzaba a moverse, deletreando el mensajes sobre el papel o arena.

3. Jon Klimo, *Channeling*, 197.

4. David C. Knight, *The ESP Reader* (New York: Grosset and Dunlop, Inc., 1969), 257.

5. Ann Bridge, *Moments of Knowing* (London: Hodder and Stoughton Limited, 1970), 60–63.

6. Casper S. Yost, *Patience Worth: A Psychic Mystery* (London: Skeffington and Son Limited, 1916), 9–10. En este libro (35–36), Yost describe ampliamente a Pearl Curran: "Parece no haber nada anormal acerca de ella. Es una mujer inteligente y consciente, además es miembro de la iglesia Episcopal, pero no era particularmente entusiasta en los asuntos religiosos, era una música talentosa, con una gran habilidad en la conversación, y también una encantadora anfitriona".

7. *New York Times* revisada, citada en *ESP: Your Sixth Sense* by Brad Steiger, 144.

8. Patience Worth, citada en *Patience Worth: A Psychic Mystery* by Casper S. Yost, 262.

9. William Stainton Moses, citada en *Encyclopaedia of Psychic Science* by Nandor Fodor, 19.

10. Mrs. Howitt-Watts, *Pioneers of Spiritual Reformation*, 1883. Este libro fue una biografía del padre del autor. William Howitt también escribió muchos libros de ficción y reales. Los trabajos más conocidos son *The History of the Supernatural in all Ages* y *Nations and in all Churches, Christian and Pagan, Demonstrating a Universal Faith*. Este voluminoso libro se publicó en dos tomos en 1863.

11. Harvey Day, *Occult Illustrated Dictionary* (London: Kaye and Ward Limited, 1975), 16. La escritura automática del reverendo George Vale Owen se publicó como una serie en la publicación semanal. El fue forzado a dejar la Iglesia de Inglaterra debido a estos artículos y se convirtió en un pastor espiritualista. El escribió muchos libros, particularmente *Life Beyond the Veil* (5 volúmenes). Un año después de su muerte Frederick H. Haines publicó su libro *A Voice from Heaven*, creado mediante escritura automática recibida del espíritu del reverendo Owen.

12. Jeffrey Goodman, *Psychic Archaeology* (Berkeley: Berkeley Publishing and G. P. Putnam's, 1977), 3–8.

13. Susy Smith, *Widespread Psychic Wonders* (New York: Ace Publishing Corporation, 1970), 100.

14. Sir Oliver Lodge, *Raymond or Life and Death* (London, Methuen and Company, 1916) Also, Sir Oliver Lodge, *Raymond Revised* (London: Methuen and Company, 1922).

15. *Sir Oliver Lodge: Psychical Researcher and Scientist* (Rutherford: Farleigh Dickinson University Press, 1974), 202. The "Myers" referido era Frederic Myers, un investigador psíquico y amigo de Oliver Lodge. El murió en 1901.

16. Jon Klimo, *Channeling*, 110–111.

17. C. H. Broad, prefacio, *Swan on a Black Sea* por Geraldine Cummins (London, Routledge and Kegan Paul, 1965), 7.

18. Ruth Montgomery, *The World Before* (New York: Coward, McCann and Geoghegan, Inc., 1976), xiii.

19. Brian Inglis with Ruth West and the Koestler Foundation, *The Unknown Guest*, 196–197.

20. Gambier Bolton, citado en *Encyclopaedia of Psychic Science* by Nandor Fodor, 375.

21. Para más información sobre el péndulo, referirse a *Dowsing for Beginners* por Richard Webster (St. Paul: Llewellyn Publications, 1996). El capítulo 7 de *How to Develop Your Psychic Power* por Richard Webster (London: Martin Breese Limited, 1988) contiene experimentos psíquicos que se pueden hacer con un péndulo.

22. Max Maven, *Max Maven's Book of Fortunetelling* (New York: Prentice Hall, 1992), 212.

23. Chelsea Quinn Yarbro, *Messages from Michael* (New York: Playboy Paperbacks, 1979) and Chelsea Quinn Yarbro, *More Messages from Michael* (New York: Berkley Books, 1986).

Capítulo 17

1. Tudor Pole, citado en *Inner Eye, Listening Ear* por Paul Beard, 106.

2. Dr. Dees, "In the Dark," artículo en *Seance 3*, Spring 1989 (Ellicott City: Seance), 13.

3. Jean Ritchie, *Inside the Supernatural* (London: Fontana Books, 1992), 122.

4. Jean Ritchie, *Inside the Supernatural*, 103–109.

Capítulo 18

1. Doris Stokes and Linda Dearsley, *Voices in My Ear: The Autobiography of a Medium* (London: Futura Publications Limited, 1980), 85.

Capítulo 19

1. Richard Webster, *Cashing In On Past Lives* (Auckland: Brookfield Press, 1989).

Capítulo 21

1. Stephen Isaac, Ph.D., ed., *Flower A. Newhouse's Angels of Nature* (Wheaton: Quest Books, 1995), xiv.

2. Eva Longbottom, citada en *The Coming of the Fairies* by Arthur Conan Doyle (1921, reimpreso en New York: Samuel Weiser, Inc., 1979), 168.

3. The Findhorn Community, *The Findhorn Garden* (London: Turnstone Books and Wildwood House, 1976), 59.

4. Dorothy Maclean, *To Hear the Angels Sing* (Issaquah: Lorian Press, 1980), 47.

5. Peter Caddy, citada en *To Hear the Angels Sing* by Dorothy Maclean, 48.

6. Dorothy Maclean, *To Hear the Angels Sing*, 61–62.

GLOSARIO

Ángel. Del griego angelos, el cual proviene del la palabra Hebrea *mal´akh*, que quiere decir "mensajero". En consecuencia un ángel es un mensajero de Dios. Los ángeles son seres espirituales que asisten a Dios.

Ángel guardián. Un ángel personal que nos vigila y nos proporciona protección y dirección en todo el camino de nuestras vidas. Los ángeles guardianes hacen su arribo en el nacimiento, permanecen con nosotros en esta vida, y nos escoltan hasta el otro lado cuando morimos.

Ángeles caídos. Lucifer, el portador de la luz, era el más hermoso de los ángeles de Dios. Por desgracia, se rebeló contra la autoridad de Dios y junto con muchos otros ángeles que lo apoyaron, fue expulsado del cielo hacia el infierno.

Aporte. Un objeto que aparece en las sesiones espiritistas. Parece que no hay límite en los objetos que pueden aparecer. Entre ellos están piedras, cristales, joyas, flores y objetos que previamente se han extraviado por alguno de los asistentes.

Canalización. La habilidad de traer una inteligencia a partir de un nivel diferente de la realidad con el propósito de promocionar las creencias filosóficas y espirituales.

Control. El principal espíritu que viene a través de un médium, su control puede entonces llamar a otros espíritus a la sesión. El nombre control se utiliza porque el espíritu desencarnado toma control del médium mientras el o ella está en trance.

Deva. Proviene de una palabra sánscrita que quiere decir "el que resplandece", esta es otra palabra para denotar a los espíritus naturales, pero especialmente relacionados con los espíritus del bosque.

Desencarnado. Que quiere decir "Sin cuerpo", este es el término utilizado en las sesiones espiritistas para indicar a las personas que han pasado al otro lado.

Ectoplasma. Una sustancia que según los médiums, es posible de producir. A menudo se produce por la boca y la nariz y gradualmente toma la forma humana, como una cara o una parte del cuerpo, más que una forma total. El ectoplasma es sensible a la luz y se puede producir solo en la oscuridad. El término *ectoplasma* fue introducido por Charles Richet (1850–1935) un investigador psíquico ganador del premio Nobel.

Enoch. Autor del Libro de Enoch, y el único ser humano que ha sido transformado en ángel. El es conocido como Metatron, el "rey de los ángeles" quien es el "más cercano al trono". Ha sido descrito como de una altura entre ocho y trece pies, con treinta y seis alas, e innumerables ojos para vigilar sobre todo el universo.

Escritura automática. La habilidad de escribir sin control consciente. En otras palabras, de una fuente externa a uno mismo. Esta puede incluir escritura a mano y a máquina. La escritura se hace sin esfuerzo consciente, muscular ni mental.

Espíritu. El espíritu de una persona fallecida. También se refiere a la parte de una persona que sobrevive a al muerte física. En la canalización, el espíritu nunca puede ser un ser humano.

Espiritualismo. Una religión que cree en la vida continua basada en la comunicación, a través de médiums, con los habitantes del mundo espiritual. los espiritualistas creen que los espíritus de las personas sobreviven a al muerte como desencarnados, y se pueden comunicar con los vivos.

Glosario

Formas del pensamiento. Creaciones que consisten en la concentración de la energía. Cuando se construye un pensamiento utilizando emociones fuertes, y se envían al mundo, esta puede ser una poderosa fuerza para el bien o para la enfermedad.

Guías espirituales. Son las almas de las personas que han pasado a la siguiente vida y que asisten a los vivos. Los médiums espiritualistas a menudo tiene guías que han reencarnado varias veces y desarrollado una enorme sabiduría. En consecuencia, son almas muy evolucionadas, tales como Jefes de Indios Americanos, Sabios Chinos, Sacerdotes Egipcios y otros sabios de épocas pasadas. Sus guías espirituales personales son usualmente pero no siempre, parientes fallecidos.

Jerarquía celestial. Un listado de los ángeles en su orden. Fue escrita primero lugar por Pseudo – Dionysius el aeropagita en el Siglo VI. Consiste en nueve coros de ángeles, agrupados en tres tríadas. Los ángeles de al primera tríada siempre están en presencia de Dios y son conocidos como "Los ángeles fieles a Dios". Los ángeles de la segunda tríada son los ángeles del ministerio y la organización. Ellos son desligados y universales de perspectiva. Los ángeles de la tercera tríada son los que están más involucrados con lo que pasa en la tierra.

Primera Tríada

1. Serafines.

2. Querubines.

3. Tronos.

Segunda Tríada

4. Dominios.

5. Virtudes.

6. Poderes.

Tercera Tríada

7. Soberanías.

8. Arcángeles.

9. Ángeles.

Médium. Una persona que es capaz de actuar como órgano de comunicación, o boca de los espíritus que partieron. Usualmente, el médium entra en trance y luego es dirigido por el espíritu durante el tiempo que dure el mensaje. La palabra médium quiere decir "ir entre", lo cual es el papel que toma el médium durante la sesión.

Mesas que se ladean. Un método de contactar espíritus que fue muy popular en los tiempos victorianos. Dos o más personas descansaban sus dedos en el tope de una mesa y hacían preguntas. La mesa se movería, ladeándose sobre una pata para responder. Un golpe de la mesa quería decir "Sí", dos golpes "No" y tres golpes "Tal vez". Utilizando el alfabeto se podían deletrear mensajes completos. Un golpe indicaba "A", dos golpes, "B", etcétera.

Metraton. Ver **Enoch.**

Planchette. Es el indicador que se utiliza en la ouija. Originalmente consta de dos ruedas pequeñas, con un lápiz o lapicero fijado en frente. Cuando se colocan suavemente los dedos sobre ella, la planchette se movería y escribiría mensajes. Hoy la planchette usualmente tiene tres pequeñas ruedas que se deslizan en el tablero.

Sesión espiritista. Una reunión de personas que intentan recibir mensajes del mundo espiritual. Una sesión es conducida generalmente por un médium.

Tablero Ouija. Un aparato utilizado para hace contacto con los espíritus de personas que han muerto. Esta contiene las letras del alfabeto y los números del 1 al 9. Sobre el tablero se coloca una Planchette o un vaso boca abajo y se mueve de letra a letra, deletreando los mensajes.

Trance. Un estado alterado de la consciencia, asociado comúnmente con el hipnotismo. En este estado, las atenciones conscientes se dejan temporalmente a un lado de los sentidos normales. Los médiums son capaces de entrar en trance muy rápidamente para permitirle a sus controles que lo dirijan temporalmente.

LECTURAS SUGERIDAS

Adler, Mortimer J. *The Angels and Us*. New York: Macmillan Publishing Co. Inc., 1982.

Anderson, Joan Wester. *Where Angels Walk*. Sea Cliff: Barton and Brett, 1992.

Andrews, Ted. *How to Meet and Work With Spirit Guides*. St. Paul: Llewellyn Publications, 1992.

Beard, Paul. *Inner Eye, Listening Ear*. Norwich: Pilgrim Books, 1992.

Belhayes, Iris and Enid. *Spirit Guides: We Are Not Alone*. San Diego: ACS Publications, 1986.

Bloom, William. *Devas, Fairies and Angels: A Modern Approach*. Glastonbury: Gothic Image Publications, 1986.

Brandon, R. *The Spiritualists*. New York: Alfred A. Knopf, 1983.

Burnham, Sophy. *A Book of Angels*. New York: Ballantine Books, 1990.

Davidson, Gustav. *A Dictionary of Angels*. New York: The Free Press, 1967.

Doyle, Sir Arthur Conan. *The History of Spiritualism*. 2 vols. New York: George H. Doran Co., 1926.

Doyle, Sir Arthur Conan. *Wanderings of a Spiritualist*. New York: George H. Doran Co., 1921.

Enoch. *The Book of Enoch or Enoch I*. Edited and translated by R. H. Charles. Oxford: Oxford University Press, 1912.

Evans, Hilary. *Gods, Spirits, Cosmic Guardians*. Wellingborough: The Aquarian Press, 1987.

Evans, Hilary. *Visions, Apparitions, Alien Visitors*. Wellingborough: The Aquarian Press, 1984.

Findhorn Community. *The Findhorn Garden*. London: Turnstone Books and Wildwood House Limited, 1976.

Freeman, Eileen Elias. *Touched by Angels*. New York: Warner Books, Inc., 1993.

Freeman, Eileen Elias. *Angelic Healing*. New York: Warner Books, Inc., 1994.

Georgian, Linda. *Your Guardian Angels*. New York: Simon and Schuster, 1994.

Gilmore, G. Don. *Angels, Angels, Everywhere*. New York: The Pilgrim Press, 1981.

Giovetti, Paola. *Angels: The Role of Celestial Guardians and Beings of Light*. York Beach: Samuel Weiser, Inc., 1993.

Goble, Eileen. *Spirit Guides*. Melbourne: The Holistic Centre, 1995.

Godwin, Malcolm. *Angels: An Endangered Species*. New York: Simon and Schuster, 1990.

Graham, Billy. *Angels: God's Secret Agents*. Waco: Word Inc., 1986.

Guiley, Rosemary Ellen. *Angels of Mercy*. New York: Pocket Books, 1994.

Hodson, Geoffrey. *The Coming of the Angels*. London: Rider and Company, 1932; Largs, Scotland: The Banton Press, 1993.

Hodson, Geoffrey. *The Kingdom of the Gods*. Adyar: The Theosophical Publishing House, 1952.

Howard, Jane M. *Commune With the Angels*. Virginia Beach: A.R.E. Press, 1992.

Josipovici, Gabriel. *The Book of God*. New Haven and London: Yale University Press, 1988.

Lecturas Sugeridas

Leadbeater, Charles W. *Invisible Helpers*. Adyar: The Theosophical Publishing House, 1928.

Maclean, Dorothy. *To Hear the Angels Sing*. Issaquah: Lorian Press, 1980.

McLean, Adam, ed. *A Treatise on Angel Magic*. Grand Rapids: Phanes Press, 1990.

Maskelyne, John Nevil. *Modern Spiritualism*. London: Frederick Warne and Company, 1876.

Moody, Dr. Raymond A. *Life After Life*. St. Simon's Island: Mockingbird Books, 1975.

Newhouse, Flower A. *Rediscovering the Angels*. Escondido: The Christward Ministry, 1950.

Newhouse, Flower A. *Flower A. Newhouse's Angels of Nature*. Wheaton: Quest Books, 1995.

Parente, Fr. Alessio. *Send Me Your Guardian Angels, Padre Pio*. Foggia: Editions, 1984.

Price, Hope. *Angels: True Stories of How They Touch Our Lives*. London: Macmillan London, 1993.

Price, John Randolph. *The Angels Within Us*. New York: Fawcett Columbine, 1993.

Ranke-Heinemann, Uta. *Putting Away Childish Things*. San Francisco: HarperSanFrancisco, 1994.

RavenWolf, Silver. *Angels: Companions in Magick*.

St. Paul: Llewellyn Publications, 1996.

Roman, Sanaya and Packer, Duane. *Opening to Channel*. Tiburon: H. J. Kramer Inc., 1987.

Ronner, John. *Do You Have a Guardian Angel?* Murfreesboro: Mamre Press, 1985.

Ryerson, Kevin, and Stephanie Harolde. *Spirit Communication*. New York: Bantam Books, 1989.

Skultans, Vieda. *Intimacy and Ritual: A Study of Spiritualism, Mediums and Groups*. London: Routledge and Kegan Paul, 1974.

Smith, Robert C. *In the Presence of Angels*. Virginia Beach: A.R.E. Press, 1993.

Southern Centre of Theosophy, comp. *Devas and Men*. Adyar: The Theosophical Publishing House, 1977.

Steiner, Rudolf. *The Four Seasons and the Archangels*. London: Rudolf Steiner Press, 1947.

Swedenborg, Emanuel. *Heaven and Hell*. Translated by George F. Dole. New York: Swedenborg Foundation, Inc., 1976.

Taylor, Terry Lynn. *Messengers of Light*. Tiburon: H. J. Kramer, Inc., 1990.

Vance, Bruce A. *Mindscape*. Wheaton: Quest Books, 1990.

Lecturas Sugeridas

Webber, Marilynn Carlson, and William D. Webber.
   A Rustle of Angels. Grand Rapids: Zondervan
   Publishing House, 1994.

Wilson, Peter Lamborn. *Angels: Messengers of the Gods*.
   London: Thames and Hudson Limited, 1980.

LLEWELLYN ESPAÑOL

* Disponibles en Inglés

MANTENGASE EN CONTACTO...
¡Llewellyn Español publica cientos de libros de sus temas favoritos!

La página anterior muestra algunos de los libros disponibles en temas relacionados. En su librería local podrá encontrar todos estos títulos y muchos más. Lo invitamos a que nos visite a través del Internet.

www.llewellynespanol.com

Ordenes por Teléfono	• Mencione este número al hacer su pedido: **K786-2** • Llame gratis en los Estados Unidos y Canadá, al Tel. 1-800-THE-MOON. En Minnesota, al (651) 291-1970 • Aceptamos tarjetas de crédito: VISA, MasterCard, y American Express.
Correo & Transporte	• $4 por órdenes menores a $15.00 • $5 por órdenes mayores a $15.00 • No se cobra por ordenes mayores a $100.00

En **U.S.A.** los envíos se hacen a través de UPS. No se hacen envíos a Oficinas Postales. Ordenes enviadas a **Alaska, Hawai, Canadá, México y Puerto Rico** se harán en correo de 1ª clase.

Ordenes Internacionales: Correo aéreo, agregue el precio igual de c/libro al total del valor ordenado, más $5.00 por cada artículo diferente a libros (audiotapes, etc.). Terrestre, agregue $1.00 por artículo.

4-6 semanas para la entrega de cualquier artículo. Tarifas de correo pueden cambiar.

Rebajas	• 20% de descuento a grupos de estudio. Deberá ordenar por lo menos cinco copias del mismo libro para obtener el descuento.

Catálogo Gratis
Ordene una copia de *Llewellyn Español* con información detallada de todos los libros en español actualmente en circulación y por publicarse. Se la enviaremos a vuelta de correo.

Llewellyn Español
P.O. Box 64383, Dept. K786-2
Saint Paul, MN 55164-0383

1-800-843-6666

Atmospheric
Monitoring
with
Arduino

Patrick Di Justo and Emily Gertz

O'REILLY®

Beijing · Cambridge · Farnham · Köln · Sebastopol · Tokyo

Atmospheric Monitoring with Arduino

by Patrick Di Justo and Emily Gertz

Published by O'Reilly Media, Inc., 1005 Gravenstein Highway North, Sebastopol, CA 95472.

O'Reilly books may be purchased for educational, business, or sales promotional use. Online editions are also available for most titles (*http://my.safaribooksonline.com*). For more information, contact our corporate/institutional sales department: 800-998-9938 or *corpo rate@oreilly.com*.

Editors: Shawn Wallace and Brian Jepson
Production Editor: Kara Ebrahim
Proofreader: Kara Ebrahim
Cover Designer: Mark Paglietti
Interior Designer: David Futato
Illustrator: Rebecca Demarest

November 2012:	First Edition
December 2012:	First Edition

Revision History for the First Edition:

2012-11-19   First release

2012-12-10   Second release

See *http://oreilly.com/catalog/errata.csp?isbn=9781449338145* for release details.

ISBN: 978-1-449-33814-5

[LSI]

We dedicate this book to our sisters and brothers:
Andy, Lucy, Mathius, and Melissa

Contents

Preface

There's a story (it's either an old vaudeville joke or a Zen koan) in which a fisherman asks a fish, "What's the water like down there?" and the fish replies "What is water?" If the story is just a joke, the point is to make us laugh; but if it's a koan, the point is that the most obvious and ubiquitous parts of our immediate environment are, paradoxically, often the easiest to overlook.

We as a species are probably a little bit smarter than fish: at least we know that we spend our lives "swimming" at the bottom of an ocean of air. About 4/5th of that ocean is the relatively harmless gas nitrogen. Around another 1/5 of it is the highly reactive and slightly toxic gas oxygen. The Earth's atmosphere also contains trace amounts of other harmless or slightly toxic gases like argon, carbon dioxide, and methane. And depending on where you live, it may contain even smaller, but much more toxic, amounts of pollutants like soot, carbon monoxide, and ozone.

Yet how many of us, like the fish in the koan, overlook the atmosphere? Who in your life can tell you the general composition of the air around them? How many people know what's inside every breath they take? Do you? Reading this book and building these gadgets will take you on the first steps of a journey toward understanding our ocean of air.

Conventions Used in This Book

The following typographical conventions are used in this book:

Italic

Indicates new terms, URLs, email addresses, filenames, and file extensions.

Constant width
> Used for program listings, as well as within paragraphs to refer to program elements such as variable or function names, databases, data types, environment variables, statements, and keywords.

Constant width bold
> Shows commands or other text that should be typed literally by the user.

Constant width italic
> Shows text that should be replaced with user-supplied values or by values determined by context.

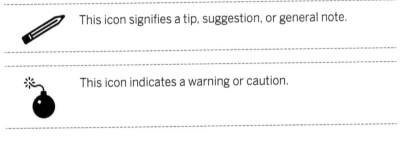

> This icon signifies a tip, suggestion, or general note.

> This icon indicates a warning or caution.

Using Code Examples

This book is here to help you get your job done. In general, if this book includes code examples, you may use the code in this book in your programs and documentation. You do not need to contact us for permission unless you're reproducing a significant portion of the code. For example, writing a program that uses several chunks of code from this book does not require permission. Selling or distributing a CD-ROM of examples from O'Reilly books does require permission. Answering a question by citing this book and quoting example code does not require permission. Incorporating a significant amount of example code from this book into your product's documentation does require permission.

We appreciate, but do not require, attribution. An attribution usually includes the title, author, publisher, and ISBN. For example: "*Atmospheric Monitoring with Arduino* by Patrick Di Justo and Emily Gertz (O'Reilly). Copyright 2013 Patrick Di Justo and Emily Gertz, 978-1-4493-3814-5."

If you feel your use of code examples falls outside fair use or the permission given above, feel free to contact us at *permissions@oreilly.com*.

Safari® Books Online

Safari Books Online is an on-demand digital library that delivers expert content in both book and video form from the world's leading authors in technology and business.

Technology professionals, software developers, web designers, and business and creative professionals use Safari Books Online as their primary resource for research, problem solving, learning, and certification training.

Safari Books Online offers a range of product mixes and pricing programs for organizations, government agencies, and individuals. Subscribers have access to thousands of books, training videos, and prepublication manuscripts in one fully searchable database from publishers like O'Reilly Media, Prentice Hall Professional, Addison-Wesley Professional, Microsoft Press, Sams, Que, Peachpit Press, Focal Press, Cisco Press, John Wiley & Sons, Syngress, Morgan Kaufmann, IBM Redbooks, Packt, Adobe Press, FT Press, Apress, Manning, New Riders, McGraw-Hill, Jones & Bartlett, Course Technology, and dozens more. For more information about Safari Books Online, please visit us online.

How to Contact Us

You can write to us at:

Maker Media, Inc.
1005 Gravenstein Highway North
Sebastopol, CA 95472
800-998-9938 (in the United States or Canada)
707-829-0515 (international or local)
707-829-0104 (fax)

Maker Media is a division of O'Reilly Media devoted entirely to the growing community of resourceful people who believe that if you can imagine it, you can make it. Consisting of Make magazine, Craft magazine, Maker Faire, as well as the Hacks, Make:Projects, and DIY Science book series, Maker Media encourages the Do-It-Yourself mentality by providing creative inspiration and instruction.

For more information about Maker Media, visit us online:

MAKE: *www.makezine.com*
CRAFT: *www.craftzine.com*
Maker Faire: *www.makerfaire.com*
Hacks: *www.hackszine.com*

We have a web page for this book, where we list examples, errata, examples, and plans for future editions. You can find this page at *http://oreil.ly/ atmospheric-arduino*.

To comment or ask technical questions about this book, send email to *book questions@oreilly.com*.

For more information about our books, courses, conferences, and news, see our website at *http://www.oreilly.com*.

Find us on Facebook: *http://facebook.com/oreilly*

Follow us on Twitter: *http://twitter.com/oreillymedia*

Watch us on YouTube: *http://www.youtube.com/oreillymedia*

1/The World's Shortest Electronics Primer

If you're a DIY electronics or Arduino novice, the information in this chapter will help you get the most out of building and programming the gadgets in this book.

If you're already building your own electronics, consider this chapter a refresher to dip into as needed.

What Is Arduino?

Arduino is best described as a single-board computer that is deliberately designed to be used by people who are not experts in electronics, engineering, or programming. It is inexpensive, cross-platform (the Arduino software runs on Windows, Mac OS X, and Linux), and easy to program. Both Arduino hardware and software are open source and extensible.

Arduino is also powerful: despite its compact size, it has about as much computing muscle as one of the original navigation computers from the Apollo program, at about 1/35,000 the price.

Programmers, designers, do-it-yourselfers, and artists around the world take advantage of Arduino's power and simplicity to create all sorts of innovative devices, including interactive sensors, artwork, and toys.

We built each of the products in this book using the Arduino Uno (Figure 1-1 and Figure 1-2), which, at the time of writing, is the latest model. By the time you're reading this, there may be something newer.

You don't have to know Arduino Uno's technical specifications to build and program the gadgets in this book, but if you're interested, you can find them at the official Arduino website (*http://arduino.cc/en/Main/ArduinoBoardUno*).

Figure 1-1. *Front of the Arduino Uno (Rev. 3).*

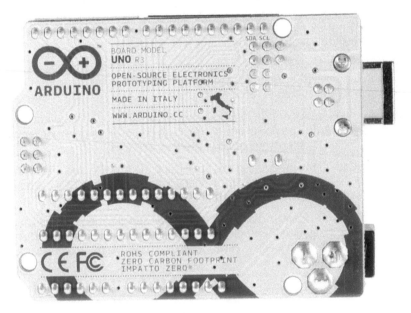

Figure 1-2. *Back of the Arduino Uno.*

Electronic Circuits and Components

An electronic circuit is, as the term implies, electricity moving in a path very much like a circle. Each circuit has a beginning, a middle, and an end (which is usually very close to where it began). Somewhere in the middle, the circuit often runs through various electronic components that modify the electrical current in some way.

Each device in this book is a circuit that combines Arduino with different electronic components. Some of these manage the power and path of the electricity, others sense certain conditions in the environment, and still others display output about those conditions.

Let's take a look at some of the components we will be using in our circuits:

Light emitting diodes (LEDs)

An LED is a lamp made of various rare-earth metals, which give off a large amount of light when a tiny current is run through them. The composition of the substances within the LED determine the particular wavelength of light emitted: you can buy green, blue, yellow, red, even ultraviolet and infrared LEDs.

Technically, the LEDs used in our gadgets are "miniature LEDs," tiny lamps with two wire leads: one long (called the anode) and the other a bit shorter (called the cathode). These come in various useful forms (including single lamps from 2 mm to 8 mm in diameter, display bars, and alphanumeric readouts) and can serve as indicators, illuminators, or even data transmitters.

You'll learn how to use these different types of LEDs while building the different environmental sensors in this book.

Resistors

Resistors are the workhorses of the electronics world. What do resistors do? They simply resist letting electricity flow through by being made of materials that naturally conduct electricity poorly. In this way, resistors serve as small dumb regulators to cut down the intensity of electric current.

Resistance is valuable because some electronic components are very delicate: they burn out easily if they're powered with too much current. Putting a resistor in the circuit ensures that only the proper amount of electricity reaches the component. It's hard to imagine any circuit working without a resistor, and with LEDs, resistors are almost mandatory.

While building the projects in this book, you'll learn various creative ways to regulate current with resistors.

Soldering

Soldering involves heating up conductive metal, called *solder*, and then using it to fuse other pieces of metal together. In small-scale electronics, we use an electrical tool called a soldering iron, which has a small tip, to heat up thin wires of solder and drip the solder onto the components we wish to join into the circuit.

Soldering creates a very stable circuit, and that stability can be a drawback. Fusing together components can make it difficult to reuse or re-configure circuits. You also must be very careful to not short-circuit components while soldering. Knowing how to solder can be a very useful skill in DIY electronics. If you're interested in learning how, this online resource (*http://mightyohm.com/files/soldercomic/FullSolderCom ic_20110409.pdf*) is a good place to start.

The alternative to soldering is to use a solderless breadboard.

Solderless breadboards

Solderless breadboards are small plastic boards studded with pins that can hold wires (more about these next). These wires can then be connected to other electronic components, including Arduino.

Solderless breadboards make it much easier to design circuits, because they allow you to quickly try out various assemblies and components without having to solder the pieces together. While solderless breadboards typically are intended for use only in the design phase, many hobbyists keep a breadboard in the final version of a device because they're so fast and easy to use.

If you don't feel like soldering circuit boards, solderless breadboards are the way to go. Each gadget in this book uses a solderless breadboard.

Wire

Wire is the most basic electronic component, creating the path along which electrons move through a circuit. The projects in this book use 1 mm "jumper wires," which have solid metal tips perfectly sized to fit into Arduino and breadboard pins, and come sheathed in various colors of insulation.

 Get as much jumper wire as you can afford, in several colors. When building circuits with Arduino, you can't have too many jumper wires.

We order most of our electronics components from these online retailers:

- Adafruit Industries (*http://adafruit.com*)
- Eemartee (*http://www.emartee.com*)
- Electronic Goldmine (*http://www.goldmine-elec.com*)
- SparkFun (*http://www.sparkfun.com*)

Maker Shed, from MAKE and O'Reilly Media, sells books, kits, and tools, as well as many of the components needed to build the projects in this book including Arduino, breadboards, sensors, and basic electronic components. Maker Shed also supplies convenient bundles for many of the projects in this book (you can find more information about these bundles in the individual project chapters).

Don't count out your friendly local RadioShack (*http://www.radio shack.com*), though. While writing this book, more than once we ran out to RadioShack for a last-minute component.

For years RadioShack cut back on its electronic components inventory, apparently seeing a better future for the business by featuring cell phones and other consumer electronics. But the company has recently begun to embrace the maker movement; at the time of writing, most of their stores around the country are even carrying Arduinos. We're hopeful RadioShack is on the return path to being the hacker heaven it was years ago.

Programming Arduino

A computer program is a coded series of instructions that tells the computer what to do. The programs that run on Arduino are called *sketches*.

The sketches used in this book mostly tell Arduino to read data from one of the pins, such as the one connected to a sensor, and to write information to a different pin, such as the pin connected to an LED or display unit.

Sometimes the sketches also instruct Arduino to process that information in a certain way: to combine data streams, or compare the input with some reference, or even place the data into a readable format.

An Arduino program has two parts: setup() and loop().

setup()
> The setup() part tells Arduino what it needs to know in order to do what we want it to do. For example, setup() tells Arduino which pins it needs to configure as input, which pins to configure as output, and which pins won't be doing much of anything. If we're going to use a special type of output to show our results, such as an LCD display, setup() is where we

tell Arduino how that output works. If we need to communicate with the outside world through a serial port or an ethernet connection, **setup()** is where we put all the instructions necessary to make that connection work.

loop()

loop() tells Arduino what to do with the input or output. Arduino runs the instructions in loop(), then goes back to the top of loop() and runs them again. And again. And again. loop() continues to loop as long as the Arduino has power.

First Sketch: Make an LED Blink

By long tradition (going back to 2006), the first Arduino sketch you will write is to make an LED blink.

Arduino pins can be used for input and output, as long as you tell the computer which is which. So in this sketch, we tell the Arduino to set pin 13 to be the LED OUTPUT pin, and then we alternately send electricity to pin 13 (setting the pin HIGH) and cut off the electricity to pin 13 (setting the pin LOW). With each alternation, the LED turns on and off.

We'll write all the sketches in this book using the Arduino *integrated development environment* (IDE), which, simply put, is special software for writing and uploading code to Arduino.

Parts

1. Arduino Uno
2. Breadboard
3. LED

Install the IDE

Download the Arduino IDE (*http://arduino.cc/en/Main/Software*), and follow the provided instructions to install it on your computer.

Once you've installed the software, open the IDE. You should see a screen that looks something like Figure 1-3.

Breadboard the Circuit

The circuit portion of this project is very simple: take an LED and place the long lead into pin 13 on Arduino, as you can see in the Figure 1-4 breadboard view.

Figure 1-3. *The Arduino IDE on a Mac.*

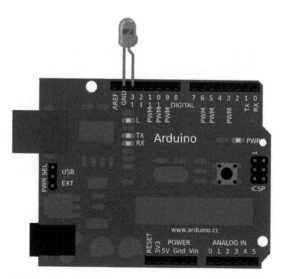

Figure 1-4. *LED long lead inserted into pin 13 on the Arduino (image made with Fritzing (http://fritzing.org)).*

Write the Code

You can find this code in the Arduino IDE under File → Examples or on the EMWA GitHub Repository → chapter-1 → blink (*https://github.com/ejgertz/EMWA/blob/master/chapter-1/blink*).

```
/*
  Blink
  Turns on an LED for one second,
  then off for one second, repeatedly.
  This example code is based on example code
  that is in the public domain.
*/

void setup() {
  // initialize the digital pin as an output.
  // Pin 13 has an LED connected on most Arduino boards:
  pinMode(13, OUTPUT);
}

void loop() {
  digitalWrite(13, HIGH);    // set the LED on
  delay(1000);               // wait for a second
  digitalWrite(13, LOW);     // set the LED off
  delay(1000);               // wait for a second
}
```

 Normally, you'd need to put a resistor in between the power source and the LED, so as not to burn out the LED. Arduino Unos (and later models) have a resistor built into pin 13, so that's taken care of.

In this sketch, the code in `loop()` simply tells Arduino to set pin 13 HIGH—taking it up to 5 volts—for 1,000 milliseconds (one second), followed by setting it LOW—taking it down to 0 volts—for another 1,000 milliseconds.

Do you notice the /* … */ sections and the // lines in the example above? Those are ways to put comments into your code to explain to others (and to yourself) what the code does:

- /* and */ tell the computer that everything between those marks should be ignored while running the program.

- // tells the computer that everything afterward on that line is a comment.

Why Comment Code?

Commenting code simply means adding explanations in plain English to your sketch that describe how the code works. Adding comments to code is a very good idea. Here's why:

Suppose, after hours trying to get your Arduino to do something, the solution suddenly comes to you. Eureka! You hook up your Arduino, bang out your code, load it up, and voilà: it works.

Fast forward: months later, working on another project, you want your Arduino to do something similar to your earlier project. "No sweat, I'll just reuse my earlier code," you think. But you open up the sketch and ... none of it makes sense!

You wrote that earlier code in a highly creative state of mind, when your brain chemicals were flowing like a river and your ideas were flashing like summer lightning. In all the excitement, you didn't comment your code. So now, months later, when you're in a completely different state of mind, you can't remember what the code does, and you have to start all over. Is that any way to live?

If you had commented your code from the beginning, you'd know exactly what each variable was used for, what each function did, and what each pin controlled. Your life would be so much more enjoyable.

In short, always take a few minutes to comment your code.

Things to Try

Modify this sketch to make the LED do something different:

1. Blink twice as quickly.
2. Blink twice as slowly.
3. Light up for half a second with a 2-second pause between blinks.

Congratulations, you're an Arduino programmer! Now let's have some real fun.

2/Gadget: Tropospheric Gas Detector

We can easily go several hours without drinking water. We can comfortably go the better part of a day without eating food. But try and go more than a few minutes without breathing. (No, don't really try.) Understanding the composition of the lower atmosphere—the troposphere—is among the most important environmental measurements we can take.

Everything floating around the troposphere—nitrogen, oxygen, carbon dioxide, water vapor, and all sorts of pollution—winds up in our lungs, on our plants, in our food, and in our water (see Figure 2-1). It dusts our windows, our automobiles, and our buildings. For this reason, the authors (as well as organizations like the American Lung Association (*http://www.lung.org/*)) believe that it's vitally important to know what's inside every breath we take.

In the old days, when people wanted to know what was in the atmosphere, they used chemically-treated filter paper, and hung it in a breeze. The chemicals reacted with whatever was in the air and would respond by changing color. Or they bubbled the atmosphere through water and measured the different compounds that resulted as gas dissolved in water. This kind of work could only be performed in a dedicated chemistry lab.

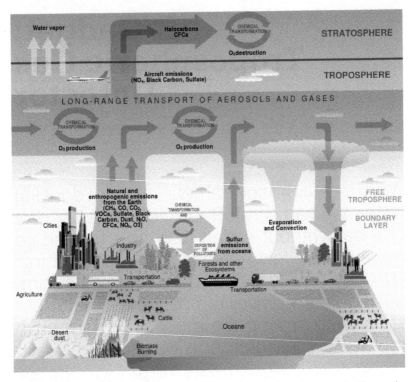

Figure 2-1. *This illustration shows how different chemicals and other substances move into and through the troposphere. Credit: U.S. Climate Change Science Program, 2003.*

Fortunately for us, we can now purchase a small, complete atmospheric laboratory for less than $10, in the form of an electronic gas sensor (Figure 2-2). These sensors detect different substances in the atmosphere by measuring the changing resistance of a film made of tin dioxide.

Figure 2-2. *There are lots of inexpensive sensors on the market that can be used for DIY monitoring.*

How Gas Sensors Work

Oxygen in the atmosphere removes electrons from the tin dioxide film, which decreases its conductivity (and increases its resistance). When other types of gases, particularly those that are chemically reducing, touch the tin dioxide film, electrons are injected into the material. This *increases* the conductivity (and *lowers* the resistance) of the tin dioxide layer. You can use your Arduino to measure that change in resistance.

It's important to keep in mind that tin dioxide sensors tend to be broadly selective. While certain sensors may be marketed as being "alcohol" sensors or "carbon monoxide" sensors, they actually respond to more than just alcohol or carbon monoxide, respectively; they respond to a wide family of similar gases. Manufacturers can make the tin dioxide-based gas sensors more selective by adding various catalysts into the sensor head, or by using external filters. The datasheet provided with each sensor explains more completely how to adjust the sensitivity of each sensor for various gases.

Which Gases Can We Monitor?

There are electronic sensors for a wide range of gases. As we write this book in the summer of 2012, there are easy-to-use inexpensive sensors on the market to detect carbon monoxide, carbon dioxide, liquid petroleum gas, butane, propane, methane (natural gas), hydrogen, ethyl alcohol, benzene, volatile organic compounds, ammonia, ozone, hydrogen sulfide, and more. It's not unreasonable to expect that it won't be long before cheap sensors hit the market that can detect nitrogen oxides and other contaminants. All of these gases count as pollutants; in varying concentrations, all of them can be harmful.

How This Gadget Works

We're going to use the MQ-2 and MQ-6 sensors from Hanwei, Inc. in this gadget. Both detect combustible gases: the MQ-6 detects butane and liquefied petroleum gas (LPG), also called propane (both hydrocarbons), while the MQ-2 is sensitive to LPG, methane (the primary component of natural gas, and a potent greenhouse gas), and smoke. We feel that both sensors together are a great way to start measuring ground-level air pollution.

What Is Smoke?

Smoke, for our purposes, is defined as a byproduct of incompletely burned carbon-based fuel. It includes solid and liquid particulate matter (otherwise known as soot), as well as some gaseous remnants of the original fuel mixed with air. Hanwei's datasheet for the MQ-2 does not specify what "smoke" means for this sensor. But since we know that the MQ-2 detects certain hydrocarbon gases, we're assuming that the smoke it detects is also hydrocarbon-based: a component of automobile or truck exhaust, or the burning of natural gas.

A heating element in the electronic circuit heats the metal, making it more reactive with atmospheric gases. As the various gases react with the metal, the resistance changes in proportion to the amount of that gas present in the air exposed to the sensor. This change in resistance is measured by the Arduino analog port. That's basically it.

If we plug the heater directly into Arduino, we find ourselves with a problem. The heater consumes 800 mW, which works out to equal 200 mA (.8 W / 5

V = .2 A). A standard Arduino pin can only reliably source 20 mA (in other words, only about 10% of the power the heater needs). We have correspondence from the manufacturers indicating that the heater *can* be powered by connecting it to the +5 V Arduino pin, but frankly, we're skeptical. We've got to come up with a way to use Arduino to *control* the amount of power that goes to the heating units, so that the heating unit is not on constantly, without actually having Arduino *provide* that power.

Both these problems—providing power to the heater and controlling that power—have a single solution, probably the greatest invention of the 20th century: the transistor.

Transistorized!

Transistors are used to amplify electronic signals cheaply and efficiently, with very little noise, while giving off very little heat (Figure 2-3). Transistors also act as tiny, efficient digital switches. Since all computer activity breaks down into a series of binary "on and off" states represented by 1s and 0s, transistors by the millions, embedded into a silicon chip, control those on and off signals.

We really can't overstate the importance of the transistor. We don't have room in this book to discuss the details of how transistors work; suffice it to say that the lightweight, cheap electronic gadgets in our lives—handheld cell phones, computers, digital cameras, flat screen TVs, microwave ovens, cable television, touchtone phones, simple portable AM/FM radios, essentially anything more complicated than a flashlight—would be impossible without the transistor.

Figure 2-3. *Various transistors. Source: Ulf Seifert.*

The first thing you notice when you look at a transistor is that unlike almost every other electronic device we've seen so far, a transistor has three terminals. We can control the voltage between two of the terminals by applying a specific electric current or voltage to the third terminal. The three terminals are the base, the collector, and the emitter. The base is the controller; voltage applied here determines whether or not electricity flows from the collector to the emitter. The collector is the "source" of the electrical current, and the emitter is the output.

If we were to send varying levels of current from the base, we can regulate the amount of current flowing from the collector to the emitter. This is how a transistor acts as an amplifier: a very low signal coming into the base is repeated at a much larger voltage provided by the collector.

When we use a transistor as a switch, the circuitry is even simpler. A transistor switch is either fully on or fully off. A small data signal to the base determines whether the transistor is switched on or off. When it is switched on, current flows between the ground and the collector. This simple setup lets us use Arduino to turn on components that have a separate power supply.

Build the Gadget

Amount	Part Type	Properties/(Assembly Code)
2	1 k Ω resistor	Package THT; tolerance 5%; bands 4; resistance 1 k Ω; pin spacing 400 mil (R1 & R2)
1	Voltage regulator, 5 V	Package TO220 [THT]; voltage 5 V (U1)
2	NPN-transistor	Package TO92 [THT]; type NPN (Q1 & Q2)
1	Arduino UNO R3	(Arduino1)
1	LCD screen	Character type, 16 pins (LCD1)
1	Battery block 9 V	(VCC1)

1. Connect a wire from the GND pin of Arduino to the GND rail of the breadboard. Connect the GND rail of the breadboard to the EMITTER pin of the transistor (Figure 2-4).

2. Connect the BASE pin of the transistor to a 1 K resistor, and connect the resistor to an Arduino digital pin (Figure 2-5).

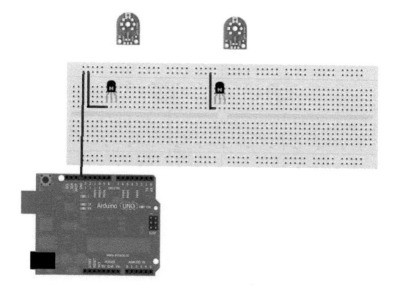

Figure 2-4. *Step one. Source: these images were created with Fritzing (http://fritzing.org).*

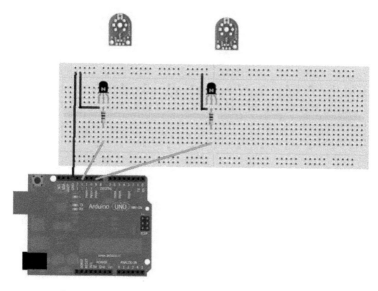

Figure 2-5. *Step two.*

3. Connect the COLLECTOR pin of the transistor to the GND pin of the sensor (Figure 2-6).

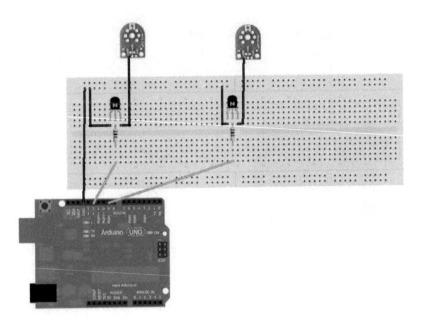

Figure 2-6. *Step three.*

4. Connect the +5 (VCC) sensor pins to the breadboard's power rail (Figure 2-7). Don't worry; we're going to add a power supply later.

5. Connect the data lines from the sensors to Arduino analog ports 4 and 5 (Figure 2-8).

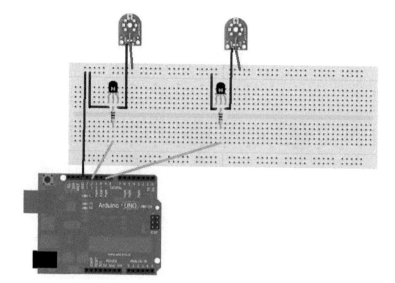

Figure 2-7. *Step four.*

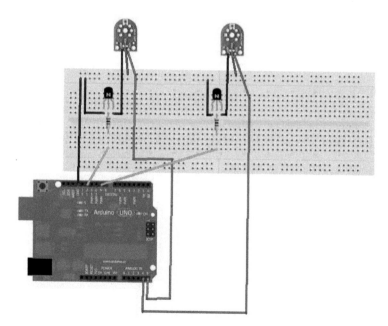

Figure 2-8. *Step five.*

6. Connect the 7805 +5 VDC voltage regulator. This regulates the voltage coming from your independent power source for the sensor heaters. Like the transistor, the voltage regulator also has three terminals: a center pin goes to GND, the pin on the left is input, and the pin on the right is output (Figure 2-9).

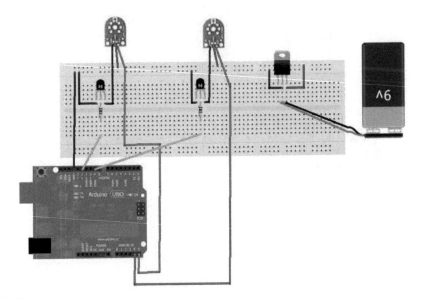

Figure 2-9. *Step six.*

7. Connect the GND pin to the GND rail of the breadboard AND to the black (or −) wire on your power supply. Connect the input pin to the red (or +) wire on your power supply. Connect the output pin to the power rail on the breadboard (Figure 2-10).

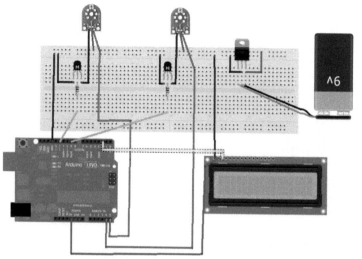

Figure 2-10. *Step seven.*

This device takes an input current (up to 35 volts), and changes it to a stable, fixed +5 VDC. In our example, we're using a standard 9 volt battery at the current source, but you can use just about anything: a 6 volt lantern battery, two 3.7 volt lithium polymer batteries connected in series, even a bunch of AA batteries. The total capacity of your power source should be your main determining factor: smaller batteries generally provide fewer amp-hours, meaning that the lifespan of your gadget can be cut short if you run out of power.

Don't connect the battery until you actually need it, or add an ON-OFF switch to power it up when you're ready to start taking readings.

Optionally, connect the LCD. The data line is Arduino pin 2, ground goes to GND, and the power supply is Arduino's 3.3 V pin.

Load the Sketch

You can find this sketch in the AMWA GitHub repository (*https://github.com/ ejgertz/AMWA*).

```
#include <SoftwareSerial.h>
#include <SD.h>
#include <EEPROM.h>
#include<stdlib.h>
```

```
// Liquid Crystal Display
// Define the LCD pins: We'll be using a serial-based LCD display
// which only required +3.3Volts, GND, and a single data line.
// databuff and displaybuff hold the data to be displayed
#define LCDIn 2
#define LCDOut 5
SoftwareSerial mySerialPort(LCDIn, LCDOut);


// Data Buffers for the LCD
char databuff1[16];
char databuff2[16];
char dispbuff[16];

// GAS SENSORS
// Analog input pin that reads the first gas sensor
const int gasPin1 = A5;

// Analog input pin that reads the gas sensor
const int gasPin2 = A4;

// The digital pin that controls the heater of gas sensor 1
const int heaterPin1 = 7;

// The digital pin that controls the heater of gas sensor 2
const int heaterPin2 = 9;

// LED connected to digital pin 13
const int ledPin = 13;

// value read from the sensor A5
int gasVal1 = 0;

// value read from the sensor A4
int gasVal2 = 0;

long warmup = 180000;              // enter time for heaters to warmup, in
milliseconds.
// 180,000 milliseconds = 3 minutes

long downtime = 360000;            // enter delay between readings, in
milliseconds.
// 360,000 milli seconds = 6 minutes

//EEPROM records require two bytes to store a 1024 bit value.
//Each gas sensor returns a value from 0-1024, taking 2 bytes.
//To store gas sensor data would require a record index,
//plus two bytes for the first gas sensor, two bytes for the second gas
sensor
//For a total of five bytes per record.

// current EEPROM address
int addr =0;

//EEPROM record number
```

```
int record = 0;

//EEPROM record length
int reclen = 5;

//switch to tell if an SD card is present
int SDPresent = 1;

void setup()
{
  // initialize serial communications at 9600 bps:
  Serial.begin(9600);

  pinMode(heaterPin1, OUTPUT);  // sets the digital pins as output
  pinMode(heaterPin2, OUTPUT);
  pinMode(LCDOut, OUTPUT);

  //reset the LCD
  mySerialPort.begin(9600);
  mySerialPort.write(0xFE);
  mySerialPort.write(0x01);
  sprintf(databuff1,"Wakeup Test");
  sprintf(dispbuff,"%-16s",databuff1);
  mySerialPort.print(dispbuff);

  // Set up SD card, let us know if SD card is absent
  pinMode(10, OUTPUT);
  if (!SD.begin(4))
  {
    SDPresent =0;
    sprintf(databuff2,"NO SD CARD!!!");
    sprintf(dispbuff,"%-16s",databuff2);
    mySerialPort.print(dispbuff);
    Serial.println("NO SD CARD!!!");
    delay(6000);
  }
  delay(3333);
}

void loop()
{
  long scratch=0;    // scratch variable

  // set the timer
  unsigned long counter = millis();

  //turn first heater on
  digitalWrite(heaterPin1, HIGH);

  // wait 3 minutes for heater to heat up
  while(millis() < (counter + warmup))
  {
    sprintf(databuff1,"Unit1 Activated");
    sprintf(dispbuff,"%-16s",databuff1);
    mySerialPort.print(dispbuff);
```

```
  scratch = (int)((counter+warmup - millis())/1000);
  sprintf(databuff2,"Countdown: %3d", scratch);
  sprintf(dispbuff,"%-16s",databuff2);
  mySerialPort.print(dispbuff);

  Serial.println(scratch);
}

// read the analog in value:
gasVal1 = analogRead(gasPin1);
sprintf(databuff1,"read unit 1");
sprintf(dispbuff,"%-16s",databuff1);
mySerialPort.print(dispbuff);

// shut off the first heater
digitalWrite(heaterPin1, LOW);

//turn second heater on
digitalWrite(heaterPin2, HIGH);
sprintf(databuff2,"turning on unit2");
sprintf(dispbuff,"%-16s",databuff2);
mySerialPort.print(dispbuff);

// wait 3 minutes for heater to heat up
while(millis() < (counter + warmup + warmup))
{
  sprintf(databuff1,"Unit2 Activated");
  sprintf(dispbuff,"%-16s",databuff1);
  mySerialPort.print(dispbuff);

  scratch = (int)((counter+warmup+warmup - millis())/1000);
  sprintf(databuff2,"Countdown: %3d", scratch);
  sprintf(dispbuff,"%-16s",databuff2);
  mySerialPort.print(dispbuff);

  Serial.println(scratch);
}

// read the analog in value:
gasVal2 = analogRead(gasPin2);
sprintf(databuff2,"reading unit2");
sprintf(dispbuff,"%-16s",databuff2);
mySerialPort.print(dispbuff);

// shut off the second heater
digitalWrite(heaterPin2, LOW);

//Display on LCD
sprintf(databuff1,"Gas1:%4d",gasVal1);
sprintf(dispbuff,"%-16s",databuff1);
mySerialPort.print(dispbuff);
sprintf(databuff2,"Gas2:%4d",gasVal2);
sprintf(dispbuff,"%-16s",databuff2);
mySerialPort.print(dispbuff);
```

```
//write to SD card
  if(SDPresent = 1)
  {
    writeDataToSD(databuff1, databuff2);
  }

  //Wait downtime and start again
  //to make more frequent measurements, change value of downtime
  while(millis() < (counter +downtime))
  {
  }
}

void writeDataToSD(String dataString1, String dataString2)
{
  // open the file. note that only one file can be open at a time,
  // so you have to close this one before opening another.
  File dataFile = SD.open("datalog.txt", FILE_WRITE);

  // if the file is available, write to it:
  if (dataFile)
  {
    Serial.println("Hooray, we have a file!");
    dataFile.print(millis());
    dataFile.print(",");
    dataFile.print(dataString1);
    dataFile.print(",");
    dataFile.println(dataString2);

    dataFile.close();

    // print to the serial port too:
    Serial.print(millis());
    Serial.print(",");
    Serial.print(dataString1);
    Serial.print(",");
    Serial.println(dataString2);

    //Print to LCD
    mySerialPort.print("Datafile written");
  }
}
```

Displaying and Storing Your Data

You can connect Arduino to components that display data, as well as those that store data for later use.

Liquid Crystal Displays

Liquid crystal displays (LCDs) are cheap and easy ways to display data, status, warnings, and other messages from Arduino. They come in many different colors: you can buy LCDs with amber characters on a black background, black characters on a green background, yellow characters on a blue background, and other color combinations. Some LCDs have two rows of 16 characters, others four rows of 20 characters, and other display combinations are available as well. But for our uses, the biggest differences in LCDs involve the way they handle data.

The most basic (and least expensive) LCDs make you do all the data handling. They can take up as many as 10 digital data pins (most Arduinos only have 13), and might even require you to design your own characters. Some makers love doing stuff like that, but others just want to plug in a device and have it work.

For our uses, we've decided to go with a serial-controlled LCD, one in which a small microprocessor attached to the LCD takes care of all the data and character management. It's more expensive, but also much easier to use. All we need to do is ground the device, give it some power, and feed it data.

Step seven of the build explains how to connect the LCD to the tropospheric gas detector.

Reading Data Off EEPROM

You might have noticed in the code that Arduino writes the data it recieves to something called EEPROM. This stands for "Electrically Erasable Programmable Read-Only Memory." This is a type of computer memory that is nonvolatile; it remains in place after Arduino is powered down, or after a new program is loaded. EEPROM is perfect for storing data that has to last a long time (a long time by Arduino standards, that is), such as months or years. Our gadget uses 5 bytes of EEPROM to store a single observation record: 1 byte for the record number, and 2 bytes apiece for each sensor's data.

We've included a small program to extract tropospheric gas data from the Arduino's EEPROM. Simply connect your Arduino to your computer via the USB cable, upload the following sketch, and then view the serial monitor.

```
#include <EEPROM.h>

// start reading from the first byte (address 0) of the EEPROM

int address = 1;
int record = 0;
unsigned int Sensor1 = 0;
unsigned int Sensor2 = 0;

int q;
int m;

void setup()
{
  Serial.begin(9600);
```

```
    Serial.println("Record#, Sensor1, Sensor2");
    for(int i =0; i<=95; i++)
    {
      readData();
    }
}

void loop()
{
  // There's no need for this program to loop.  We know what we want to do,
  // and we just did it in setup().
}

void readData()
{
  record = EEPROM.read(address++);
  Serial.print(record);
  Serial.print(",");
  q = EEPROM.read(address++);
  delay(20);
  m = EEPROM.read(address++);
  delay(20);
  Sensor1 = (q*256)+m;

  Serial.print(Sensor1);
  Serial.print(",");
  q = EEPROM.read(address++);
  delay(20);
  m = EEPROM.read(address++);
  delay(20);
  Sensor2 = (q*256)+m;

  Serial.print(Sensor2);
  Serial.print(",");
  q = EEPROM.read(address++);
  delay(20);
  m = EEPROM.read(address++);
  delay(20);

}
```

The result is a CSV display of your data, ready to be copied and pasted into your favorite spreadsheet program.

The Limits of EEPROM

EEPROM is not limitless. The Arduino Duemilanove and Uno each have a single kilobyte of EEPROM available, which (at 5 bytes per observation record) will hold about 200 observations worth of data. At 5 observations per hour, that's enough for more than a day and a half of solid observation. Arduino Megas have 4 kilobytes of EEPROM, about enough to hold a week's worth of atmospheric data. The old Arduino NGs, Nanos, and Diecimilas have a paltry 512 bytes of EEPROM, about 20 hours' worth.

What do you do when your EEPROM is full? The Arduino IDE has a sketch called EEPROM_Clear. Simply run that, and it will wipe your Arduino's non-volatile memory and make it ready for the next season's worth of data. Of course, you will have already backed up your data to a spreadsheet, a hard drive, an SD card, or Cosm before you wipe your EEPROM, right?

Reading Data from an SD Card

If you are storing your gas detector data on the SD card, you'll find a file called *DATALOG.TXT*. That file contains your measurements in CSV (comma separated value) format. To save space on Arduino, we did not massage the data in any way. You can open this file in your favorite spreadsheet program and work with it as desired.

Things to Try

Of course, there's not just one way to build a gas detector. There are many different configurations you can try (such as more or different sensors) that will provide more detailed data, but what changes (if any) will you have to make to the circuit to be sure it works properly? Will you need to beef up the batteries, or try a totally new power source? Here are some other ideas to make your gas detector more versatile.

Other Sensors

Does hot humid air hold more pollution than cold dry air? If you add a temperature/humidity sensor to the gadget, can you detect any correlations between temperature/humidity and toxic gas concentration?

As we noted earlier, Hanwei and other manufacturers offer many different gas sensors, often (but not always) built around the same basic circuitry, making it relatively easy to add more sensors to a gadget, or swap new sensors for old ones. It might be interesting to add an MQ-131 ozone sensor to the MQ-2 and MQ-6 sensors—is there a correlation between automobile pollution and ozone? between temperature/humidity and ozone?

Solar Powered

One drawback to the current gadget is the batteries last only a few days. Is it possible to have the gadget work forever by powering it with the sun?

Yes, with some caveats. The heating elements of the gas sensors are real power hogs, and running this device totally on solar power might or might not be practical depending on the size of the solar panel, the amount of sunlight at your location, and the number of gas sensors you have. If you want to give it a try, we'd recommend starting with something like the Adafruit USB/SOLAR LiPoly charger (*http://ladyada.net/products/usbdcsolarlipo/*). This device will handle all the power management for you.

The key question is the size of the solar panel: if you calculate the amount of power your Arduino and sensors use, and compare it to the net power you can expect from the solar panel/charger (taking into account your location and time of year), you can get a good idea if solar will work for your gadget.

GSM

Wouldn't it be great if, instead of having to fetch data from your gadget, you could make your gadget send you its data? You can, with a GSM module. This device, available from all the usual suppliers like Sparkfun and Adafruit, is essentially the guts of a cell phone without the keypad, display, speaker, microphone, or ringtones. By connecting it in place of (or along with) the LCD display, you can have your gadget send you text messages (or even post on Twitter!) its latest findings. You'll need to get a separate SIM card with a data plan, but these usually cost in the range of $5 to $10 per month.

Do Not Deploy Your Gadget in Public Without Official Permission

Now we come to the strangest part of this book: the warning not to leave your gas detector unattended, anywhere, ever. Here's why:

In May 2012, Takeshi Miyakawa, a visual artist and furniture designer in New York City, placed a portable battery-powered light inside a translucent "I Love NY" plastic shopping bag, and hung it from a metal rod attached to a tree. When the lamp was on, the bag glowed from within. A friend of the artist said he did this "to lift people's spirits. He was simply trying to say that he loves the city and spread that attitude around."

Unfortunately for Miyakawa, someone in the neighborhood saw a contraption with wires, batteries, and plastic boxes and called the New York Police Department's bomb squad, which evacuated the area and took two hours to determine that a battery and a light was just a battery and a light. When the police tracked the device to Miyakawa, they arrested him and charged him with two counts of first-degree reckless endangerment, two counts of placing a false bomb or hazardous substance in the first degree, two counts of placing a false bomb or hazardous substance in the second degree, two counts of second-degree reckless endangerment, and two counts of second-degree criminal nuisance. A judge ordered him sent to Bellevue hospital for psychiatric evaluation, as well.

All for hanging a light in a tree.

Miyakawa's experience is not unique, unfortunately. In another case, researchers from Carnegie-Mellon University built similar detectors to ours, and placed them at various points around the Pittsburgh area. While the sensors were enclosed in professionally made plastic cases, and were clearly labeled as an approved research project, once again the police bomb squad was called. (The students didn't report being arrested. However, they did say it took a great deal of negotiation with the authorities to get their equipment back.)

The US Department of Homeland Security (DHS) urges people to "be vigilant, take notice of your surroundings, and report suspicious items or activities to local authorities immediately." As a result, homemade electronic gadgets that once upon a time (at least, in the lifetimes of the authors) might have been regarded as interesting curiosities are now treated as threats. Many people don't understand hobby electronics, and are frightened by what they do not understand. Police believe they must treat every suspicious package as if it may be harmful.

The point of telling you all this is not to scare you from building monitoring devices, but to warn you that a home-built, Arduino-based gas sensor might, to the unknowing eye, look like a box of batteries and wires and a scary thing with blinking lights. Leaving something like this unattended, without permission, on property you don't own, can get you into a world of trouble.

The following subsections are a couple ideas for solving this problem.

Get Official Permission

Look into official channels through which you can deploy experimental packages in public. At A.M.W.A. World Headquarters in New York City, we looked to the Parks Department, which allows researchers to leave experimental devices in some of the city's parks. The entire application process is on the city's website. It's fairly extensive, requiring an explanation of the experiment and a description of the device, but can be filled out in a single sitting.

Unfortunately, processing these permits seems to take a long time. We applied for one in early May 2012, and it still hadn't arrived by the time this book went to press in November.

Get Your Community Involved

- If you're a student, get your teachers on your side when it comes to your projects. Arduino is so new that there's a good chance you'll be teaching the teachers for a change, and once your teachers understand what you're doing, they'll be among your staunchest supporters.

- If you're a member of a hackerspace, have an open house. Invite members of the community to meet you in person and learn about what you're doing. This may work wonders toward alleviating some of the public's fear of DIY electronics.

- If you're not a member of a hackerspace, consider joining one, or even starting one. Good online resources for finding and learning more about hackerspaces are the Hackerspace Wiki (*http://hackerspa ces.org/wiki/*) and the UK Hackspace Foundation (*http://hack space.org.uk/view/Starting_a_Hackerspace*).

3/A Brief Introduction to LEDs

Before we start working on the LED photometer, we're going to take a brief look at why and how the gadget's crucial component—the light emitting diode, or LED—can be used to monitor certain properties of the atmosphere.

Even if you've worked with LEDs before, chances are your projects used them simply as lights or indicators of some sort, with the color choices more about aesthetics than science. By comparison, in this book we use LEDs in ways that take advantage of the physics of light.

We think you'll get more out of building and using the LED photometer if you know more about that. But if you're feeling impatient, skip to the project in Chapter 4, the LED Sensitivity Tester, and proceed from there.

It is essential to test your LEDs before you build the LED photometer. Testing takes two forms: (1) testing to see if the LEDs light up and (2) testing the LEDs for wavelength sensitivity. The first test is easy: you can connect the short wire of an LED to Arduino GND and the long end to pin 13, and run the BLINK sketch that comes with the Arduino IDE software; if the LED blinks, it works. (An even easier way is to connect an LED to a 3 v coin cell—with the long wire on the positive side of the battery. If the LED lights, it works.)

Testing the LED for wavelength sensitivity is much more complicated; we deal with that in Chapter 4.

What Is a Diode?

A diode is a two-terminal electronic device that lets electricity flow easily in one direction, and prevents (or resists) it from flowing in the other direction.

Many electrical components can be run "backwards": for example, a loud-speaker can be used as a microphone, and vice versa. A motor, which turns electricity into movement, can often be used as a generator that turns movement into electricity.

This reversibility of electronic components is partly thanks to the fact that electricity usually has no problem flowing both ways through a circuit; it makes no difference to an electron if it flows from a battery to a motor or from a motor to a battery.

But the direction of electron flow matters if we're designing a generator circuit: we don't want that circuit to suddenly work in reverse and start spinning like a motor! This is where diodes are useful. They work like valves that prevent the "backflow" of electricity, ensuring that electrons will move only in the direction we want them to.

Discovery of the Diode

The 1870s were an exciting time to be working with electricity. In America, Thomas Edison was inventing some of the devices that would define the 20th century: the light bulb, the phonograph, and an improved telephone. Meanwhile in Europe, scientists were taking a more theoretical approach, seeking to understand how electricity flowed.

In 1874, a German scientist named Karl Ferdinand Braun published an account of what he called "the unilateral conduction of current by natural metal sulfides." Up to this point, scientists knew that electricity could travel along a wire in either direction. Braun discovered that a crystal of tetrahedrite (a compound of copper, antimony, and sulfur) let electricity flow through it in only one direction. This demonstration of one-way electrical flow was the first known semiconductor diode—in fact, it was the first semiconductor in history.

What Is a Light Emitting Diode?

A light emitting diode is a diode that emits light.

Okay, snark aside, in 1907 a scientist named Henry Joseph Round discovered that crystals of carborundum gave off a faint yellow light when they were energized by electrons. These crystals were also diodes, and didn't emit light when electricity tried to flow the other way. Scientists later discovered that in an LED, electrons combine with electron "holes" in the crystal, and release excess energy as photons in a very narrow range of wavelengths known as the emission band. The narrowness of this emission band is rivaled only by laser light, and explains the jewel-like purity of LED light.

Figure 3-1 shows some LEDs in sizes 8 mm, 5 mm, and 3 mm. Two important things to know for DIY purposes are that the longer lead is called the anode (commonly thought of as the positive terminal), and the shorter lead is called the cathode (commonly thought of as the negative terminal). An easy way to remember this is that the negative terminal has something "subtracted" from it. Because an LED is a diode, electricity will only easily flow through it in one direction. So when you plug an LED into a circuit, be sure to connect the anode to the positive side of the circuit and the cathode to the negative side or ground, if you expect to make it glow.

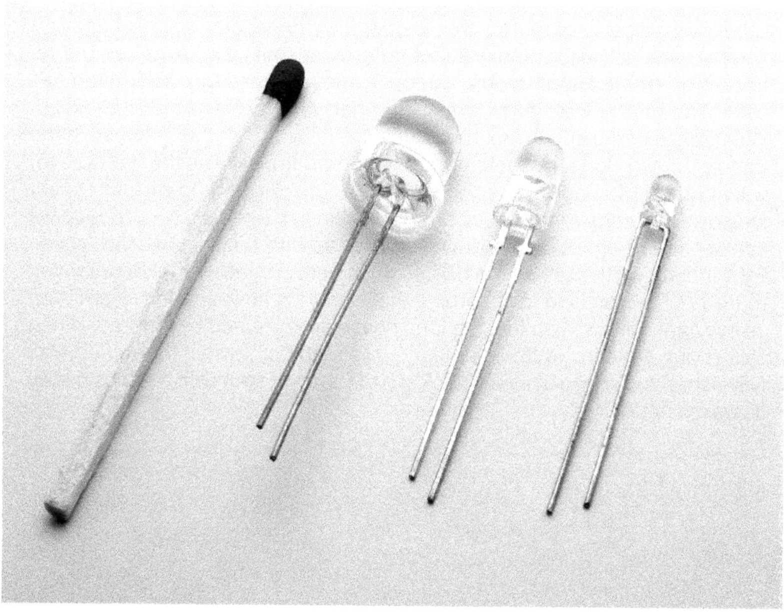

Figure 3-1. *LEDs in 8 mm, 5 mm, and 3 mm sizes.*

How Are We Using LEDs in the LED Photometer?

LEDs not only emit light; they absorb it, too. An amateur scientist discovered this capability of LEDs in the 1970s. Forrest M. Mims III, a former US Air Force officer, had been doing experiments with photocells and light since he was a boy. Understanding that many electronic devices can be run "backwards" [see "What Is a Diode?" (page 33)], Mims reasoned that since LEDs take in electricity and emit light (along that narrow emission band, remember), they should also take in light and give off electricity. A series of experiments proved him right, and by 1973 he had formalized what is now known as the Mims Effect: LEDs will absorb light along a relatively narrow band of color, and emit a small amount of electricity. These light-absorbing qualities of LEDs are what we put to work in our LED photometer.

An LED absorbs light occurring in wavelengths near its own emission band, or slightly shorter. A green LED absorbs light in the greenish-blue part of the spectrum, a red LED absorbs light in the reddish-orange part of the spectrum, and so on. We can use this difference in the way LEDs absorb light to tell us a great deal about the atmosphere.

What Is Color?

Color is a property of matter that we perceive depending upon which light waves matter absorbs, and which it reflects or emits. Our eyes see the reflected or emitted light waves, and our brains process that information as color. The shorter wavelengths occur in what we percieve as the blue-indigo-violet range of the spectrum; the wavelengths we think of as green sit in the middle; and the longer wavelengths occur in what we see as the red-orange-yellow range. Ultraviolet (a very short wavelength of light) and infrared (a very long one) are ends of the spectrum not visible to human eyes—although we can see the re-emission of ultraviolet light, as with the psychedelic "black-light" posters of the 1960s and 1970s, which were printed with inks containing materials that excelled at absorbing those short light waves and re-emitting visible light. And we can feel the long heat waves created by infrared. When something appears white in sunlight, it is made of matter that reflects all wavelengths of light; if it looks black, it's made up of stuff that absorbs nearly all wavelengths.

4/Gadget: LED Sensitivity Tester

Before building and using the LED photometer, we first need to figure out exactly which wavelengths of light each of our LEDs is sensitive to. Otherwise, we won't be able to get good data with the photometer. Unfortunately, no LED datasheet that we've ever seen troubles itself with listing LED input wavelength, because LED manufacturers generally don't think of their products as input devices. Fortunately, we can determine input wavelengths with a gadget we can build ourselves: the LED sensitivity detector.

Mission: Inputtable

Your mission, should you choose to accept it, is to determine the peak input wavelength for a series of LEDs. You will do this by shining every wavelength of visible light, from 350–700 nm, into each candidate LED, and measuring that LED's responsive voltage. The LED that's most sensitive to the wavelength is the one that produces the highest response voltage. Good luck.

How are we going to generate every visible wavelength of light to test our LEDs, from ultraviolet to infrared? If your answer is "use a full-spectrum LED," you're correct. This special type of LED is called an RGB LED and it can output red light, green light, blue light, and any combination of those colors: the full ROY G. BIV. Since it's beyond the scope of this book to go too deeply into the science of combining light to make different colors, suffice it to say that by mixing varying intensities of red, green, and blue light, just about any color can be reproduced. (Look very carefully at the pixels of your computer screen to see this in action.)

Amount	Part Type	Properties/(Assembly Code)
1	Loudspeaker	(SPKR1)
1	TEST LED, 5 mm	5 mm [THT]; (LED2)
1	RGB LED (com. anode, rbg)	5 mm [THT]; pin order rgb; polarity common anode; rgb RGB (LED1)
2	47 Ω resistor	Package THT; tolerance ffl5%; bands 4; resistance 47 Ω; pin spacing 400 mil (R1 & R2)
1	62 Ω resistor	Package THT; tolerance ffl5%; bands 4; resistance 62 Ω; pin spacing 400 mil (R3)
1	Arduino UNO R3	(Arduino1)
1	LCD screen	Character type 16 pins (LCD1)
1	Permanent marker in a dark color	

Build the Gadget

1. **Connect the RGB LED to Arduino.** Most RGB LEDs are common anode, so follow the datasheet that came with your LED to connect the anode to the +5 pin on Arduino (Figure 4-1). The R, G, and B pins should be connected to Arduino pins 8, 6, and 4, respectively. For our RGB LED, the red cathode needed a 62 ohm resistor, while the green and blue cathodes needed a 47 ohm resistor. (Your values may vary.)

When we say "connect an LED to Arduino" in these instructions, we intend for you to do this via a breadboard and jumper wires, as illustrated in the figures for each step. Given the amount of gadget handling involved in testing a bunch of LEDs, using a breadboard will save a lot of wear and tear on Arduino.

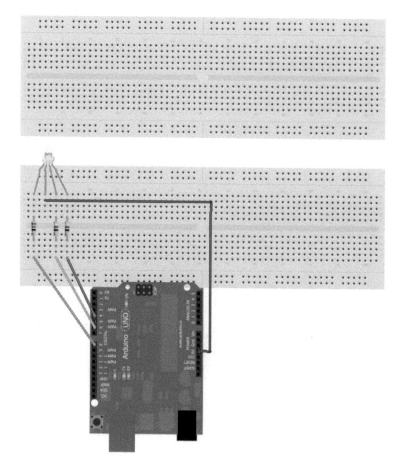

Figure 4-1. *Step one.*

2. **Connect the LCD.** Connect the common ground lead on the LCD
   (screen display) to the GND pin on Arduino. Connect the VCC lead on
   the LCD to the 3.3 power pin on Arduino. Connect the DATA lead on the
   LCD to Arduino pin 2 (Figure 4-2).

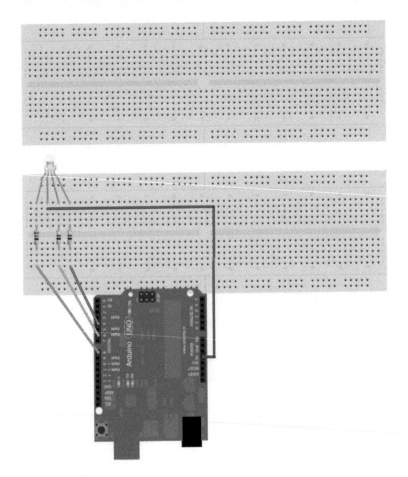

Figure 4-2. *Step two.*

3. **Add an audio speaker for additional fun.** Connect the speaker's black wire to GND on Arduino, and the speaker's red wire to Arduino pin 8. The schematic looks something like Figure 4-3.

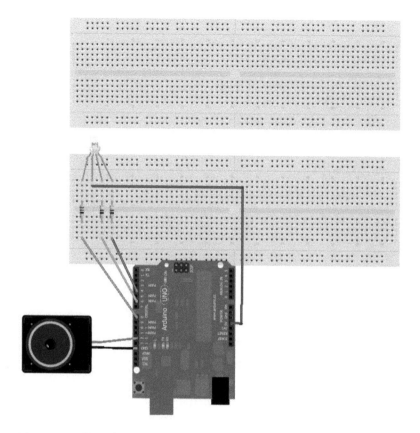

Figure 4-3. *Step three.*

4. **Load the sketch.** Now we need a way to translate a wavelength of light into its red, green, and blue values. Fortunately, a scientist named Dan Brunton has developed a formula that will do just that. We programmed Brunton's algorithm into the following Arduino sketch. After setting up all the components, running this code will cause the RGB LED to emit light from 350–700 nm, the range of visible light.

You can find this sketch in the AMWA GitHub repository (*https://github.com/ejgertz/AMWA*).

```
/**
 * Determining RGB color from a wavelength
 * The code is based on an algorithm from Dan Bruton's Color Science Page.
 * http://www.midnightkite.com/color.html
 * by Patrick Di Justo
 * 2012 08 28
 *
```

```
**/

#include <EEPROM.h>
#include <SoftwareSerial.h>

//Set up the Liquid Crystal Display
#define LCDIn 3
#define LCDOut 2
SoftwareSerial mySerialPort(LCDIn, LCDOut);

//LCD Display buffers
char databuff[16];
char dispbuff[16];

// Variables needed for RGB calculations
float Gamma = 1.00;
int MaxIntensity = 255;
float fBlue;
float fGreen;
float fRed;
float Factor;

int iR;
int iG;
int iB;

//Our eyes can generally see light wavelengths between 350 and 700
nanometers.
//Here, we start the RGB Led with 350
int i = 350;

//RGB is plugged into these arduino digital pins
const int redOutPin = 8;
const int greenOutPin = 6;
const int blueOutPin = 4;

// LED to be tested is plugged into A0
int testPin = A0;

// variables to store the value coming from the sensor
int sensorValueTest =0;
int oldTest =0;
int peaknm =0;

//EEPROM start data
int addr=0;

//Music
int notelen = 90;
int dlx = 130;

void setup()
{
  pinMode(LCDOut, OUTPUT);
  pinMode(LCDIn, INPUT);
```

```
//Set the RGB LED pins to output

  pinMode(redOutPin, OUTPUT);
  pinMode(greenOutPin, OUTPUT);
  pinMode(blueOutPin, OUTPUT);


// Initialize the LCD display
  mySerialPort.begin(9600);
  mySerialPort.write(0xFE);
  mySerialPort.write(0x01);

  // test to see if the RGB LED works
  makeColor(i);
  analogWrite(redOutPin,255-iR);
  analogWrite(greenOutPin, 255-iG);
  analogWrite(blueOutPin, 255-iB);
  delay(5000);
}

void loop()
{

// set the RGB LED to a specific color
  makeColor(i);
  analogWrite(redOutPin, 255-iR);
  analogWrite(greenOutPin, 255-iG);
  analogWrite(blueOutPin, 255-iB);
  delay(500);

// read the sensitivity of the Test LED
  sensorValueTest= analogRead(testPin);

  if (sensorValueTest > oldTest)
  {
    oldTest = sensorValueTest;
    peaknm = i;
  }

// Display the values on the LCD
  sprintf(databuff,"CV:%3d Cnm:%3d",sensorValueTest,i);
  sprintf(dispbuff,"%-16s",databuff);
  mySerialPort.print(dispbuff);

  sprintf(databuff,"XV:%3d Xnm:%3d",oldTest, peaknm);
  sprintf(dispbuff,"%-16s",databuff);
  mySerialPort.print(dispbuff);


  writeData();
  i++;

  // If we've reached the upper limit of 700 nm, play a little melody
```

```
  if (i>700)
  {
    for (int f = 0; f<=100; f++)
    {
      tone(7,196,notelen);
      delay(dlx);

      tone(7,131,notelen);
      delay(dlx);

      tone(7,261,notelen);
      delay(dlx);

      tone(7,330,notelen);
      delay(dlx);

      tone(7,294,notelen);
    }
    delay(10000);
  }
}


void writeData()
{
  int quotient = i/256;
  int mod = i % 256;

  EEPROM.write(addr++,quotient);
  EEPROM.write(addr++,mod);

  quotient = sensorValueTest/256;
  mod = sensorValueTest % 256;
  EEPROM.write(addr++,quotient);
  EEPROM.write(addr++,mod);
}


void makeColor(int lambda)
{
  if (lambda >= 350 && lambda <= 439)
  {
    fRed    = -(lambda - (float)440.0) / ((float)440.0 - (float)350.0);
    fGreen = (float)0.0;
    fBlue    = (float)1.0;
  }
  else if (lambda >= (float)440.0 && lambda <= (float)489.0)
  {
    fRed       = 0.0;
    fGreen = (lambda - (float)440.0) / ((float)490.0 - (float)440.0);
    fBlue      = 1.0;
  }
  else if (lambda >= (float)490.0 && lambda <= (float)509.0)
```

```
  {
    fRed = 0.0;
    fGreen = 1.0;
    fBlue = -(lambda - (float)510.0) / ((float)510.0 - (float)490.0);
  }
  else if (lambda >= (float)510.0 && lambda <= (float)579.0)
  {
    fRed = (lambda - (float)510.0) / ((float)580.0 - (float)510.0);
    fGreen = 1.0;
    fBlue = 0.0;
  }
  else if (lambda >= (float)580.0 && lambda <= (float)644.0)
  {
    fRed = 1.0;
    fGreen = -(lambda - (float)645.0) / ((float)645.0 - (float)580.0);
    fBlue = 0.0;
  }
  else if (lambda >= 645.0 && lambda <= 780.0)
  {
    fRed = 1.0;
    fGreen = 0.0;
    fBlue = 0.0;
  }
  else
  {
    fRed = 0.0;
    fGreen = 0.0;
    fBlue = 0.0;
  }

  if (lambda >= 350 && lambda <= 419)
  {
      Factor = 0.3 + 0.7*(lambda - (float)350.0) / ((float)420.0 -
(float)350.0);
  }
  else if (lambda >= 420 && lambda <= 700)
  {
    Factor = 1.0;
  }
  else if (lambda >= 701 && lambda <= 780)
  {
      Factor = 0.3 + 0.7*((float)780.0 - lambda) / ((float)780.0 -
(float)700.0);
  }
  else
  {
    Factor = 0.0;
  }
  iR = factorAdjust(fRed, Factor, MaxIntensity, Gamma);
  iG = factorAdjust(fGreen, Factor, MaxIntensity, Gamma);
  iB = factorAdjust(fBlue, Factor, MaxIntensity, Gamma);
}

int factorAdjust(float C, float Factor, int MaxIntensity, float Gamma)
```

```
{
  if(C == 0.0)
  {
    return 0;
  }
  else
  {
    return (int) round(MaxIntensity * pow(C * Factor, Gamma));
  }
}
```

5. **Select an LED to test.** If you've purchased a large number of LEDs to test, they're likely to arrive in individual plastic pouches. Neatly pull or cut open the plastic pouch containing the LED, take the LED out, and set the pouch aside; you'll need it again soon (Figure 4-4).

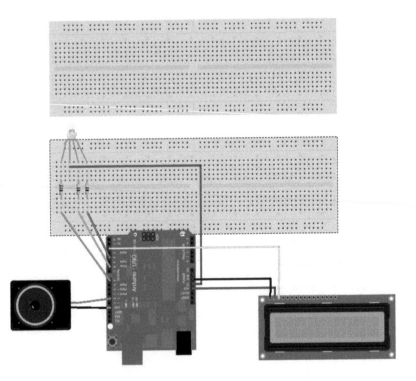

Figure 4-4. *Step four.*

6. **Connect the LED.** Hook up the anode to Arduino analog pin 0, and the cathode to GND (Figure 4-5).

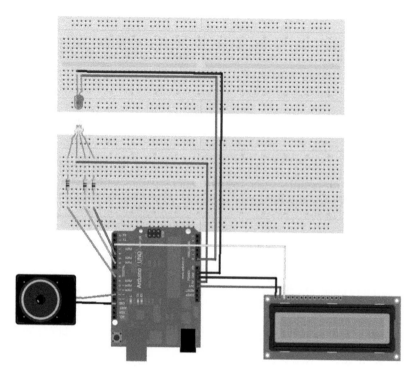

Figure 4-5. *Step five.*

 As you test each LED, be careful to plug it into the breadboard with the proper polarity: anode to Arduino's analog pin 0 and cathode to Ardunio's GND pin.

---

7. **Test the LED.** For best results, enclose the test LED and the RGB LED in a single small, opaque tube, such as a piece of shrinkwrap tubing, a blackened soda straw, or even the opaque, sawed-off body of a ball point pen. Ideally, the two LEDs should be extremly close without actually touching. When everything is ready, turn on or reset Arduino.

Several things will happen. The RGB LED will start to glow, and the top line of the LCD will inform you that the RGB LED is currently displaying a particular wavelength of light ranging from 350–700 nm. At each wavelength, the test LED absorbs the light being put out by the RGB LED, and converts that to a voltage.

- Low voltage means that the test LED is not absorbing much light at that wavelength; in other words, the test LED is not very sensitive to this color. A higher voltage indicates that the test LED is more sensitive to this particular wavelength and is therefore creating more electricity from the light it absorbs.
- As Arduino works its way up the spectrum, it keeps track of the peak voltage the test LED puts out, and the particular wavelength that caused the peak voltage.
- You'll know the test is complete when the counter reaches 700 nm, and Arduino plays a little melody.

8. **Note your results.** Using the permanent marker, write your data—the peak voltage and the light wavelength that caused it—on the plastic pouch that you set aside in step four. Carefully remove the test LED from the gadget and slide it back into the pouch.

9. Return to step five and hit the reset button on Arduino to repeat the sensitivity test with another LED.

In order to build an LED photometer that works properly, it's very important to test each LED before you use it in the photometer. You need to know the particular wavelengths of light that your LEDs are detecting, because this impacts the types of gases you'll be able to detect in the atmosphere, and how well you'll be able to detect them.

nm? What is this nm?

Wavelengths of light are so small they are measured not in millimeters (1/1,000ths of a meter) or micrometers (1/1,000,000ths of a meter) but in nanometers (1/1,000,000,000ths of a meter). Because wavelengths of light are so small, a great many things interfere with them. Imagine that you're inside a walk-in closet or windowless bathroom: by simply sealing the door, it would be easy to stop all light waves from entering the room. But if you had a portable radio with you (if you know what that is), or your cell phone (which is very much like a portable radio), you'd have no problem getting a radio signal even though all external light into your room was cut off—unless your closet was deep inside an underground, reinforced concrete security bunker!

Radio waves and light waves are the same physical phenomena: electromagnetic radiation, differing only in wavelength size. So we can say that clearly, light waves are more easily stopped by physical objects than other types of electromagnetic waves. In fact, that's the whole purpose of this LED photometer. Molecules of gas and particles of dust that by themselves are invisible to the naked eye all are large enough to interfere with certain wavelengths of light. By measuring which light waves are affected more strongly and which light waves are affected less strongly by the given particles in the atmosphere, we can get a very good estimate of the concentration of those gases or particles in the atmosphere.

Table 4-1 shows some values we got with a sample of LEDs from different manufacturers. Notice that while the LED peak input value is usually lower than the output value, that's not always the case. LEDs at the blue end of the spectrum have input wavelengths almost exactly the same as their output wavelengths. As we move down the spectrum toward the red end, the distance between input and oputput wavelength grows, but not uniformly. For example, look at the two yellow LEDs giving off light with a wavelength of 592 nm. Their input values are exactly 20 nm different!

This explains why we said earlier that it is important to test your LEDs. You need to know exactly which peak wavelength your LEDs are absorbing.

Table 4-1. *Frequencies of light for various LEDs by part number.*

Manufacturer	Mfgr Part Number	Color	Output nm	Input nm
Jameco Valuepro	LVB3330	Blue	430	429
Avago Technologies	QLMP-LB98	Blue	470	471
Avago Technologies	QLMP-LM98	Green	525	498
Agilent	HLMP-CM39-UVCDD	Green	535	505
Siemans Corporation	LG5469FH	Green	565	507
Valuepro	LUY3833H	Yellow	590	537
Valuepro	BVT-5E1TT4E	Yellow	592	552
Jameco Valuepro	BVT-529TT8E	Yellow	592	532
Valuepro	LVY3333/A	Yellow	595	532
Valuepro	RL50-PY543	Yellow	595	517
Valuepro	LUE3333	Orange	620	625
Valuepro	UT9C13-86-UDC2-R	Red	630	580
Jameco Valuepro	BVT-5E1QT4ER	Red	634	555
Valuepro	RL50-PR543	Red	635	534

5/Gadget: LED Photometer

A photometer is a device that measures one or more qualities of light. Most photometers consist of an interference filter and a photo detector. The interference filter is a colored piece of plastic or glass that filters out nonessential colors, letting through only the precise wavelengths of light we're interested in studying. A photo detector behind that filter monitors the intensity of the light that makes it through the filter.

In this gadget, LEDs replace both the interference filter and the photo detector. As Forrest Mims showed, LEDs are photodiodes: diodes that generate electrical current proportional to the light that falls on them, and they act as their own color filter. As you learned from your own experiments with the LED sensitivity tester, a blue LED is most sensitive to blue light and much less sensitive to red. By recording the amount of current from differently colored LEDs, we can learn how much of each color of the sun's light (blue, green, and red) is getting through the atmosphere to the gadget.

The main advantage of an LED photometer is that it is relatively inexpensive. LEDs are cheap, rugged, and stable. They come in a variety of colors and a variety of spectral responses. The electronics that go with them can be purchased online or at any good electronics store.

A couple things to keep in mind:

- Although LEDs can work as detectors, they were not built for this purpose. Whereas an ideal detector for our needs would detect only a very narrow range of wavelengths, and be perfectly centered around the wavelengths we wish to study, LEDs can detect light over a fairly wide range of wavelengths. That's why we've tested the LEDs: to know their detection peaks, so that we know which wavelengths of light we're measuring.

- Also, the current generated by an LED can change with the temperature of the LED; for this reason, we advise you to keep the gadget at room temperature, and make all outside measurements relatively quickly, before the gadget heats up (or cools down) too much.

Even allowing for these shortcomings, however, it is perfectly possible to get scientifically valid data by using the LED detectors to measure the upper atmosphere.

Build the Gadget

Amount	Part Type	Properties
1	Piezo Speaker	
1	Blue LED, 5 mm	Package 5 mm [THT]; leg yes; color Blue
1	Green LED, 5 mm	Package 5 mm [THT]; leg yes; color Green
1	Red LED, 5 mm	Package 5 mm [THT]; leg yes; color Red
1	Arduino	Processor ATmega; variant Arduino
1	LCD screen	Type character; pins 16

There are two sequences of steps that are equally essential to creating the LED photometer: building it, and calibrating it.

1. Connect the LEDs to Arduino (Figure 5-1). We've found it's easiest to do this as follows:

   a. Connect the negative (i.e., shorter wire) of each LED to the GND rail of the breadboard.

   b. Connect the positive (i.e., longer wire) of each LED to the breadboard.

   c. Using jumpers, connect each LED to the appropriate Analog pin on Arduino. Our Arduino sketch expects the red LED to be plugged into A1, the green LED into A2, and the blue LED into A3.

2. Connect the speaker (Figure 5-2). Plug the positive lead into Arduino digital pin 7 and the negative pin into Arduino GND. Many speakers don't list the polarity of their connection, so don't worry too much about this; just plug it in!

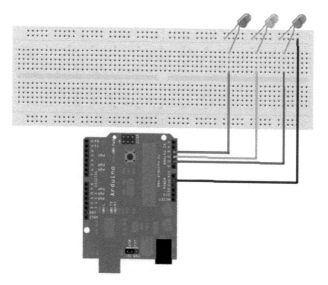

Figure 5-1. *Step one.*

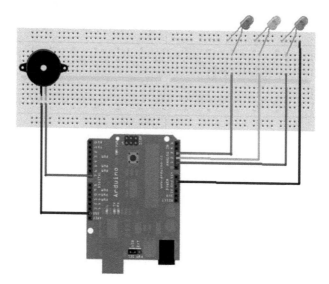

Figure 5-2. *Step two.*

3. Connect the LCD unit to Arduino (Figure 5-3). The data line connects to Arduino digital pin 5, the power line connects to Arduino 3.3 v pin, and GND line connects to GND.

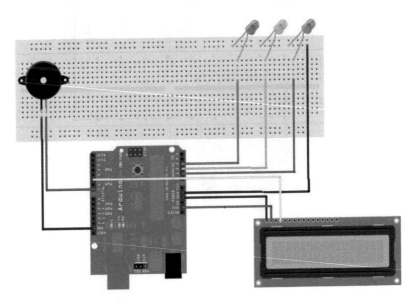

Figure 5-3. *Step three.*

Load the Sketch

You can find this sketch in the AMWA GitHub repository (*https://github.com/ejgertz/AMWA*).

```
/*
 LED Photometer, based on Analog Input
 by Patrick Di Justo
 2012 08 30
*/

#include <EEPROM.h>
#include <SD.h>
#include <SoftwareSerial.h>

// Liquid Crystal Display
// Define the LCD pins: We'll be using a serial-based LCD display
// which only required +3.3Volts, GND, and a single data line.
// databuff and displaybuff hold the data to be displayed

#define LCDIn  3
```

```
#define LCDOut 5
SoftwareSerial mySerialPort(LCDIn, LCDOut);

// Data Buffers for the LCD
char databuff1[16];
char databuff2[16];
char dispbuff[16];

// LED variables section
// Which Arduino pin goes to which LED
int redPin = A1;
int greenPin =A2;
int bluePin=A3;


// A place to store the values coming from the analog port
int sensorValueRed =0;
int sensorValueGreen =0;
int sensorValueBlue = 0;

//A place to store the maximum value for each LED
int maxRed = 0;
int maxGreen =0;
int maxBlue = 0;


//EEPROM variables
// The record length is 7: 1 byte for the record number, 2 bytes
// each for the 3 LEDs.  For each additional LED you add, increase
// the record length by 2.
int record=0;
int reclen = 7;
int addr =0;

// the following variable is long because the time, measured in
miliseconds,
// will quickly become a bigger number than can be stored in an int.
long timeSinceLastSensorHigh = 0;
int dataWritten = 0;

// music section
int notelen =40;
int dlx = notelen *1.33;

//switch to tell if an SD card is present
int SDPresent = 1;

void setup()
{
  // initialize serial communications at 9600 bps:
  Serial.begin(9600);

  // Set the Analog Pins
  // Why are we setting input pins to output?
  // We're doing this to prevent "leakage" from the pins.
```

```
    // Setting the pins to output activates a pullup resistor,
    // which makes it difficult for voltage to come into the Arduino,
    // until we're ready for it.

    Serial.println("Setting up the Analog Pins");

    pinMode(redPin, OUTPUT);
    digitalWrite(redPin, LOW);
    pinMode(greenPin, OUTPUT);
    digitalWrite(greenPin, LOW);
    pinMode(bluePin, OUTPUT);
    digitalWrite(bluePin, LOW);

    // Set up SD card, let us know if SD card is absent
    pinMode(10, OUTPUT);
    if (!SD.begin(4)) delay(10);
      SDPresent =0;

    //Set up LCD
    pinMode(LCDOut, OUTPUT);

    mySerialPort.begin(9600);
    mySerialPort.write(0xFE);
    mySerialPort.write(0x01);
    sprintf(databuff1,"Wakeup Test");
    sprintf(dispbuff,"%-16s",databuff1);
    mySerialPort.print(dispbuff);


//set up EEPROM
  record = EEPROM.read(0);
  addr = (record * reclen) +1;
  Serial.println("BEEP");

// Play music to let user know the gadget is ready
  tone(7,294,notelen);
  delay(dlx);
  tone(7,330,notelen);
  delay(dlx);
  tone(7,261,notelen);
  delay(dlx);
  tone(7,131,notelen);
  delay(dlx);
  tone(7,196,notelen);
  delay(dlx);
  delay(3000);
}


void loop()
{
  // read the value from the sensor:
  /*
    Back in setup(), we enabled a pullup resistor on the analog pins, which
    made it difficult for electricity to come into the analog pins.
```

Here, we disable the pullup resistor, wait 10ms for the pin to
stabilize,
    read the voltage coming into the pin, then reenable the pullup
resistor.
  */

```
  pinMode(redPin, INPUT);
  delay(10);
  Serial.print("Reading red:  ");
  sensorValueRed= analogRead(redPin);
  pinMode(redPin, OUTPUT);
  Serial.println(sensorValueRed);
  delay(10);

  pinMode(greenPin, INPUT);
  delay(10);
  sensorValueGreen = analogRead(greenPin);
  pinMode(greenPin, OUTPUT);
  delay(10);

  pinMode(bluePin, INPUT);
  delay(10);
  sensorValueBlue = analogRead(bluePin);
  pinMode(bluePin, OUTPUT);
  delay(10);

  Serial.println("Comparing sensor values...");

  // Here we compare each sensor to its maximum value.
  // If any of the sensors has reached a new peak, sound a tone
  if(    (sensorValueRed>maxRed)
      || (sensorValueGreen>maxGreen)
      || (sensorValueBlue>maxBlue))
    {
    tone(7,maxRed+maxGreen+maxBlue,500);
    timeSinceLastSensorHigh = millis();
    }

  // Here we reset the old maximum value with a new one, if necessary
  if(sensorValueRed>maxRed) maxRed = sensorValueRed;
  if(sensorValueGreen>maxGreen) maxGreen = sensorValueGreen;
  if(sensorValueBlue>maxBlue) maxBlue = sensorValueBlue;

  // Display the sensor values on the LCD screen
  sprintf(databuff1,"R%3d G%3d B%3d",maxRed,maxGreen,maxBlue);
  sprintf(dispbuff,"%-16s",databuff1);
  mySerialPort.print(dispbuff);
  Serial.print(dispbuff);

// If 10 seconds has gone by without any new measurements, write
// data to storage.

  if(millis() > (timeSinceLastSensorHigh + 10000))
    {
    if(dataWritten ==0)
```

```
          {
            writeData();
            if(SDPresent = 1)
              {
              writeDataToSD(databuff1, databuff2);
              }
          }
        }
}


void writeData()
{
  Serial.print("I'm writing data!!!!!!!!!!!!!!!!");
  record++;
  EEPROM.write(0, record);
  EEPROM.write(addr++, record);

  /*
  The problems of data storage:
   The analog pins read a value from 0 to 1023. This is 1024 different
values,
   and 1024 = 2 ^ 10. It would take 10 bits of data space to safely
   store the value from the analog pins.  Unfortunately, a standard byte
   of data is only 8 bits.  How can you fit 10 bits into 8 bits?
   You can't.

   What we're doing here is splitting the 10 bits of data into two sections,
   which can be stored in two bytes of memory space.
   */

  int quotient = sensorValueRed/256;
  int mod = sensorValueRed % 256;
  EEPROM.write(addr++,quotient);
  EEPROM.write(addr++,mod);

  quotient = sensorValueGreen/256;
  mod = sensorValueGreen % 256;
  EEPROM.write(addr++,quotient);
  EEPROM.write(addr++,mod);

  quotient = sensorValueBlue/256;
  mod = sensorValueBlue % 256;
  EEPROM.write(addr++,quotient);
  EEPROM.write(addr++,mod);
  dataWritten = 1;

  sprintf(databuff1,"EEPROM written");
  sprintf(dispbuff,"%-16s",databuff1);
  mySerialPort.print(dispbuff);
  Serial.println("FINAL BEEP");

  tone(7,196,notelen);
```

```
  delay(dlx);

  tone(7,131,notelen);
  delay(dlx);

  tone(7,261,notelen);
  delay(dlx);

  tone(7,330,notelen);
  delay(dlx);

  tone(7,294,notelen);
}


void writeDataToSD(String dataString1, String dataString2)
{
  // open the file. note that only one file can be open at a time,
  // so you have to close this one before opening another.
  File dataFile = SD.open("LEDdata.txt", FILE_WRITE);

  // if the file is available, write to it:
  if (dataFile)
  {
    dataFile.print(millis());
    dataFile.print(",");
    dataFile.println(dataString1);
    dataFile.close();

    sprintf(databuff1,"SDCard written");
    sprintf(dispbuff,"%-16s",databuff1);
    mySerialPort.print(dispbuff);
  }
}
```

Calibrate the Gadget: Air Mass, Atmospheric Optical Thickness, and Extraterrestrial Constant

Remember when we said that the sunlight travels to the ground through different thickness of atmosphere, depending on how high the sun is above the horizon? This can have an effect on the readings you get with your LED photometer, as well (see Figure 5-4).

Figure 5-4. *Sun angles in spring, summer, fall, and winter.*

Generally, this device is meant to measure the atmosphere at around noon each day, when the sun is at its highest in the sky and its path through the atmosphere is shortest. At the very least, if you can't make regular noon measurements, you should try to take measurements around the same time each day.

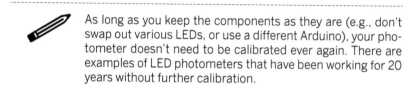 As long as you keep the components as they are (e.g., don't swap out various LEDs, or use a different Arduino), your photometer doesn't need to be calibrated ever again. There are examples of LED photometers that have been working for 20 years without further calibration.

But that raises an interesting problem: as the Earth revolves around the sun, the position of the sun at noon changes enormously over the course of the year. On the first day of summer, the noonday sun is as close to being directly overhead as it will ever get, while on the first day of winter, the noonday sun hugs the horizon 47° lower than the summer sun. This can have a profound effect on the measurements you get with your LED photometer, since the sunlight is moving through significantly differing distances of air through the course of a year.

This is why we have to take into account a value called *air mass*. The formula for air mass is very simple:

m = 1 / sin(theta)

where theta is the angle of the sun above the horizon.

Let's take a look at how the air mass at noon will differ over the course of a year from A.M.W.A. World Headquarters (see Table 5-1).

Table 5-1. *Sun angles and air mass from New York City.*

Date	Noon Sun Angle	Air Mass
March 20, 2013	49.4	1.3170
June 21, 2013	72.7	1.0474
September 22, 2013	49.3	1.3190
December 21, 2013	25.9	2.2894

At noon on the first day of spring, March 20, the noon sun is 49.4° above the horizon. Plugging that into the preceding formula results in an air mass of about 1.3170. This means that the sun's light had to travel through 1.3170 times as much air as it would if the sun were directly overhead.

At midday on the first day of summer, June 21, the sun was at 72.7° above the horizon. This gives us an air mass of 1.0474, meaning that the sun's light had to travel through 1.0474 times as much air as it would if the sun were directly overhead; that's a pretty negligible difference on its own terms, but about 25% lower than the air mass in March.

On September 22, the first day of autumn, the sun returned to 49.3° above the horizon, almost exactly where it was in March.

On December 21, the first day of winter, the sun at noon was 25.9° above the horizon. Plugging that into the preceding formula, we see that the air mass is a whopping 2.2895! The sun's light is traveling through more than twice as much air as it did on the first day of summer. This is an enormous difference, and, if uncorrected, would have an effect on the data we collect.

To fix this, we can use the data we collect to calculate a value called the *atmospheric optical thickness* (AOT). AOT measures the clarity of the air for any given air mass by comparing the data that you measure on the surface of the earth with the data your LED photometer would get if it were above the atmosphere, out in space.

Are we going to send our LED photometer into space? If only! Although that sounds like a great project, it's a little beyond the scope of this book—and unnecessary. What we're going to do is to take several measurements that will tell us what our LED photometer would measure *if it were out in space.*

Calculating Atmospheric Optical Thickness

Once you've built your LED photometer, wait for an exceptionally clear day. You'll want a day where the humidity remains constant, the cloud cover is almost nonexistent, and a place where there are no obvious nearby forest fires, or anything else that would contribute haze to the atmosphere. (Conversely, you could also wait for an overcast day, as long as the cloud cover is uniform. However, the data you get might not be as good as one from an exceptionally clear day.)

On this clear day, you're going to take a series of measurements with your LED photometer every half hour for half of the daylight hours (Table 5-2). You can take these measurements from dawn until noon, or from noon until sunset. Carefully keep track of the sun's angle above the horizon at each measurement point.

Table 5-2. *Solar data, noon to near sunset.*

Time	Sun Angle	Air Mass	Averaged LED Value
12:00	58	1.179	578.33
12:30	57.2	1.189	539
13:00	55	1.220	553

13:30	51.8	1.272	552
14:00	47.9	1.347	563.33
14:30	43.3	1.458	552.66
15:00	38.3	1.613	575
15:30	33	1.836	520.33
16:00	27.5	2.165	539
16:30	21.9	2.681	502
17:00	16.3	3.562	490
17:10	14.4	4.021	474.66
17:20	12.5	4.620	472.66
17:30	10.6	5.436	463.33
17:40	8.7	6.611	443.33

To find the angle of the sun at any given time of day, visit the US Naval Observatory's Sun Calculator (*http://aa.usno.navy.mil/data/docs/AltAz.php*).

Once you've collected this data, take it back to your workstation and, using graph paper or a spreadsheet program, create a scatter chart in which the Y axis is the logarithm of the data from any one of the LEDs (or all of the LEDs) and the X axis is the air mass at which these readings were taken.

Draw a best-fit line through the data points you get, and extend that line back to the Y intercept where the air mass is zero. The Y value at that point is known as the *extraterrestrial constant*, or EC. (If you're using a spreadsheet, look for a function called linear regression to accomplish the same thing.) Once you've calculated the EC, your LED photometer is calibrated.

Now that we've derived EC, we can finally use that to calculate atmospheric optical thickness, using the following formula:

AOT = (log(EC) / log(LED photometer reading)) / m

When your data is run through this formula, it will be scientifically "fit." The natural variance in the height of the sun above the horizon at various times of year is now accounted for. The AOT is the true measure of atmospheric optical thickness and should apply to all data you collect with your LED photometer.

Every LED Photometer Has a Unique Extraterrestrial Constant

The extraterrestrial constant varies for each LED photometer. Our LED photometer will have an EC that's very slightly different then the LED photometer you build. The variability may be as simple as different thickness of wire used to connect the LEDs to Arduino, or different models of Arduino, or different models of LEDs. The atmosphere's opacity may change from day to day as weather and environmental conditions shift, but the extraterrestrial constant is a property of the instrument. Once you determine the extraterrestrial constant for your own LED photometer, it shouldn't need to be recalibrated ever again.

Things to Try

Now that you've built the apparatus, let's look at some things that you can do with it.

Detecting "Ozone Holes": Measuring the Ozone Layer

The ozone layer is a narrow band in the Earth's atmosphere, approximately 25 kilometers above the surface, where the concentration of the O_3 ozone molecule is relatively high, reaching about 10 parts per million (compared to the usual 0.6 ppm in other parts of the atmosphere).

The ozone layer is essential to life on Earth, because it absorbs around 97% of the ultraviolet radiation from the sun, in the range of about 200–315 nm (what scientists and sunscreen manufacturers call the UV-B band). UV-B rays have enough energy to damage many biological molecules, including DNA. Without an ozone layer, the Earth might never have developed life.

Save the Ozone Layer!

Widespread use of molecules called chlorofluorocarbons (CFCs) as propellants in aerosol cans did a significant amount of damage to the ozone layer in the 20th century; CFCs can break apart ozone molecules, leaving them unable to absorb UV light. A 1987 international agreement, called the Montreal Protocol on Substances that Deplete the Ozone Layer (or just "Montreal Protocol" for short), banned most CFCs from use; nearly 200 nations have ratified it. Still, CFC residues remain in the stratosphere; some studies report a 4% decrease in ozone concentrations per decade since the late 20th century. However, since the turn of the century, scientists have begun to detect evidence of ozone layer recovery, as well.

Measuring the ozone layer with LEDs is conceptually not very difficult: all you'd need to do is to find an LED that aborbs ultraviolet light in the UV-A range (about 200–315 nm), and compare its output with an LED that absorbs light in the UV-B range. If the ozone layer didn't exist, the surface measurement of UV-A and UV-B would be equal, so any difference in the reading of the two LEDs would most likely be related to the presence of the ozone layer.

All this seems easy enough to allow you to build an upper atmosphere ozone monitor; but as a practical matter, UV LEDS become more and more expensive as you go down the wavelengths. It's also considerably more difficult (and requires more and different equiment) to test a UV LED to see its absorption range.

However, there might be another way to make this work. Everyone knows that ozone absorbs ultraviolet light, but not many people know that ozone also has an absorption band centered around 602 nm, in the orange part of the spectrum. This region, called the Chappuis band, is nowhere near as deep as the UV-B absorption bands; still, scientists have gotten good data from measuring how ozone absorbs orange light. Perhaps you can build an LED photometer that measures the ozone absorption in the orange part of the spectrum, if you can find an LED sensitive to 602 nm. Good luck!

Add an Accelerometer

Adding an accelerometer to the LED photometer will automatically tell you the angle at which you're pointing the device at the sun.

As we noted earlier, the sun's angle at noon can vary by 47° over the course of a year. While it's not going to kill you to expend the effort to look up or calculate the sun's declination when you take a measurement, it would be infinitely easier if Arduino itself told you the angle. You can make this happen with a multiple axis accelerometer attached to your Arduino. This can make the calculation of AOT so simple you might be able to include it in the Arduino code, and store the resulting value with the rest of the data.

But there's a drawback: most accelerometers use up to three analog inut pins to get data to Arduino. You might have to cut back on the number of LEDs you're using, if you use an accelerometer. If you can think of another way to make this work, we'd love to hear from you.

6/Using the LED Photometer

One of the oldest bits of weather lore is "Red sky at night, sailor's delight. Red sky in morning, sailors take warning." The sky is often red, or reddish orange, at sunrise and sunset. Reds, pinks, and oranges dominate at these times of day because the distance from your eye to the sun is greater at these times than when the sun is directly overhead. When sunlight travels through the atmosphere—and especially when it travels that extra distance from the horizon —an effect known as *Rayleigh scattering* takes place.

The British physicist John William Strutt (the third Baron Rayleigh) explained in 1871 that air molecules are so small they interfere with and scatter photons of light. The various molecules that make up the Earth's natural atmosphere —mostly nitrogen and oxygen, with trace amounts of other gases—scatter blue light (shorter wavelength light) more efficiently than red, orange, or yellow light (longer wavelengths). So when you look up, you see more scattered blue light than red or orange light. This is why our sky appears blue during most of the daytime (Figure 6-1).

When the sun is on the horizon at dawn or dusk, however, its light must travel through more of the atmosphere before we see it than when it is overhead (Figure 6-2). This leads to more and more of the blue light being scattered away, leaving behind the red-orange-yellow light. As well, dust and aerosols in the atmosphere more ably scatter long wavelengths of light—leading to lurid red sunsets.

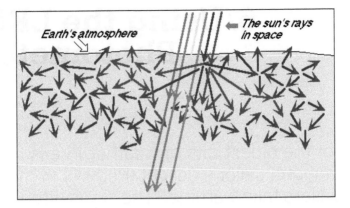

Figure 6-1. *As sunlight hits the Earth's atmosphere, air molecules scatter the shorter, blue wavelengths of light, but let the longer wavelengths through. Credit: NOAA ERSL (http://www.esrl.noaa.gov/gmd/grad/about/redsky/index.html).*

As atmospheric particles get larger, they tend to scatter all wavelengths of light equally and indiscriminately. This explains why clouds, which are made of relatively large water droplets, are white.

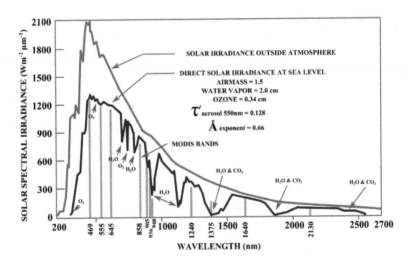

Figure 6-2. *This chart describes the absorption of sunlight by various atmospheric molecules. Look carefully in the 700 nm range of wavelengths: the dips in the "Direct Solar Irradiance at Sea Level" line indicate where molecules like water and oxygen are blocking out certain wavelengths of sunlight.*

Of course, molecules don't just scatter wavelengths of light. Certain molecules, such as water vapor, carbon dioxide, and ozone, also absorb specific wavelengths of light. To a measuring instrument on the ground, there is less light at those specific wavelengths than there is at other nearby wavelengths, because some of that light has been absorbed. By measuring these "holes" where wavelengths of light are absent, you can get a very good estimate of how much water vapor, ozone, and some other substances are in the atmosphere above your head.

Atmospheric Aerosols

Atmospheric aerosols are tiny particles of matter suspended in the atmosphere. These minute particles scatter and absorb sunlight, reducing the clarity and color of what we see. This is the effect we're referring to when we talk about "haze" in the sky.

Sources of Haze

Atmospheric haze comes from diverse sources. Most inhabited places on Earth always have some water vapor in the atmosphere, and enough water vapor can cause haze. Clouds and fog add more particles to the atmosphere, making visibility even hazier. Forest fires, volcanic eruptions, and dust storms can all increase haze in the atmosphere, sometimes hundreds of miles away from where they originate.

Human activites contribute to haze as well: smoke given off by cooking or heating fires, for example, or by industrial facilities such as coal-fired power plants. When sunlight hits the exhaust from automotive vehicles, the nitrogen oxides and hydrocarbons in the exhaust react to create photochemical smog and ozone; both create haze. Even contrails from high flying airplanes can make the sky hazy.

According to the US Environmental Protection Agency, since 1988 the atmosphere in national parks and wilderness areas in the United States has gotten so hazy that average visibility has dropped from 90 miles to 15–25 miles in the east, and from 140 miles to 35–90 miles in the west.

The LED photometer measures the difference between the voltage produced by a red LED, which absorbs light around the 580 nm range, and the voltage produced by a green LED, which absorbs light around the 500 nm range. The readings appear on the LCD, and are then stored on the Arduino's EEPROM (and/or SD card, if you choose to use one).

You can chart this data by hand, extract the data, and graph it in a spreadsheet program, or upload it to Cosm (*http://www.cosm.com*) (formerly Pachube) to share it with the world. More on this shortly.

On a clear day with very little haze, the voltages produced by the green LED and red LED will be somewhat similar. As atmospheric aerosols increase, however—whether over the course of a day, several days, or from season to season—the difference between the red LED's voltage and the green LED's voltage will increase. The green LED will produce less current when there is more atmospheric haze, because less green light than usual is reaching it.

 The voltages will almost never be exactly the same; Rayleigh scattering guarantees that more green light will be scattered by our atmosphere than red light. Also, white light reflected by clouds can sometimes cause the green LED to spike. The best results come from days without clouds (or with a uniform cloud cover).

Photosynthetically Active Radiation (PAR)

Photosynthesis, the process by which green plants turn sunlight into carbohydrates, does not use green light.

Plants appear green precisely because they *reflect* green light; they have no use for those wavelengths, and therefore can afford to throw them away. Green leaves absorb a great deal of the light at red and blue wavelengths. You can use LEDs to measure how much of those wavelengths—how much photosynthetically active radiation—is reaching your detector.

You do this by summing the outputs from two LEDs: the same red LED as in the aerosol detector, and a blue LED. As with the aerosol detector, Arduino reads the voltages produced by the red and blue LEDs, displays them, and stores them where they can be graphed, extracted into a spreadsheet, or uploaded to Cosm.

 Forrest M. Mims, the man who discovered the Mims effect, has shown that using red and blue LEDs to measure photosynthetically active radiation agrees very well with more "professional" PAR sensors.

Water Vapor (WV)

Atmospheric water vapor absorbs EM wavelengths in the range of infrared light, at around 940 nm. By using an infrared LED specifically designed to absorb light at 940 nm, you can get a very accurate representation of the amount of water vapor in the atmosphere. Simply compare the outputs of the 940 nm LED with a similar infrared LED sensitive to around 880 nm.

One thing to keep in mind, however, is that this type of measurement is incredibly dependent upon local weather conditions. The rapid passage of a storm front over your observational area can play havoc with your readings: obviously there's going to be more water vapor in the air when it is raining, snowing, or about to do either. Thus, this gadget is better suited to measuring upper atmosphere water vapor—water vapor high above what we might think of as "the weather." Because of this, the best water vapor measurements are those made on clear days.

Extracting Data from the LED Photometer

Okay, so you've collected a bunch of data with your LED photometer. What do you do now?

Graphing Data in a Spreadsheet

Once you've processed the data in a spreadsheet, you can graph it. Your results might end up looking like these charts by Forrest M. Mims, who has been collecting atmospheric data with an LED photometer in Texas since the early 1990s (Figure 6-3).

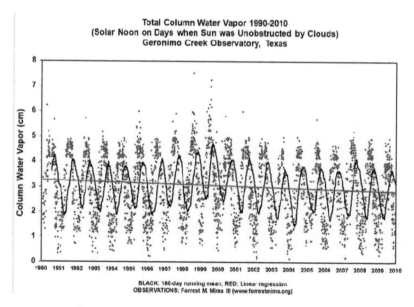

Figure 6-3. *Forrest Mims III has gathered this data on total water vapor in the atmosphere using an LED-based photometer. Image used with permission.*

Notice the patterns in Mims's decades of data: nearly every reading shows some kind of seasonal variation. It might take a year or more before you can see a full cycle in your data.

Sending Data to COSM

You can upload your data for all the Internet to see thanks to a service called Cosm (*http://www.cosm.com*). Our previous book, *Environmental Monitoring With Arduino* (*http://shop.oreilly.com/product/0636920021582.do*) (O'Reilly), contains a whole tutorial on getting started with Cosm; for now, let's just say that Cosm makes it very easy to upload a CSV data file. Just cut and paste the serial output of the EEPROM reader program, or use the file *DATALOG.TXT* from the SD card, and place it on your website. Then go to your Cosm account and tell it where to find that file. Before you know it, your LED photometer data will be on the internet, neatly graphed, for all the world to see.

7/Doing Science: How to Learn More from Your Atmospheric Data

Science can be defined as the practice of observing the natural world, and trying to make objective sense of it by uncovering facts or cause-and-effect relationships.

The gadgets in this book detect substances and conditions in the atmosphere that otherwise would be invisible to your senses. (Essentially, the gadgets are technological extensions of your senses.) Building them will help hone your skills with DIY electronics and Arduino programming. These are fun, interesting, and practical things to do—but doing them by themselves is not doing science.

Suppose you'd like to learn more from what you uncover. Maybe you'd like to measure atmospheric conditions over days or weeks, and then interpret those readings; or monitor the atmosphere in different parts of your neighborhood, county, or state, and compare that data usefully; or perhaps even organize people around the world to build gas sensors or photometers, and compare findings from these different places in meaningful ways. To do these things, you'll need to apply some intellectual elbow grease to how you use your gadget. You'll have to do some science.

The Scientific Method

The scientific method is the foundation of how most of the serious science in the world gets done. It's a systematic process of investigation that tests ideas about how cause and effect operate in the natural world, helps to reduce or eliminate bias, and allows the meaningful comparison of information from different sources.

The scientific method is appealingly linear in the abstract: an observation leads to a question, which leads to a hypothesis, which leads to an experiment, which leads to a result, which (if you're lucky) can lead to another question, and so the process begins again.

Testing hypotheses by gathering evidence is a core concern of science. What most scientists will tell you, though, is that their work tends not to progress as tidily as the scientific method looks on paper. More often they move back and forth between these steps, because science is an *iterative process*: a repeating process in which the end result is used as a starting point for the next run. Researchers often repeat the same steps over and over in order to test new ideas and tools, to deepen their questions about what they're studying, and to figure out how to do their research more effectively and accurately.

Researchers also test each other's hypotheses, because modern science demands that a result be *replicable*: that different people conducting identical experiments can come up with very similar, even identical results. If an experiment's results cannot be duplicated independently of the original researcher or team, then those results are cast into doubt.

Still, the scientific method is featured in the early chapters of many a Science 101 textbook because it's a good jumping-off point for learning how to set up an experiment and collect data.

Steps in the Scientific Method

At their most basic, the steps in the scientific method go like this:

- Observe something in the world.
- Ask a question about it.
- Formulate a potential answer (a hypothesis) for it.
- Conduct an experiment that tests the hypothesis.
- Compare the predicted result to the actual result:
  - Result supports the hypothesis.
  - Result doesn't support the hypothesis.
  - Result partially supports the hypothesis.
- Consider the result.
- Ask another question and begin again.

Let's look more closely at each step.

Observe Something in the World

Observation and exploration of what's going on in the environment is essential to figuring out what questions to ask. *Asking a question* really means "asking an answerable question," one that you can then test with an experiment. Testable questions begin with how, what, when, who, or which ("why" is impossible to answer).

Ask an Answerable Question

Devising a good experiment question can itself involve several steps. Is your question uninteresting or interesting? Can it be narrowed down to look at a single thing, to collect data on one variable only (an observational question), or to change one variable and learn what results (a manipulative question)? It's important to test only one variable—a factor that exists at different levels or amounts—at a time in your experiment, in order to be reasonably sure your test and the conclusions you draw from it are valid. If you test more than one variable at a time, then cause and effect relationships are much less clear.

An example of a testable question that would work with one of the gadgets in this book is, "When are atmospheric hydrocarbon levels outside my window at their highest concentration?"

Formulate a Hypothesis

Formulating a hypothesis involves using what you already know to come up with a potential answer to your question: an explanation for what you've observed. It's not merely an educated guess; it is your formal statement of what you're going to test (the variable) and a prediction of what the results will be.

For example, working off the previous question, you could form your hypothesis statement as, "If heavier car traffic increases atmospheric hydrocarbons outside my window, and I measure those levels from 4 to 6 pm as well as from 4 to 6 am, then I should detect higher levels from 4 to 6 pm, which is afternoon rush hour." The IF statement is your hypothesis; the AND statement is the design of your experiment; the THEN statement is your prediction of what you'll learn from the experiment. Since what you're measuring will be atmospheric hydrocarbons, the variable in this experiment is time.

Compare the Predicted to Actual Results, Considering the Results

On the face of it, this experiment sounds like a no-brainer: rush hour traffic means more car exhaust means higher levels of hydrocarbons, right? If your results support your hypothesis, then this experiment may be over.

But what if levels are low during both time periods? Those results fail to support your hypothesis. It wouldn't hurt to check your build and programming, to be sure the gadget is working correctly. Assuming it is, you may need to ask a new question, or broaden the scope of your experiment—such as taking measurements more often during the day, or on different days of the week, or during different types of weather.

And what if you get high hydrocarbon levels from 4 to 6 pm, and also from 4 to 6 am? That's a partial confirmation of your hypothesis that may lead you to...

Ask Another Question

Maybe there's something going on in the world around you that you didn't know about, like a delivery truck idling on the street early in the morning (we get that a lot on our street!). Do deliveries happen often enough to affect hydrocarbon levels most of the time, or just some of the time? To learn more, you'll need to figure out the next interesting, testable question, reformulate your hypothesis, and restructure your experiment.

By testing enough variables (time of day, day of week, month, weather conditions, etc.) you should be able to build up a very accurate profile of the hydrocarbon pollution outside your window. In fact, you should be able to predict future events: for example, if tomorrow is a delivery day, you could confidently predict there will be more pollution than usual. Or if tomorrow is going to be rainy, there will be less pollution, as the raindrops wash the pollution out of the atmosphere.

When you feel you've gotten the pollution profile for your neighborhood down pat, your work has just begun—now it's time to measure a different neighborhood! Science never stops!

About the Authors

Patrick Di Justo is a contributor to *Wired* magazine—where he writes the magazine's monthly "What's Inside" column—and the author of *The Science of Battlestar Galactica* (Wiley, October 2010). His work has appeared in *Dwell*, *Scientific American*, *Popular Science*, *The New York Times*, and more. He has also worked as a robot programmer for the Federal Reserve. He bought his first Arduino in 2007.

Emily Gertz has been covering DIY environmental monitoring since 2004, when she interviewed engineer-artist Natalie Jeremijenko for Worldchanging.com. Her work has also appeared in *Popular Science*, *Popular Mechanics*, *Scientific American*, *Grist*, *Dwell*, *OnEarth*, and more. She has been hands-on with Internet technologies since 1994 as a web producer, community host, and content and social media strategist.

Built with Atlas. O'Reilly Media, Inc., 2013.

Have it your way.

Get even more
for your money.

Join the O'Reilly Community, and register the O'Reilly books you own. It's free, and you'll get:

- $4.99 ebook upgrade offer
- 40% upgrade offer on O'Reilly print books
- Membership discounts on books and events
- Free lifetime updates to ebooks and videos
- Multiple ebook formats, DRM FREE
- Participation in the O'Reilly community
- Newsletters
- Account management
- 100% Satisfaction Guarantee

Signing up is easy:

1. **Go to: oreilly.com/go/register**
2. **Create an O'Reilly login.**
3. **Provide your address.**
4. **Register your books.**

Note: English-language books only

To order books online:

oreilly.com/store

For questions about products or an order:

orders@oreilly.com

To sign up to get topic-specific email announcements and/or news about upcoming books, conferences, special offers, and new technologies:

elists@oreilly.com

For technical questions about book content:

booktech@oreilly.com

To submit new book proposals to our editors:

proposals@oreilly.com

O'Reilly books are available in multiple DRM-free ebook formats. For more information:

oreilly.com/ebooks

O'REILLY®

Spreading the knowledge of innovators | oreilly.com